數位與數據經濟時代
影音產業研究

邱慧仙　蔡念中　著

作者序

　　媒體科技變遷一日千里，各行各業與學術研究領域同樣需要跟上趨勢與社會發展腳步，才能不被科技洪流所淘汰。作者曾於 2017 年 7 月出版《變遷中的傳播媒介：從類比到數位匯流》一書，針對傳統媒體的數位化過程及新面貌進行探索，包括整體媒介環境、社會型態、傳播制度、媒介閱聽眾等議題的變化，搭配紙媒、電子媒介的數位轉型。時隔 4 年，傳播科技與閱聽人習性持續不斷變化與演進，包括 2020 年開始新冠疫情對於閱聽眾生活型態及媒體使用行為的影響、線上串流影音的崛起、數位足跡追蹤成為行銷界及媒體研究新寵，橫掃跨科際領域的大數據風潮也吹進了社會科學界，媒介發展與經營深受數據所驅動等，促成研究者出版此書的動力。

　　本書包括六個章節，分別為傳播科技創新與媒體閱聽人、新媒體研究方法取徑：大數據的運用、OTT 影音收視衡量機制發展應用與商業運作模式、OTT 影音平台案例研析，以及購物頻道電商 OTT 及網路平台發展現況與展望。

　　從傳播科技及媒體閱聽人內涵的變化作為論述開端，輔以新興的大數據方法為數位經濟時代主流的閱聽人足跡追蹤模式，探討串流影音時代新型收視調查機制的必要性以及對於其商業經營模式的連帶影響。此外，基於閱聽眾媒體使用的線上化而必須轉型的傳統電視購物頻道發展面貌及展望，也是本書的探討主題。

　　此書與蔡念中教授合著，感謝蔡教授對於本書方向及內容的建議與指教。本書部分章節為改寫及引用自蔡教授 2018 年及 2019 年主持之國家通訊傳播委員會委託研究《數位經濟下我國影音 OTT 收視聽衡量機制於商業運作模式之初探》以及《數位經濟時代下的臺灣購物頻道產業之發展現況與展望》。以數位及數據概念貫穿全書，期待能讓讀者對於新傳播科技下的影音媒體內容產業及經營趨勢更為一目瞭然。

邱慧仙　於 2021 年 聖誕

目　錄

CONTENTS

1

CHAPTER

傳播科技創新與媒體閱聽人

前言

　　新興科技帶動傳播媒體產業發展的多重革命。而各種所謂新興的傳播科技與市場，通常也會包含多種類似特性，例如：數位化普及、頻率不斷開發、頻寬的改變、地理距離感的解除、媒介既有功能不斷被挑戰、傳輸速度越來越快、互動性提升、訊息溝通品質優化、異步性功能提高、網路化、個人化精準行銷、市場分眾化、社群化、多螢化的媒體消費等各式各樣，在在促使傳播活動中的資訊流通更加直接、快速、簡單而平民化，不僅觸及到更多閱聽人，且由於操作及使用上的便利，更使得個體化、客製化的設計模式逐漸成形。

第一節　快速發展的數位傳播科技

　　觀察人類傳播的發展歷史，大致能夠劃分為「口頭傳播／語言媒介」（oral communication）、「手寫傳播／文字媒介」（writing communication）、「印刷傳播／平面媒介」（printing communication）以及「電子傳播」（electronic communication）、「網際網路傳播」（internet communication）（宋偉航譯，2000；郭棟，2018）。人類的傳播是先從面對面的口語傳播開始，之後發展到透過媒介所進行的傳播。而在使用媒介進行傳播的活動中，最先出現的是書寫的方式，而後是印刷媒介、電子媒介，最後發展到現代的寬頻網際網路媒介（參見圖 1-1）。網際網路在 20 世紀最後 30 年間的創造和發展是軍事策略、大型科學組織、科技產業以及反傳統文化的創新所衍生的獨特混合體，開啟了人類訊息傳播的第五次革命，使人類傳播進入資訊時代（郭棟，2018）。

面對面口頭傳播 → 書寫媒介傳播 → 有線電子媒介傳播 → 無線電子媒介傳播 → 寬頻網路媒介傳播

資料來源：蔡念中（2003）

圖 1-1　人類傳播發展進程

　　就傳播產業而言，新傳播科技的輔助，不僅加強了傳播活動的速度與效能，同時也改變了經營者所需擁有的資源與條件。近代由於大量新傳播科技的誕生，促使傳播活動轉變的速度加快許多，正如傳播學者 Williams Frederick（1982）於其《傳播革命》（*Communication Revolution*）一書中所提，若將人類發展的歷史濃縮成 24 小時來計算，並在這一天的時程內標上各項傳播科技的發明時間，可以發現人類一直到晚上八點才發明出文字符號，九點半才開始使用字母，而在午夜的前二分鐘內，才開始使用目前人們天天都在使用的各種數位傳播新科技（圖 1-2）。可見近代新傳播科技發展之迅速。

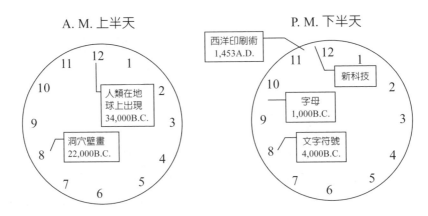

資料來源：Williams Frederick（1982）

圖 1-2 傳播科技與人類發展時程濃縮的 24 小時

隨著數位匯流的發展，媒體因科技演進而衍生出新的媒體樣態。凡是可以承載、儲存、處理、傳輸數位化資訊的傳播媒體，皆可稱之為數位媒體（梁朝雲，1999）。網路系統架設的初衷，為 1960 年代美國國防部為了國防戰略發展所需，但之後逐漸與美國國內其他大學主機連結，並在 1973 年與國際間連線且開放給大眾使用，進而促進了網際網路爾後的發展。網際網路初始的資訊只有文本形式，而 Web（一種超文本資訊系統，具有將圖形、音訊、影像資訊集合於一體的特性，並具備連結功能，可藉此在各頁或各站點之間進行瀏覽）的出現以及其他資通訊科技蓬勃發展之下，網際網路迅速普及，不僅提供各式各樣便利的功能，更進而成為多數人不可或缺的溝通工具。

Web 1.0（第一代網路）為早期網路系統所提供的一種「靜態服務」，如 HTML 網路頁面等，在這個時期，網路主機及資料都由網站提供，網站中所有的設計及瀏覽的資訊皆來自企業主／網站主，可視為一種集權式傳播，使用者的動作侷限於點擊連結、閱覽，是一動被動接收網站訊息的模式。

2004 年 Tim O'Reilly Media 提出 Web 2.0 的概念，指出能讓網路使用者參與資訊的提供，因此網路上的資訊來源數量更加可觀。與 Web 1.0 的差異在於，Web 2.0 以網路作為平台，供使用者「互動」及「參與」資訊的提供。基於 Web 2.0 的發展，網友線上資訊行為開始隨之改變，而 Web 2.0 時代的

應用與發展對線上資訊行為有相當的影響。Web 2.0 的概念強調社群參與、互動及創造，時至今日，各種 Web 2.0 的網站與服務深植各行各業，各種代表性的創新應用技術已紛紛站穩腳步，成為新時代中不可或缺的資訊產業，如各種社群媒體及 UGC（User Generated Content）線上影音平台等。

　　隨後，John Markoff 於 2006 年提出 Web 3.0，認為是一種含括互動、自動化、發現（discovery）以及資料（data）的語義網，更加促進流動性與全球化。Web 3.0 的關鍵元素即為「語義網」（semantic web），「語義網」由全球資訊網之父 Tim Berners-Lee 創造，用於表述可以由機器處理的數據網絡（賈瑞婷編譯，2019）。Web 3.0 也同時被解釋為智能語義網，讓使用者間得以更容易進行尋找、分享與連結。電腦科學家和網際網路專家認為 Web 3.0 會讓網際網路更加智慧，讓我們的生活更輕鬆。語義網允許個人或電腦從某個資料庫開始各種行動並能繼續連結至其他資料庫，此種連結資料的目的在讓電腦學習閱讀更多網頁，以幫助人類進行更多工作。舉例來說，每次在網路書店上購物，網站演算法會觀察其他人購買了你買的這件商品後會繼續買什麼，繼而把推薦結果展示給你參考。這意味著網站在從其他用戶的購買習慣中學習，推斷消費者有可能傾向於哪些產品，並把可能喜歡的產品推薦給用戶。簡而言之，網站自身有了學習能力，變得更加智慧。

　　因此，當今的 Web 3.0 可說是包含四大屬性（賈瑞婷編譯，2019）：語義網、人工智慧、3D 應用、無處不在。語義網和人工智慧是 Web 3.0 的兩大基石。語義網有助於電腦學習數據的含義，從而演變為人工智慧，分析處理訊息和數據。其核心理念是創建一個知識蛛網，幫助網際網路理解單詞的含義，從而通過搜索和分析來創建、共享和連接內容。而 3D 設計在網路遊戲虛擬身分、電子商務、區塊鏈等 Web 3.0 的網站和服務中已經得到了廣泛應用。最後，行動裝置和網際網路的發展將使 Web 3.0 的體驗隨時隨地，網際網路不再像 Web 1.0 那樣侷限在電腦桌面上，也不像 Web 2.0 那樣只在智慧型手機，而是會無所不在。要實現此目標，Web 3.0 時代身邊的一切事物都是連接在線的，也就是物聯網的普及。

　　網際網路發展整理如表 1-1。

表 1-1 Web 1.0 到 Web 3.0 的演進與特質

Web 1.0	Web 2.0	Web 3.0
1996-2004	2004-2016	2016+
超文本（hypertext）	社交（social web）	語義的（semantic web）
閱讀	讀與寫	可執行的
數百萬使用	數十億使用	一兆以上使用
命令	參與及互動	理解自己
單向	雙向	多使用者的虛擬環境
組織發布內容	網友發布內容	透過網友互動與發布的內容打造應用程式
靜態內容	動態內容	未明。人工智慧、3D、機器學習等
訊息版面	社群入口	語義論壇

資料來源：整理自 Dincer, N.（2020）

第二節 近代傳播科技特色與應用

　　雖然人類在近幾十年間所發展出來的各種傳播科技所運用的技術並不相同，但若進一步觀察近代傳播科技的研發目標與研究成果，可以發現近代新傳播科技多具有以下若干特性，包括頻率不斷開發、頻寬的改變、距離感的解除、媒介功能不斷被挑戰、傳輸速度越來越快、互動性要求成為基本功能、高品質的訊息要求、電腦化的普遍採用、異步性功能提高、數位化的普及、網路化、個人化精準行銷、微體化、社群化、多螢化的媒體消費、數據化的資料蒐集等。

　　在數位化的潮流當中，傳播網路、通訊網路、資訊網路漸漸合而為一，承載數位媒體的家電或資訊設備皆以結合網路平台來作為發展趨勢，電視、手機、筆記型電腦、手持式行動裝置等各類載體的界線被打破，進而發展出單一設備同時整合多種功能，例如：智慧型手機，透過安裝應用程式與各種

小工具，便能將網路、攝影、音樂、新聞、導航、電子書等諸多功能集於一身。

　　根據財團法人台灣網路資訊中心（2019）的臺灣網路報告調查結果顯示，臺灣上網人數自 2006 年的 1,309 萬人上升至 2019 年的大約 1,900 萬人，上網率則自 2006 年的 67.2% 上升至 2019 年的大約 90%（如圖 1-3），將近所有臺灣人都曾經上網使用網路內容。此外，民眾從事的網上活動以使用即時通訊軟體或平台為最多，其次為收看網路新聞資訊以及收看網路影音、直播、聽音樂（如圖 1-4）。上網使用的設備上，高達 94.8% 的民眾使用手機上網（如圖 1-5），顯示行動科技的發展已對媒體閱聽眾的行為產生明顯影響，行動媒體使用的同時，也已創造對於各種行動內容的大量需求。

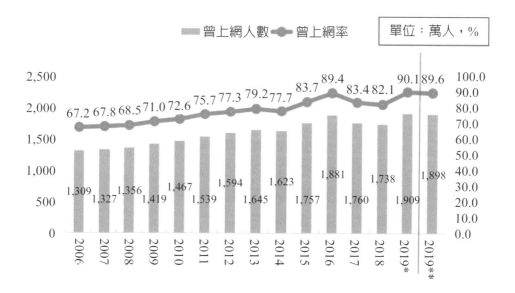

資料來源：財團法人台灣網路資訊中心（2019）

圖 1-3　臺灣民眾網路服務應用使用率變化

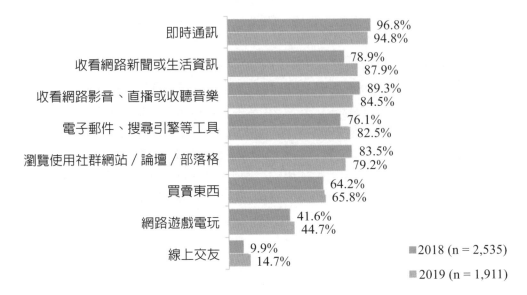

資料來源：財團法人台灣網路資訊中心（2019）

圖 1-4 臺灣民眾從事的線上活動

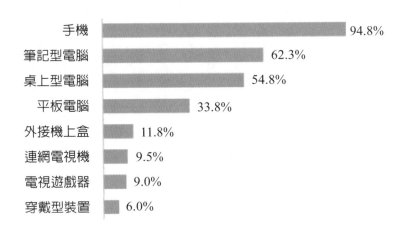

資料來源：財團法人台灣網路資訊中心（2019）

圖 1-5 臺灣民眾使用的上網設備

　　上述這些特性的發展，促使傳播活動中的資訊流通，更加直接、快速、簡單而廉價，不僅觸及到更多閱聽人，且由於操作及使用上的便利，更使得個體化、客製化的設計模式逐漸成形（蔡念中等，1998）。雖然，新傳播媒體的出現往往掩蓋舊媒體的光彩，但舊媒體並不會因此而全然消滅（Davison, 1976）。在傳播媒體的經營管理方面，相關傳播產業的經濟基礎由於科技成分的加重，因此需要擴大經濟規模以支持媒體經營所需的成本支出，全球各地的傳播媒體經濟控制，也由零散趨向整合。若干經營策略的應用，例如：交叉控制（cross-control）、多重控制（multiple control）、集團控制（conglomerate control）、寡占控制（oligopoly control）等，也更為頻繁。

　　由此可見，傳播科技的發展，不僅提升了傳播媒介的效能，在傳播產業的經營方面，也帶動了大幅的變動。正如同機器革命促成工業社會的形成，新興的數位寬頻傳播科技，使人類面臨到工業化社會的解組以及資訊化社會的來臨。鄭貞銘等（1980）指出，工業化社會的特徵是標準化、專門化、同步化、集中化、極大化以及集權化，然而，這些特性都將在新傳播科技與新傳播活動形式的轉移下，逐漸朝向多樣化、個人化、彈性化、家庭化、分權化、小眾化的傳播型態發展，而將大眾傳播推向一個完全不同於以往的視界。

　　新媒體時代，講求精準行銷的媒體傳播對象範圍較以往小得多，又因為媒體的型態增加，選擇性也相對增加，使用者媒體消費時間的市場大餅被嚴重稀釋，「分眾傳播」（focus communication）媒體取代了大眾傳播媒體，成為媒體與內容設計的主流。分眾的意涵表現在幾個方向（蔡念中、江亦瑄、劉敦瑞，2010），首先是溝通的模式。舊媒體的傳播模式如同 Web 1.0 時代的「下載」及「閱讀」，是來自媒體組織端的單向傳播；新媒體的傳播方向則如同 Web 2.0 所標榜的「上傳」、「分享」，在網友的熱情參與下，網路成為技術門檻最低的個人通路，舊媒體時代的單向傳播不僅轉變為雙向傳播，甚至演變為多向傳播；亦即參與的對象，除了編輯與閱聽人之間，也包括了閱聽人彼此之間，甚至更包括了閱聽人與素未謀面的社群成員之間的互動。由此，也進入了 Web 3.0 時代。

第三節　閱聽眾概念的演化

　　大眾傳播在現今社會裡扮演非常重要的角色，特別是在資訊社會中，大眾傳播提供閱聽人作為交換訊息的管道，可以說是影響大眾生活條件的關鍵因素。對於大眾傳播，一般有兩種定義：其一為範圍可觸及大眾的傳播活動（例如：大型演講），其二為利用大眾傳播媒介進行的傳播活動（蔡念中等，1998）。傳統大眾傳播活動所使用的媒介管道，並非是一般民眾所能使用（例如：電視台），因此，關於大眾傳播的相關研究，多集中於探討媒介特性、經營與影響效果上。

　　閱聽人（audience）概念的定義與轉變在傳播研究領域中始終是主要關注議題。閱聽人具有許多意義上的差異，甚至無法清楚定義，主因在於閱聽人是一個簡單的用語，卻要應用於各種與日俱增的繁複現況上，還必須面對百家爭鳴的理論。早期的閱聽人是一群基於特定原因聚集於特定場所觀看表演的實體人群，例如：劇場、音樂廳、運動競技場等。然而隨著工業與文明的發展，現今的媒介閱聽人雖然也具備類似古典閱聽人的某些特質，但是在數量上明顯更為擴展，在型態上亦更為多元，在觀看的地點、時間與內容的選擇上，當代閱聽人顯然具有更多的自主空間與彈性，而閱聽人的數量與組成也更加龐大、分散與個別化。尤其自 18 世紀以來，隨著大量印刷出版的出現，伴隨工業化與都市化的開展，閱聽人成了一種越來越難以捉摸的傳播實體（entity）（陳春富，2008）。

　　McQuail 歸納出以透過不同而彼此重疊的方式來定義的閱聽人概念（陳芸芸、劉慧雯譯，2003）：藉由地方（好比地方性媒介的情況）；藉由人群（當媒介的特色是要吸引特定的年齡層、性別、政治信仰或收入範圍）；藉由特定媒介或管道形式（技術和組織的結合）；藉由訊息的內容（文類、主題事物、風格）；藉由時間（提及「白天時段」或「主要時段」的閱聽人，或是稍縱即逝的閱聽人）。

　　Anderson（1996）稱此種為因應學術研究所創造出來的閱聽人概念為「分析性閱聽人」（the analytic audience），廣告主眼中的閱聽人是一群無差異的收視率數字，女性主義者筆下的閱聽人是生活在父權社會下的民眾，文化研究者看見的閱聽人是敘事主體的再現，後現代主義的閱聽人則是破碎

與不連貫的個體。此外，傳統的效果研究聚焦於研究「受眾」、接收分析預設閱聽人是會主動詮釋文本的「主動閱聽人」、觀展典範則視閱聽人為心繫他人目光而進行各種展演的「自戀閱聽人」等。

　　隨著傳播科技日新月異、全球化日益擴張，使得閱聽人景觀一再變遷，光是閱聽人一詞就備受挑戰（王宜燕，2012）。Appadurai（1996）指出，電子媒介發展加上大眾遷移力增強，使得閱聽人與影像同時流動，製造出特殊的不規則性，致使兩者不再能輕易套入地方、國家或地區的空間。被框架在固定時間與空間中的閱聽人定義，自此已被打破。閱聽眾基於媒介科技的快速變遷，無論在接收訊息與能動性上，都已越趨靈活、彈性、自主、國際化與社交互動化。

　　Alasuutari（1999）提出的「第三代接收分析」關注媒介在當代社會的文化位置，藉以掌握當代的「媒介文化」，因而時下閱聽人不再只是「使用」、「接觸」媒介，而是生活、浸泡（immersed）於整個媒介文化之中，媒介不再只是大眾傳播理論中的「中介」，閱聽人已與整個媒介環境融合在一起，沉浸其中。

　　王宜燕（2012）檢視近年來閱聽人研究的發展趨勢，歸納為以下方向：

（一）重視閱聽人接收媒介內容後的行動與實踐

　　閱聽人研究長期以來未將焦點置於關注閱聽人各式各樣的實踐，而這失落的部分潛藏閱聽人豐沛的行動力、能動性及創造力。

（二）強調媒介文化的重要性

　　時下研究趨勢不再只關注媒介的意義面，而是放眼媒介文化，強調媒介與日常生活、文化無法切割，閱聽人研究對媒介的定位勢必需置於更廣闊的脈絡中來觀察與分析。

（三）閱聽人的接收脈絡不可同日而語

　　閱聽人的接收脈絡已從定點、文本，擴大到整個生活脈絡。

四 強調社會學的視野

閱聽人研究的焦點不再是閱聽人的心理黑盒子或其個別的解讀能力，而是轉而關注閱聽人的網絡、社群、互動等社會意義。

呼應上述受眾概念的演化，傳播理論領域中，傳統上經典的 SMCRE 模式，意味從 Source（發訊者）、Message（訊息）、Channel（通道）、Receiver（收訊者）到 Effect（效果）的線性傳播過程，其中含括單向傳遞的意味。時至今日，各種新興傳播技術與媒介的演化，單向終止於受眾及效果的模式早已被打破，取而代之的是不斷循環的反饋與互動過程，閱聽眾不再只 Receive，也不再甘於當個 Receiver，而是成為接收訊息後予以回應、分享、共創，甚至修正、批判的資訊使用者（user）或再利用者（如圖 1-6）。

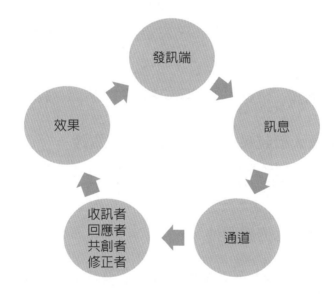

圖 1-6　數位傳播科技時代的修正 SMCRE 模式

新傳播科技的出現賦予訊息產製者與閱聽人更多「控制」傳播過程的能力。例如：數位技術使得觀眾得以和電視節目內容互動，寬頻提供給觀眾更多更豐富的頻道內容（McQuail & Windahl, 1981）。新科技為閱聽人帶來更多選擇及主動性，平衡了原來大眾傳播媒介所欠缺的雙向回饋與選擇機制，如使用者生成內容（user generated content, UGC）的勃發。如今，訊息產製

者與閱聽人在媒介的使用角色上已趨平等。

　　Levinson（2009）指出，按媒體的時間發展做區分，存活歷史較長且有一定影響力的傳統媒體如電視、廣播及報紙等，可歸類為「舊媒體」，主要由製作端決定給予什麼資訊或娛樂，觀眾通常只能單向接收，即「受眾」，難以參與製作過程。相對地，電子報、論壇、iTunes、Amazon 等搭著網路順風出現的則為「新媒體」，使用者可以更容易運用，內容仍多由生產端提供。到了 Blog、YouTube、Facebook、Twitter、Instagram、Clubhouse 等媒體輩出，是近年來民眾常使用的社交媒體平台，分類在「新（新）媒體」的範疇，除了消除上對下的控制、讓使用者自己決定訊息之外，更強調使用者本身也是製作者，可以自創與共享內容（楊意菁、陳雅惠，2018）。

　　當閱聽人擁有更多的控制和活動的能力，這也表示傳播研究者必須投入觀察新的媒介互動模式和相關理論的變化（Rogers & Chaffee, 1983）。或許是經營方式的不同，或許是使用行為的變遷，新科技所造成的結果之一，可能促使研究者減少對傳統傳播效果理論的著墨，轉而強調閱聽人與新媒介互動面向的觀察。

　　傳播研究中閱聽眾概念的演化背景，自然也一併影響了傳播與媒介使用者領域的實務操作。過去的大眾媒介閱聽眾，被視為「群眾」，因為他們具有類似的人口統計、生活型態或價值觀等特質，例如：同樣的世代、同樣的教育程度、類似的社會階級、類似的品牌喜好及消費行為等所組成的一群群眾，這個群眾代表某一種商業利益的開發可能性，例如：一齣偶像劇的迷群、特定產品或品牌電視廣告的受眾、類型廣播節目的聽眾，Nielsen 的收視聽調查就是典型代表之一，群眾中的個體特質與差異並不受到重視，也不具意義。

　　然而，進入數位網路媒介時代之後，隨著媒介科技本身的特徵從大眾走向分眾、群體走向個人化，媒介使用者的個體特性越發被重視，也更容易受到追蹤及凸顯。早期的大眾行銷無法針對每個特殊消費者的媒體使用行為進行洞察分析，因此精準行銷的理想遙不可及；今日取而代之的是個體化的數位足跡、個人 IP，得以追蹤或鎖定消費者個人的行為特質，以更符合市場定位走向。是故，數位時代的媒介內容及產品行銷走向，勢必以消費者的數位足跡概念來取而代之。

第四節 尋找數位時代的媒介使用者

　　網際網路革命引發的數位匯流、行動化、社群化等趨勢，影響大眾傳播各個層面的研究內涵，連帶重新建構了媒介閱聽人的範疇與形象。在這一輪傳播革命中，新型閱聽人的地位與活動變遷尤其引人注目，其湧現的空前互動性與參與性成為媒體實踐必須關注與應對的焦點，也推動了「新媒介環境」下閱聽人研究創新的探討（徐桂權，2018）。部分文獻越來越多地使用「使用者」（user）概念，來描述新媒介環境下的閱聽人。

　　1980 年代，隨著網際網路發展，傳播學術界開始認識到網路使用者的多重角色，以 "prosumer" 或 "co-creators" 等名詞來探討網路各種功能的使用者，相較傳統上的「閱聽人」，這些「使用者」具有較積極行動力，且兼具「生產者」（producer）、「消費者」（consumer）及「資料提供者」（data provider）等多重意義（van Dijck, 2009）。施伯燁（2014）指出，以近年新興社群媒體的用戶概念來看，不只是傳統傳播學所指稱的強調透過閱讀與收聽的接收式行為閱聽人，社群媒體接收對象，也不僅是接收者，亦是生產與消費關係中的產出者。

　　在同篇文章中（施伯燁，2014）也提及，所謂「數位法拉尼」（cyber flâneur）概念。Benjamin（1971）透過隱身於巴黎咖啡廳的生活經驗，或者於巴黎街頭遊走的觀察，來形容人們無所事事，無特定目的，只是希望存在於群眾中相互依存的感受，並將這種感覺形容為法拉尼（flâneur）。隨著時間演進，更多學者（如 Featherstone, 1998; Hartmann, 2004）將原始概念發展為數位法拉尼，形容在各種虛擬空間中遊走，不在乎真實的社群互動關係，目的只在沉浸於群體中、享受群體感便可獲得滿足。如今的社群媒體及各式線上集群，如粉絲專頁、網路討論群組等，或大量進行網路衝浪（Internet surfing）的重度使用者，其數量之龐大、組成之繁雜、足跡之多變，定義及面貌已與傳統媒體時代的閱聽人概念大相徑庭。

　　媒體科技日新月異，帶動媒體消費者消費行為與網路使用習性的面貌同樣經歷新的典範變遷。傳播學門即便眾聲喧譁，然自發展即被視為社會科學一環，研究注重運用科學和系統的方法，發現或確認人類各種傳播行為的模式，揭示傳播現象背後的傳播規則。時序進入大數據（big data）工具正在

各領域發揚光大的年代，傳統媒體、新媒體累積了大量使用資料，傳播消費資料庫成為各類媒體最具潛力的資源。閱聽人從媒體「受眾」走向網路「使用者」的同時，針對已經無邊無際的海量媒體使用數位足跡，同樣需要嶄新的洞察方法來繼續瞭解閱聽眾行為，進行有價值的傳播學術與實務研究。

參 考 文 獻

中文部分

王宜燕（2012）。〈閱聽人研究實踐轉向理論初探〉。《新聞學研究》，**113**：39-75。

宋偉航譯（2000）。《數位麥克魯漢》。臺北市：貓頭鷹。

施伯燁（2014）。〈社群媒體──使用者研究之概念、方法與方法論初探〉。《傳播研究與實踐》，**4**（2）：207-227。

徐桂權（2018）。〈新媒介環境中閱聽人參與典範的建構：以歐洲閱聽人轉型研究計畫為考察對象〉，《新聞學研究》，**134**：145-178。

財團法人台灣網路資訊中心（2019）。臺灣網路報告。

陳芸芸、劉慧雯譯（2003）。《特新大眾傳播理論》。臺北市：韋伯。〔原書 McQuail, D.（2000）. *Mass communication theory: An introduction*, 4th ed.〕

陳春富（2008）。〈想像的群眾？真實的商品？──閱聽人圖像之組織形構分析〉。《廣播與電視》，**28**：71-94。

郭棟（2018）。《網路與新媒體概論》。陝西師範大學出版社。

梁朝雲（1999）。《從數位媒體的發展談校園媒體服務》。臺北市：研習資訊。

賈瑞婷編譯（2019）。《3 張圖讓你秒懂 Web 3.0：你不知道的網際網路的演進史！》。取自 https://kknews.cc/zh-tw/tech/8p4bgb4.html

楊意菁、陳雅惠（2018）。〈新媒體、新視野與新方法：台灣 TSSCI 傳播學術論文探析〉，《中華傳播學刊》，**33**：3-18。

蔡念中、江亦瑄、劉敦瑞（2010）。《數位媒體匯流》。臺北市：五南。

蔡念中（2003）。《數位寬頻傳播產業研究》。臺北市：揚智文化。

蔡念中等（1998）。《大眾傳播概論》。臺北市：五南。

鄭貞銘等（1980）。《傳播媒介與社會》。臺北市：國立空中大學。

外文部分

Alasuutari, P. (Ed.). (1999). *Rethinking the media audience.* London, UK: Sage.

Anderson, J. A. (1996). The pragmatics of audience in research and theory. In J. Hay, L. Grossberg, & E. Wartella (Eds.). *The audience and it landscape* . Boulder: Westview Press.

Appadurai, A. (1996). *Modernity at large: Cultural dimensions of globalization.* Minneapolis, MN: University of Minnesota Press.

Benjamin, W. (1971). *Das Paris des Second Empire bei Baudelaire.* Berlin, DE: Aufbau Verlag.

Davison, W. P. (1976). *Mass media: Systems and effects.* Praeger Publications.

Dincer, N. (2020). *Evolution of web from 1.0 to 5.0.* (myeltcafe.com)

Featherstone, M. (1998). The flâneur, the city and virtual public life. *Urban Studies, 35,* 909-925.

Frederick, W. (1982). *The Communication revolution.* Beverly Hills: Sage Publications.

Hartmann, M. (2004). *Technologies and utopias: The cyberflâneur and the experience of "being online".* München, DE: R. Fischer.

Levinson, P. (2009). *New new media.* Boston, MA: Allyn & Bacon.

McQuail, D., and Windahl, S. (1981). *Communication models for the study of mass communication.* London: Longman.

Rogers, E. M., and Chaffee, S. H. (1983). Communication as an academic discipline: A dialogue. *Journal of Communication, 33*(3), 18-30.

van Dijck, J. (2009). Users like you? Theorizing agency in user-generated content. *Media Culture & Society, 31,* 41-58.

2

新媒體研究方法取徑：
大數據的運用

前言

　　隨著科技與媒體創新，資料創造與蒐集功能日益強大，造成人類社會模式轉變，無論是傳播的方式、內容或是閱聽行為。傳播學領域的閱聽眾研究歷來依賴各種研究取徑，來洞察人類行為的型態與內涵。起源於資訊工程領域的大數據（big data）方法及工具，由於其操作及設計上的技術門檻，多少造成學門領域間的隔閡，但近年基於跨領域交流、數位人文浪潮的勃興，數據方法及工具逐漸進入人文社會研究領域，也為傳播學門研究帶來新的發展機會。傳統慣用的內容分析、問卷調查等量化方法，已難以捕捉並分析網際網路時代媒體使用者龐大且複雜的數位足跡（digital footprint）及行為模式。大數據時代，新媒體累積的大量後台資料，若能有效利用，將為媒體發展及研究帶來巨大的效益及知識價值。

第一節　數位媒體使用對傳統方法論的挑戰

一　無邊際的媒體使用環境與足跡

　　傳播媒體的學術研究領域中，閱聽人、使用者、或傳統定義的受眾研究，向來在研究旨趣中占有很大的比例。自古以來，無論是口語時代、文字時代、印刷媒體時代直至今日的電子媒體、網路時代，「傳播」（communication）扮演的基本角色之一即為訊息的傳送，身為接收方的「受眾」行為以及媒體內容在受眾身上造成的效果，皆屬傳播研究的關注焦點。從實證典範看閱聽人，研究客體會是一群同質性高的觀眾或聽眾，彼此間無差異，也不論情境脈絡對他們的影響；從批判理論的觀點來看，訊息產製方與接收方的地位從來都不是對等的，受眾總是被宰制的；而從文化研究的立場論之，閱聽眾由於具備自行解讀與詮釋的能力，導致訊息源欲釋放出的文本意義與閱聽眾所理解出的意義可能不盡相同。

　　如此一來，以閱聽眾為主軸的研究便呈現出豐富多元、多面向的特質。尤其在現今傳播媒體大幅增強其網路性、互動性、社群性特質的推波助瀾之下，「閱聽眾」或所謂「受眾」的定義上出現許多歧異，例如：新科技使得訊息傳送者與接收者間的原有主客關係產生變化、UGC 內容的崛起等。閱聽人研究因此勢必出現不同於以往的探究內涵與價值。而如何尋找出閱聽眾的位置、瞭解他們的行為及意向，甚至預測未來的行為，在使用的研究取徑上同樣必須進行重新檢視，發掘更適當的方法。

　　21 世紀初始，「大數據」（big data）這個隨處可見的關鍵字已陸續成為各行各業經營策略上的必備寶典。舉凡消費資料的蒐集、社會情勢預測、危機處理等，族繁不及備載，大家開始想認真去發掘巨量資料得以衍生出的價值。過去，資料分析這種被視作停留在技術專業層面的討論，如今逐漸向下擴散，成為跨領域的普及知識。目前大數據最廣泛的應用領域之一，當屬行銷傳播產業，各家廣告、公關、行銷公司前仆後繼追求數位化，包括商業媒體營運生態系統中的電視收視率量測一塊，也拜數位化之賜，憑藉一台數位機上盒，即可由頭端即時回收所有收視眾的收視資料，更不用說網路上的種種使用者行為，已成為數位足跡可記錄、可追溯，甚至預測行為。社群媒

體藉由後台大量使用及成效數據的蒐集和應用，進行各種使用者洞察，除商業上使用，亦逐漸取得學術研究上的依賴，各種跨領域、跨產業的合作應運而生。

傳播學門即便眾聲喧譁，然自發展即被視為社會科學一環，研究注重運用科學和系統的方法，發現或確認人類各種傳播行為的模式，揭示傳播現象背後的傳播規則。大數據時代，傳統媒體、新媒體累積了大量資料，傳播資料庫成為各類媒體最具潛力的資源，若有效使用、開發這些資源，將為媒體及研究單位帶來巨大的經濟效益及知識價值。同時，大數據趨勢的研究邏輯，對傳播學研究形成了新的衝擊（喻國明、李慧娟，2014）。傳統的文本分析、內容分析方法，已不能滿足數位工具、社群媒體重度消費時代對於傳播研究樣本數量的廣度、深度上之雙重要求。此外，語義資料庫的概念及延伸出的研究方法，在資料新聞學、輿情監測及聲量分析、精準行銷等策略備受重視的今日社會，眾多產業領域已進行廣泛應用。

在臺灣學界，資料智慧的應用早期大都存在於資訊工程、資訊管理、圖書管理等資料科學領域。然而，通過資料庫概念這種結構化的海量資料來開展的研究，在臺灣大眾傳播學界尚屬新興領域。本章節將討論運算的社會科學典範之下，傳播閱聽人研究領域的方法論變化及發展形勢。

二 傳統方法論的分野與發展

傳播研究以眾聲喧譁之姿現身於學術領域，至今已擁有十分成熟之學門發展脈絡，也累積豐沛的分析成果。以學門中大宗的閱聽人研究傳統來看，McQuail 曾將閱聽眾研究取向分為三類，分別為結構傳統（structural tradition）、行為主義傳統（behaviorist tradition）以及文化傳統（cultural tradition）（邱慧仙，2013）（如表2-1）。其中，結構傳統研究取向中最典型的就是收視率調查及觀眾輪廓分析，此類分析研究幾乎可說是媒介經營與管理層面的主流，也是廣告主據以分配及購買媒體時段的參考依據；其次為「行為主義傳統」取向，即媒介效果與媒介使用的研究範疇，諸如媒體的使用與滿足、閱聽眾生活型態或節目偏好研究等，此類取向除了瞭解結構傳統研究中閱聽眾的組成輪廓外，更進一步探索閱聽眾在心理特質屬性、興趣偏好及其與媒介選擇行為之間的關係。至於文化傳統，則側重於閱聽眾對於

節目內容的意義詮釋。

表 2-1　閱聽人研究的三種取向

研究取向	結構傳統	行為主義傳統	文化傳統
主要目的	描述閱聽人組成以及與社會之關聯	預測與解釋閱聽人的選擇、反應與效果	理解內容接收之意義與詮釋，媒介使用之脈絡意涵
主要資料	社會人口、媒介與時間頻次使用等	動機、選擇行為及反應	意義之理解、社會文化脈絡之解釋
主要方法	調查法、統計分析	調查法、實驗法	民族誌、質化研究

資料來源：邱慧仙（2013）

　　學者經常以量化與質化兩大方法論作為其區別的方式（郭良文、林素甘，2001）。結構主義及行為取向源於心理學及社會心理學，主要在探討個別的人類行為，尤其是若干和傳播訊息之選擇、處理與反應相關的旨趣上；大眾傳播的使用被視為一種具備特定功能的理性、動機性行為，或是為了個人目的而使用。文化取向則發源於人文學、人類學及語言學等，它主要應用在特定社會脈絡與文化經驗的細節上；運用在媒介研究時，對於媒介、媒介生產與接收的環境之間的差異則較為關注，而它對特定的、獨特的個案與情況興致盎然，甚於對「通則化」的興趣。

　　換言之，傳播研究典範的閱聽人概念亦隱含對於人的本質的預設，兩種截然不同的假設可以下述兩類閱聽人研究類型作為區分，也再次劃分了量化與質化研究的概念特徵（張玉佩，2004）：

（一）先驗的閱聽人（the transcendent empirical audience）

　　傾向行為典範的閱聽人研究，在本質論上源自於西方啟蒙運動對於人性預設的影響，其主體觀基本上是預設個人存在著一個先驗、統一、自主、理性的主體。閱聽人作為科學研究的客體，必須是可實際觀察的經驗對象，此種方法論下的閱聽人稱為「先驗的閱聽人」（Anderson, 1996），用以強調超越時空限制、可進行推論或歷史性稱謂的閱聽人概念。此種先驗的閱聽人

概念是建立在平等單位（equivalent units）的規則，所有的男、女、成人、小孩都被視為代表相等意義的樣本，並可互相加總及計算。此種以量化形式呈現的敘述方式，將閱聽人塑造成抽象、不可捉摸的一群人。

先驗的閱聽人有兩個特點：第一是「聚集」（aggregate）的，經過某些抽樣的程式與定義來聚集閱聽人，如問卷調查基本資料中的「26-35 歲職業婦女」，凡符合此條件的受訪者便可抽取以代表實際閱聽人的存在，一個「26-35 歲職業婦女」觀看新聞就等於是閱聽眾的一員，不管她的目的是真的對新聞有興趣或陪先生看。此種「聚集閱聽人」概念只能呈現暴露在媒介內容之前的閱聽人數量，無法告知閱聽行為的目的。先驗的閱聽人第二個特點是「代理」（surrogate）的，由於研究目的是要概推至人們普遍的特徵，因此研究對象的特徵可代理全人類的特徵，是跨社會文化情境而普世存在的。可使用抽樣進行總體樣本情況的推論。

（二）情境的閱聽人（the situated audience）

方法論上，文化研究學派中的接收分析典範引進來自人類學的民族誌研究方法，重新將閱聽人與其身處的社會文化情境相結合，閱聽人不再被視為彼此相等、可跨時空概推的統計分析單位而已。簡言之，即閱聽人的個別獨特性受到重視。相對於「先驗的閱聽人」，Anderson（1996）以另一概念「情境的閱聽人」來描繪此種存在於特殊環境脈絡下的獨特閱聽行為，此時不再如效果研究般努力找尋可預測之閱聽行為模式，而是試圖透過分析各別閱聽人展現的閱聽行為與意義詮釋，進行個體的媒體接收行為分析，或者瞭解主流意識型態如何透過符號系統滲透至閱聽人的日常生活之中等。此典範關注各別閱聽人社會文化背景與詮釋能力，呼應對於閱聽人主體性的重視。

前述的兩種閱聽人研究典範，代表研究者在看待閱聽人概念時的兩種態度：一是將閱聽人視為可進行加總的同質性團體，可藉由抽樣方式進行母群體行為的推論；另一種途徑則將閱聽人看作是有自由意志選擇使用媒體內容，並同時具備自身不同詮釋訊息能力的主體，乃擁有主動性的一群「使用者」。此外，論及研究取徑，歐陸及北美的閱聽人研究傳統各自發展出一套典範模式，無論是北美的量化效果研究，或是源自歐陸的質性文化研究傳統，在學術領域中各擅勝場、各有利弊。方法論的使用抉擇上，應視不同研

究主題或目的而選擇適合的途徑，沒有絕對的優劣之分。

　　進入網路數位媒體時代後，基於媒體本身型態及閱聽人使用行為的變遷，研究者勢必要採取創造的方式，與研究對象一起參與到社會變遷的過程中，且過去研究側重於閱聽人的量化測量與質化詮釋，在新媒介環境下研究者更需要更新對「閱聽人」的想像。大數據的資料概念與設想中，有別於以往社會科學的資料蒐集方式，如問卷調查、田野調查、焦點團體、深度訪談、實驗法等，通常是一種短期且集中的資料蒐集，大數據的資料特色是可立基於長期的資料累積，看待較長時間範圍中資料的變化特徵及時間趨勢。大數據趨勢於現今媒體研究的適用性，將於後論述。

第二節　數據方法與傳播研究的交織

(一) 數量越趨龐大的「民意」資料

　　媒體滲透的年代，個人的日常生活難以脫離媒介消費。社會中媒體閱聽眾、媒介使用者的研究，基本上即為「民眾」的研究。政治學家 Lippmann 在 1922 年出版的《民意》（*Public Opinion*）中，描述了他對社會的想像。Lippmann 指出，社會是一個真實與虛構交織的舞台，人們像是坐在劇院中的觀眾，盯著被設計後的世界。這都由於直接面對的現實環境實在是太龐大、太複雜、太短暫，在無法駕馭如此複雜多變的組合環境時，不得不用比較簡單的辦法對它進行重構，那就是媒介的擬似環境（pseudo-environment）。Lippmann 的「社會學想像」（sociological imagination）影響了社會科學研究者們許久，傳播研究領域同樣受其引導而據以思考著。1940 年代開始，傳播學者 Lasswell（1948）開始對輿論、民意等相關概念進行探索。此種大範圍、大樣本，針對民眾政治參與及其他生活樣貌的實證分析，奠下了傳播學領域進化到當代關於輿情分析的重度需求。

　　回到 Lippmann 的觀點，他主要將傳播媒體所呈現出來的擬似環境與真實環境區分開來，認為兩者無論在形式、結構等面向上有著顯著的差異，而瞭解其中的差異，即討論媒介的「真實」問題，則是傳播研究一直以來的核心問題。不過，在運算轉向下，大數據研究取徑某種程度消解了面對擬似環境時的抽象感與無力感。一方面，大數據將提供傳播內容更細緻的環境資

訊，讓擬似環境與現實環境的分野越來越模糊；另方面，當研究者要試圖掌握媒介所建構的擬似環境時，將可以進行更為「全觀」的觀察與分析。

目前看來，「運算」（computation）讓傳播研究，或說社會科學領域，邁向更多、更廣的，過去無法察覺的面向，提供給研究者一個建構世界的新典範。「運算的社會科學」（computational social science）時代已然來臨（Lazer, Pentland, Adamic, Aral, Barabási, & Brewer, 2009）。運算社會科學因資料處理方式的創新而生成，透過大數據與新媒體的搭配，得以重新架構社會研究。傳統社會科學哲學中所著力的個人與集體的辯證，在運算的社會科學中已然展開了各種新的可能性，像是描繪巨量的傳播模式、測量細緻的趨勢動態、揭露閱聽眾行動軌跡等，儼然形成一個跨學科的新興領域，亟待新興研究者投入發展。

二 大數據（big data）起源與應用

科技不斷演進，資訊技術、網際網路、社群媒體、輿論分析等新興領域蓬勃開展，各種資料（data）創造、蒐集、傳遞、儲存的功能也日益強大，造成人類傳播社會重大轉變，無論是傳播的方式、內容的產製、或是閱聽行為研究上都有著劇烈的變化。「大數據」（big data）是 2000 年出現的名詞（藍弋丰，2017），光是「大數據」這三個字就已有近 20 年歷史。所謂 "Big Data"，常見許多類似翻譯，包括大數據、巨量資料、海量資料等（曾龍，2016）。意指資料的規模巨大，以致無法透過傳統的方式在一定時間內進行資料儲存、運算與分析。目前大部分的機構將大數據的特性歸類為「3V」，包括資料量（Volume）、資料類型（Variety）與資料傳輸速度（Velocity）（曾龍，2016；Lynn, 2017）：

（一）資料量

舉例言之，Google 每天處理超過 24 千兆位元組的資料，資料處理量是美國國家圖書館所有紙本出版物所含資料量的上千倍。而今日最夯的社交媒體領域，Facebook 每天處理 500 億張上傳相片，每日點讚、留言數達數十億次；YouTube 全球使用者每天觀看影片總時數達上億小時。另，一般桌上型電腦的記憶體是以 GB（1024MB）為計量單位，硬碟的容量則是以 TB

（1024GB）為主，電腦運算須把資料載入到記憶體上，因此要處理龐大的
PB（1024TB）或 EB（1024PB）資料，就必須有新的儲存模式及計算模式，
這也是資料科學的重要研發領域。

（二）資料類型

　　一般商業交易所使用的資料大致是以結構化資料為主，透過預先定義好
的資料欄位進行儲存與運算。而除了結構化資料外，巨量資料還包含許多半
結構化或非結構化資料。這些資料包括各類型生產機台所產生的日誌檔案、
各式網路設備與伺服器產生的網路日誌檔、聲音、影片、圖片、地理位置資
訊等，這類型資料的儲存與運算都需要新的運算架構。

（三）傳輸速度

　　有兩層涵義，第一層是資料產生的速度，例如：每天社交網站所產生的
資料就是一例；另一層則是資料處理的速度要求，以中國淘寶網在每年 11
月 11 日光棍節的電子商務活動為例，淘寶網須針對交易資料即時呈現活動
的交易現況，也是巨量資料分析的一大挑戰。

　　簡而言之，大數據的主要功能是數據分析，主要的數據來源是一般人們
在網路上所留下的各種數位足跡，這些資料充分利用，可以找出更豐富的管
理、商業行銷或學術研究價值。

　　2015 年 4 月，美國國家標準與科技研究所（National Institute of
Standards and Technology, NIST）發表的資料指出，數據科學／資料科學
（data science）被譽為新興的第四個科學典範（前三個典範分別為理論科
學、實驗科學、計算科學），並指出數據科學是一透過完整資料生命週期
流程，所產生的自原始資料到具行動力的知識的實驗性綜合體（曾龍，
2016）。數據科學藉由大數據處理能力的長足進展，開拓了以使用者資料
為核心的研究題材。過往由於用來蒐集、儲存及分析資料的工具受限制，數
據資料因而無法完整蒐集，故統計學因而產生，將蒐集到的樣本數進行分析
以預測事件的全貌，然而抽樣技術不管如何精確，還是會產生抽樣誤差。以
閱聽眾媒體消費行為來看，這些巨量資料，代表著媒體使用者的日常生活及
行為模式，若能有效蒐集與處理、分析，想必能為當代消費者及閱聽眾領域

貢獻可觀的研究價值。過去，需要曠日廢時才蒐集到的所需分析資料，如今可能只需幾分鐘即可獲取同樣的資料量，並使用數據分析工具進行各種深度運算及分析、詮釋。

第三節　大數據與媒體使用者研究

一、數位工具的資料驅動與「向運算轉」

駱正林（2014）指出，大數據時代，對傳播媒體產業及特徵最大的影響表現在兩方面：一是媒體的互動性、社交性、智慧性增強，媒體匯流、人機共生成為媒體發展的方向，社會大眾在媒體內容生產結構中的角色不斷擴大；二是傳統媒體、社交媒體日益成為重要的資料來源，媒體產生的大量資料成為可觀的社會財富，學術界及產業界對資料庫進行資料探勘（data mining），將更加深入地揭開人類的資訊傳播和社會活動規律。

數位工具的資料驅動（data-driven）（Mason & Patil, 2015）與「向運算轉」（computational turn）（Berry, 2011）傾向，是近年傳播與社群媒體研究領域的顯學。新媒介環境下，研究者需採取新的工具（如大數據、社會網路分析等）來分析互動網路條件下的參與型閱聽人新特徵，另一方面，基本的方法論和研究方法亦並無過時（徐桂權，2018）。

大數據分析像是站在內容分析與調查法之間，但無法替代其中任何一者的角色，較像是提供一個輔助與補充的功能（傅文成，2018）。以今日無論在公部門或公關顧問、市調公司等皆十分仰賴的網路輿情分析來看，以網路爬蟲技術輔以電腦斷詞輔助，結合斷詞、情緒或情感分析等技術，來概觀社會民意在網路空間中對於某一特定議題的認知與態度，一方面像內容分析法的延伸，另方面也像樣本數無限擴大的調查研究。Google analytic 算是較早起步且進入門檻低的大數據分析服務，包含網路使用者所使用的終端裝置、每個網頁的瀏覽時間、點擊頻率、後續的網站瀏覽行為、討論區留言、轉貼、分享等資訊都會被完整記錄，並成為分析素材的一部分（Chang, Ku & Chen, 2017）。

傅文成（2018）指出，從理論延伸的層面觀之，過往涵化（cultivation）理論研究需要長期縱貫性的資料，以提供實證證據，此會是研究者最大的限

制；然大數據的研究方法，透過網路爬文，可以針對特定帳號與意見領袖動態提供長期追蹤的可能性。另，以議題設定理論來說，以往多數研究使用調查法，針對閱聽人的傳統媒體議題設定效果進行問卷調查，然在網路媒體的議題設定年代，已很難透過單純的調查法進行檢證。

大數據的分析方式，可透過大量文本蒐集，經由詞彙分析、社會網路分析等技術，除更可能回答網路媒體與閱聽人間議題設定的效果外，亦可一併解釋跨網路媒體間的議題（Cappella, 2017）。從另個層面來看，傳統調查研究透過部分資料的抽樣統計，加以分析因果關係，藉以推論事件的樣貌，但在大數據時代下，資料來源多樣化，類型複雜，只要能盡力蒐集完整資訊加以分析，瞭解事件的大致情況並掌握發展趨勢即可，對事物的因果關係並不那麼重視（林俊宏譯，2018）。

另 Jensen（2014）認為，新時代之下，研究者勢必要採取創造性的方式，與研究對象一起參與到社會變遷的過程中，且過去研究側重於閱聽人的量化測量與質性詮釋，在新媒介環境下研究者更需要更新對「閱聽人」的想像。只有更新傳播研究的想像力，才能創新地運用多種研究方法，開啟閱聽人研究的新篇章。大數據的資料概念與設想中，有別於以往社會科學的資料蒐集方式，如問卷調查、田野調查、焦點團體、深度訪談、實驗法等，通常是一種短期且集中的資料蒐集，大數據的資料特色是可立基於長期的資料累積，看待較長時間範圍中資料的變化特徵及時間趨勢。

在國外，運用大數據網路爬文方法在社會科學研究已有能見度，國內新聞傳播領域的大數據應用，雖仍在起步階段，但其價值與潛力已可見重要貢獻（傅文成、陶聖屏，2018）。鄭宇君（2014）亦指出，臺灣學界，大數據、資料智慧的應用早期人都存在於資訊工程、資訊管理、圖書管理等資料科學領域。巨量資料可以看到傳統社會科學無法得知之處，尤其是變化萬千的社交媒體之傳播活動樣貌。研究應用上，初期如陳百齡、鄭宇君（2014）分別以巨量資料分析取徑探索 2012 年臺灣總統大選的社交媒體，研究不同語言社群對臺灣總統大選的關注程度，並比較 Twitter 繁體中文與簡體中文社群在大選前後傳播模式的動態變化以及從網站內容中探索重大災難（莫拉克風災）的文本特徵。楊意菁、陳雅惠（2018）針對四家收錄於 TSSCI 的臺灣傳播學期刊——《中華傳播學刊》、《新聞學研究》、《傳播研究與實踐》、《傳播與社會學刊》分析其中文章使用的研究方法，結果顯示 1995-

2014 年間，質化的「文本分析」為最多採用的研究方法，其中 2010-2014 年間採用「內容分析」方法的論文也不少（25.6%），但到了 2015-2017 年間，「調查方法」（含「實驗方法」）成為最主要採用的研究方法（占 44.8%），近年流行的「大數據分析」則出現在 2010 年之後。此現象的產生一方面可解釋為與新傳播媒體的發展脈絡有關，另一方面，也跟當前傳播學門研究者所持的學術信念及典範轉移的認知有關。

邱慧仙（2018）以臺灣傳播學門之碩博士論文為研究對象，觀察運用大數據技術為研究取徑的主題趨勢，結果顯示，1999 年開始出現大數據相關論文，以資料探勘（data mining）、社會網絡分析（social network analysis）為主要分析取徑，2014 年出現以 Google Trends、Twitter API 為工具之論文，2016 年開始與大數據服務資料庫如 OpView、KEYPO 等組織合作進行資料蒐集分析；研究主題上則含括了網路、社群網站、社交媒體、行銷策略與溝通效果、新聞文本、選舉民意等，為最常應用大數據取徑進行研究之目標框架。研究取徑的觀察部分，資料探勘大多使用於各種新媒體使用行為之分析，相較之下，也常獲得使用的社會網絡分析取徑，應用的主題更為多元，包括各種線上與線下世界中的團體成員互動關係探討、社群口碑傳散、網紅與粉絲互動等，都是研究議題。此外，在各種數據智慧、輿情分析公司數量激增的市場需求驅動之下，也吸引越來越多傳播學界研究者使用，進行傳播大數據研究，如 OpView、KEYPO、QSearch、蛛思輿情分析平台等，用以洞悉諸如候選人民意趨勢、社會事件之網路輿論、行銷活動網路聲量、或品牌公關等領域之中。

趨勢呈現出，大眾傳播研究領域逐漸邁向更為多元、靈活、數據導向的新未來；此外，這也代表著跨領域的數位人文、資訊傳播等知識之產出將越見蓬勃發展。

二 媒體大數據的應用範例：OpView 社群口碑資料庫

因應跨領域的大數據浪潮來襲，除了媒體平台本身後台獲得的大量使用數據之外（例如：OTT 平台或購物電商，詳見後續章節），各種第三方數據分析公司如雨後春筍崛起，對於社會科學研究、媒體研究及行銷研究領域注入了新活力。以下簡介大數據分析公司常見之服務與應用範例，以

OpView 社群口碑資料庫為例。

　　OpView Insight 網路輿情分析工具可以即時觀測多種社群平台聲量情報，以 AI 智慧的語義分析技術及專利搜尋技術，從每日收錄的 100 億中文字中挖掘社群文本，捕捉即時的輿情風向。可供資料抓取的媒介平台包括如：

1. 社群網站：Facebook、Instagram、YouTube 等。
2. 論壇討論區：批踢踢實業坊、Mobile01、Dcard 等。
3. 新聞網站：ETtoday、Line Today、中央社等。
4. 部落格：痞客邦、Blogger、Xuite 隨意窩等。

　　提供的服務可供各種目的使用者及組織進行運用，諸如：

1. 行銷分析：分析網路輿情，看網友如何討論品牌、產品或服務。
2. 競品情報分析：從網路輿情分析競爭對手情勢，與競爭對手間的優劣勢，並發展品牌策略。
3. 產品客服：即時傾聽消費者對產品、內容或門市的體驗回饋。
4. 品牌公關：掌握新聞評論與輿情趨勢，捕捉網路社群動向，即早得知潛在的危機。
5. 提案規劃：瞭解產業現況與品牌定位，相較傳統提案更能節省市調時間且大量數據支撐。
6. 成效追蹤：用網路聲量趨勢作為行銷活動的績效指標。
7. 輿情風向：解析民眾對於政策、公共議題之看法等。

　　應用範例上，舉消費者研究為例，其採用網路行為追蹤（Web tracking）、第三方數據貼標（third party data mapping）（圖 2-1）、社群聆聽（social listening），追蹤每一位使用者的數位足跡，可知消費者的意圖及行為，並用演算法推判消費者的興趣及特徵。

　　AI 顧客標籤系統包括（OpView 社群口碑資料庫，2021）：

1. 興趣標籤：長期觀察到訪網站內容及與廣告互動，例如：關注之商品服務、關注地區、關注族群、關注主題等數百個標籤。
2. 消費意圖標籤：觀察短期內到訪網站內容及廣告互動，如同興趣標籤，但更強化行銷時機特性。

3. **屬性標籤**：個人相關之基本資料，如地區、常用裝置等。
4. **品牌標籤**：關注之品牌，跨多種產業之上千品牌。
5. **特製標籤**：依客戶特別需求打造，如客製商品型號、廣告文案等。

　　此第三方數據來源可包括（OpView 社群口碑資料庫，2021）：

1. **電信行銷資料庫**（telecom marketing database）：電信實名制資料，串聯線上線下消費者行為數據，包括上網瀏覽行為、收發話記錄、追蹤移動軌跡推估其生活型態。
2. **電子商務數據管理平台**（eCommerce DMP）：電商平台及廣告互動行為數據，透過聯播網記錄站外瀏覽網站的偏好，反映潛在購買意圖。適合用於品牌忠誠度維繫、商品推薦等。
3. **適地性服務數據解決方案**（LBS data solution）：雲端伺服器混和定位方法估算用戶位置，適合用於特殊場域手機用戶行為調查，分析人流動向、聚集熱點和精準定位。

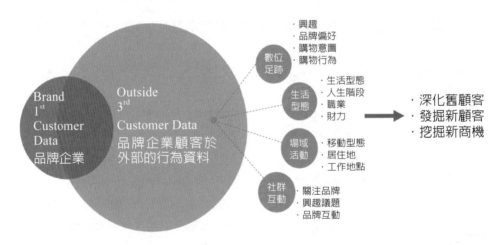

資料來源：OpView 社群口碑資料庫

圖 2-1 運用第三方數據貼標協助補充消費者樣貌

　　社群口碑是影響消費者行為的重要因素，藉由口碑監控瞭解目標對象的需求，掌握其對品牌／產品／服務的情感，藉此作為企業組織營運規劃的

依據。口碑分析可協助傳統的焦點團體訪談和市場調查分析，讓資料更精確化。消費者區隔方法的變遷，可參考表 2-2。

表 2-2 消費者區隔方法的今昔對照

	經典—統計模型	當代—數位廣告
目的	瞭解消費者	數位廣告投放
技術 / 方法	多變量分析—因素分析 / 集群分析	AI 演算法 / 機器學習（貼標籤）
區隔變數	價值觀 / 生活型態（AIO 量表）/ 消費實態	Online Signal/Offline Signal
區隔特性	長期探索（定期研究）	動態更新（具有效期，與產品銷售週期相仿）
區隔洞察	消費者區隔完整的輪廓描述—Persona	潛在目標消費者 / 興趣相似目標對象 / 客層 / 地區 / 裝置
資料來源	問卷調查資料 / CRM 資料	數位足跡（log）—凡走過必留下痕跡
用途	分眾行銷	精準行銷

資料來源：OpView 社群口碑資料庫

三 傳播研究與數據科學的未來

　　由於數位時代數位媒體的互動與社群特性，令傳統上難以觸擊的大量閱聽人面貌及媒體消費足跡，藉由資料分析工具的發展與普及，更能被研究者捕捉，研究上更具意義。同時，資料本身的價值凸顯，媒體或社群使用者的數字足跡更易於被追蹤，也更能符合當代民意與輿情導向的實際社會面貌。此外，相較傳統媒體的單向傳播特質，各種網站、粉絲頁、社群媒體平台，能涵蓋大量民眾及使用者意見回饋，無論對於行銷傳播或公共輿情研究，能獲得較以往更為豐富、「接地氣」的分析資源。有學者樂觀認為，大數據也許是社會科學領域研究的春天（沈浩、楊璘、楊一冰，2014）。厚資料的

蒐集能力，各種網路足跡的記錄，迅速且大範圍的巨量資料採擷與分析，就當代的社會場域人類活動來說，或許是能更為貼近真實的閱聽眾日常生活探勘。

傳播學門以洞察人類傳播行為為重要旨趣，也是學門研究價值所在。在今日虛擬線上世界躍升為人類日常生活最主要的活動場域同時，媒體的互動性及閱聽眾主動性雙雙提升，而數位原住民世代已成長壯大、大規模進入各種媒體消費世界並成為網路世界的核心組成成員，他們每天的數位足跡、網路言論、事件涉入，就傳統的量化取徑如問卷調查、內容分析等，已難以再追隨到這些巨量使用者的一舉一動。如 *Big Data: A Revolution That Will Transform How We Live, Work, and Think* 一書所述，欲進入大數據的分析世界，需要在研究觀念上有所改變；大數據與傳統的社會科學研究實證典範資料分析有些不同特徵，例如：要有針對特定主題分析龐大數據的能力，而不只是退而求其次，分析較小的資料集；要願意接受真實資料會雜亂不清的事實，而非一味追求抽樣或統計上的精確；最後，必須看重相關性，而非不斷追求難以明確捉摸的因果關係。此思考邏輯對於大多的傳播研究者來說，與慣用的量化研究規則並不一致，因此在試圖採納新方法之前，除了先學習，也需一併轉換觀點。

「運算」（computation）讓傳播研究、社會科學領域，邁向更多、更廣、過去無法察覺的面向，提供給研究者一個建構世界的新典範。「運算的社會科學」（computational social science）時代已然來臨（Lazer, Pentland, Adamic, Aral, Barabási & Brewer, 2009）。運算社會科學因資料處理方式的創新而生成，透過大數據與新媒體的搭配，得以重新架構社會研究。傳統社會科學哲學中所著力的個人與集體的辯證，在運算的社會科學中已然展開了各種新的可能性，像是描繪巨量的傳播模式、測量細緻的趨勢動態、揭露閱聽眾行動軌跡等，儼然形成一個跨學科的新興領域，亟待新興研究者投入發展。

如今適逢典型傳播學研究進入方法典範轉移的重要時刻，初期有賴於多位傳播學者的跨領域智慧及研究知識技術，讓各種傳播大數據研究開始出現並發展開來，未來各種研究取徑的並行及針對主題進行適當方法的選取，相信能讓一向眾聲喧譁的大眾傳播研究，散發更多彩的光芒、累積更豐富的研究成果。

參考文獻

中文部分

Lynn（2017.06.28）。〈大數據到底是什麼意思？事實上，它是一種精神！〉。取自：https://kopu.chat/2017/06/09/big-data-spirit/

OpView 社群口碑資料庫（2021）。取自 https://www.opview.com.tw/。

沈浩、楊璿、楊一冰（2014）。〈傳播學研究新思路：複雜網路與社會計算〉，《科研資訊化技術與應用》，5（2）：27-33。

林俊宏譯（2018）。《大數據（新版）》。臺北市：天下文化。〔原書 Mayer-Schönberger, V., & Cukier, K.（2014）. *Big data: A revolution that will transform how we live, work, and think*. Mariner Books.〕

邱慧仙（2013）。《數位時代電視收視率量測機制變革》。世新大學傳播博士學位學程博士學位論文。

邱慧仙（2018）。〈大數據取徑應用於傳播學門閱聽人研究之趨勢探索〉。第 5 屆傳播與創意學術及實務研討會。宜蘭縣：佛光大學。

徐桂權（2018）。〈新媒介環境中閱聽人參與典範的建構：以歐洲閱聽人轉型研究計畫為考察對象〉，《新聞學研究》，134：145-178。

張玉佩（2004）。〈閱聽人概念的探索：從網路經驗出發〉，《中華傳播學刊》，5：37-71。

郭良文、林素甘（2001）。〈質化與量化研究方法之比較分析〉，《資訊傳播與圖書館學》，7（4）：1-13。

陳百齡、鄭宇君（2014）。〈從流通到聚合：重大災難期間浮現的資訊頻道〉，《新聞學研究》，121：89-125。

傅文成（2018）。〈大數據分析在傳播研究的運用——機會與挑戰〉，《傳播管理學刊》，19（2）：37-47。

傅文成、陶聖屏（2018）。〈以大數據觀點探索網路謠言的「網路模因」傳播模式〉，《中華傳播學刊》，33：99-135。

喻國明、李慧娟（2014.11.26）。〈大數據時代傳播研究中語料庫分析方法的價值〉，《人民網》。取自 http://media.people.com.cn/BIG5/n/2014/1126/c390949-26099195.html

曾龍（2016）。〈大數據與巨量資料分析〉，《科學發展》，**524**：66-71。

楊意菁、陳雅惠（2018）。〈新媒體、新視野與新方法：台灣 TSSCI 傳播學術論文探析〉，《中華傳播學刊》，**33**：3-18。

鄭宇君（2014）。〈向運算轉：新媒體研究與資訊技術結合的契機與挑戰〉，《傳播研究與實踐》，**4**（1）：67-83。

鄭宇君、陳百齡（2014）。〈探索 2012 年台灣總統大選之社交媒體浮現社群：鉅量資料分析取徑〉，《新聞學研究》，**120**：121-165。

藍弋丰（2017.6.3）。〈17 年一覺大數據，老名詞翻新再炒一輪〉，《科技新報》。取自 https://technews.tw/2017/06/03/big-data-taiwan/

駱正林（2014）。〈大數據時代新聞傳播理論的創新〉，《人民網》。取自 http://media.people.com.cn/BIG5/n/2014/0728/c387110-25355267.html

外文部分

Anderson, J. A. (1996). The pragmatics of audience in research and theory. In J. Hay, L. Grossberg & E. Wartella (Eds.). *The audience and it landscape*. Boulder: Westview Press.

Berry, D. M. (2011). The computational turn: Thinking about the digital humanities. *Culture Machine, 12*.

Cappella, J. (2017). Vectors into the future of mass and interpersonal communication research: Big data, social media, and computational social science. *Human Communication Research, 43*(4), 545-558.

Chang, Y. C., Ku, C. H., & Chen, C. H. (2017). Social media analytics: Extracting and visualizing Hilton hotel ratings and reviews from TripAdvisor. *International Journal of Information Management, 48*, 263-279.

Jensen, K. B. (2014). Audiences, audiences everywhere—Measured, interpreted and imaged. In G. Patriarche, H. Bilandzic, J. L. Jensen, & J. Jurisic (Eds.). *Audience research methodologies: Between innovation and consolidation*. London, UK: Routledge.

Lasswell, H. D. (1948). The structure and function of communication in society. *The Communication of Ideas, 37*, 215-228.

Lazer, D., Pentland, A., Adamic, L., Aral, S., Barabási, A. L., Brewer, D. (2009). Computational social science. *Science, 323*, 721-723.

Mason, H., & Patil, D. J. (2015). *Data driven: Creating a dara culture.* New York: O'Reilly.

3

CHAPTER

OTT 影音收視衡量機制發展應用
與商業運作模式

前言

　　2016 年被視爲臺灣 OTT 元年，國內串流影音服務平台快速增加。然而 OTT 商業經營與閱聽眾的使用行爲息息相關，其多重收視衡量機制包括點擊率、流量、觸達人數、持續觀看時間長短等相關指標，不只反映了平台經營成效，更與閱聽眾的收視行爲、內容偏好與影音平台的廣告投放等營運績效息息相關。此外，新型態的收視行爲亦已大幅挑戰了傳統電視節目收視率調查機制。藉由分析觀眾行爲數據以瞭解他們的偏好與需求，有助於帶動 OTT 影音服務發展與創新。本章節分析 OTT 影音業者商業經營模式，以瞭解 OTT 收視衡量機制與商業經營模式之關聯性及發展現況。

第一節　OTT 影音服務崛起

一　席捲全球的 OTT 影音浪潮

網際網路蓬勃發展，寬頻與行動通訊基礎建設逐步普及，促成影音類 OTT（over-the-top）服務快速成長。Cisco（2018）指出，全球網際網路數據資料量於 2017 年已達 1.5 Zettabyte（ZB），其中影音資料就占整體網路流量 75%，2022 年預估整體數據量將持續成長至 4.8 ZB，且影音資料量占比將擴大至 82%，顯示未來影音類服務依舊會是網際網路重要應用之一。

臺灣在寬頻網路的發展潮流下，積極拓展影視相關服務，尤其隨著國內行動通訊網絡普及，4G 通訊服務自 2014 年開放以來，用戶數累積至 2018 年 11 月底已達約 2,725 萬戶（國家通訊傳播委員會，2018），超越全臺人口總數。而在固網服務上，在我國國家通訊傳播委員會（NCC）長期推動電信普及服務政策引導下，截至 106 年底，全臺可供 12 Mbps 以上寬頻網路平均覆蓋率已提升至 96.7%（張語羚，2018）。財團法人台灣網路資訊中心（TWNIC）推估全國上網人口已達 1,879 萬，整體上網率 80%（TWNIC, 2017）。另根據國家發展委員會《107 年個人家戶數位機會調查報告》（2018），我國 12 歲以上曾上網民眾由 94 年的 62.7% 增為 107 年 86.5%。該調查亦發現，全國 12 歲以上之上網民眾中有高達 83.1% 表示最近一年有透過網路從事影音活動，尤其學生族群透過網路參與線上影音比率（98.6%）明顯高於其他群體，顯示我國民眾網路影音使用行為活躍，為新興 OTT 影音服務帶來發展空間。

OTT 用語之定義，引用自「目視飛航規則」（Visual Flight Rules, VFR）的專門術語「VFR over-the-top」，指飛行員在雲端之上，一望無際，沒有任何視覺障礙的目視駕駛飛行（劉柏立，2017）。數位匯流下，被引申譬喻為寬頻網路上的創新應用服務，有其不受監理規範，創意無限的解放性聯想。其按照服務屬性之不同，又可區分為不同應用內容，例如：運用於語音服務者可稱之為 OTT-A（如 Skype 等）；運用於視訊內容服務則稱之為 OTT-V（如 Netflix 等）（劉柏立，2017）。國內新聞媒體在探討 OTT 詞彙之使用源頭時，則較常稱其係引用自籃球運動「過頂傳球」之意，即將球傳

得比較高遠而越過對手的頭,並最終落至隊友手中。後來在網際網路的發展脈絡下,被延伸用來表示透過基礎電信服務所提供的內容或服務,使用者只要能夠連接網際網路、具備足夠的頻寬,就可以使用 OTT 服務(黃敬翔、潘冠儒,2016;施素明,2018)。

本研究所探討之 OTT 概念,係指提供視訊影音內容為主的 OTT 服務,即所謂 OTT 影音(over the top video, OTT-V)之概念,專指透過寬頻網路提供的影音類服務。使用者可透過各種終端設備,如智慧型手機、桌上型電腦等,藉由固網(有線)寬頻、或行動(無線)寬頻上網接取網路影音服務,傳統無線電視、有線電視乃至於衛星電視所播映之節目內容,甚至於使用者生成內容(user generated content, UGC)等,皆可藉由寬頻網路服務連結使用者終端,發展出更多優質、便利且多元的創新應用服務。

現今世界各國在寬頻網路與數位匯流發展下,許多新興影視服務快速竄起,也引發很多討論。英國通訊傳播主管機關 Ofcom 調查(2018)發現,英國 OTT 影音服務包括 Netflix、Amazon Prime、Now TV 等付費用戶數首度超過傳統付費電視,新興 OTT 影音服務市場逐漸擴大,甚至逐漸威脅傳統廣播電視業務(Ofcom, 2018)。

先進國家中已多見有業者開發兼營 OTT 影音服務之發展趨勢,臺灣亦在此股影視發展趨勢下,積極發展 OTT 影音產業。根據 2017 年文化部《前瞻基礎建設 —— 數位建設新媒體跨平台內容產製計畫(核定版)》報告,國內多媒體內容傳輸平台服務產值已由 2009 年的 11.7 億元,增至 2015 年的 38.5 億元,顯示國內影視內容與 OTT 產業持續具發展潛力,產值仍有成長空間。行政院於 2017 年通過前瞻基礎建設計畫中,提撥 18 億元特別預算交由文化部發展新媒體跨平台內容產製計畫,規劃於 2017-2020 年 4 年計畫中,透過政府資源與民間資金整合,來協同 OTT 影音平台發展,打造數位文化生活,開拓文化科技品牌出口,進而帶動文化經濟發展(文化部,2017;邱莉玲,2017)。

OTT 影音產業已成為我國政府重點投資的項目之一,國內民間企業與相關業者亦爭相投入。2016 年美國 Netflix、中國愛奇藝臺灣站與法國 Dailymotion 等陸續來臺推出服務,國內 OTT 影音業者也如雨後春筍般快速成長,如公共電視公視＋ OTT 影音平台、民視開發的四季線上影視、三立 Vidol、威望國際的 CATCHPLAY On Demand、三大電信營運商提供的 OTT

影音服務（Hami Video、friDay 影音、myVideo）、新興平台業者 LiTV、KKTV、LINE TV、酷瞧、CHOCO TV 等。

　　2016 年被視為臺灣 OTT 元年（顏理謙，2016），國內由於寬頻建設成熟、涵蓋面廣，吃到飽電信服務普及，使得各種串流影音服務平台快速增加，民眾的影音需求也越來越大。2020 年初新冠肺炎疫情爆發，開啟了全球性的人類生活新型態，宅在家成為日常，也推進了線上影音的龐大需求與產業發展機會。根據 Kantar 凱度洞察（2020）調查，臺灣 15-49 歲民眾不但幾乎人人上網，且 96% 都有透過 OTT 串流觀看影音（不只 OTT TV，尚包括一般影音內容如 YouTube），平均使用 3.2 個影音平台，高達 78% 幾乎天天（「每天」或「每周有 5-6 天」）收看，平日每人平均 2.8 小時，假日則增加至 4.7 小時。新冠疫情爆發後有 21% 的使用者表示因為在家時間變長，也更頻繁使用串流影音。

　　根據國家通訊傳播委員會（NCC）2021 年發布的「109 年匯流發展調查」顯示，透過智慧型手機觀看影音內容的比例超過 54%，較前一年成長約 4%，家中或個人有付費訂閱線上串流影音服務的比例約 35%，較前一年的 19%，大幅成長了 16%。另外，從受訪者訂閱的平台來看，前 3 名分別是 Netflix、愛奇藝及 KKTV（圖 3-1）；Netflix 以 61.9% 訂閱比例排名第一，擠下已經連 3 年第一的愛奇藝，其訂閱數為 42.4%，這前兩大訂閱平台都遙遙領先第三名訂閱比例 5.8% 的 KKTV。愛奇藝原是民眾 OTT 最愛，直到 2020 年 9 月 NCC 祭出「愛奇藝條款」，以經濟部依據《臺灣地區與大陸地區人民關係條例》第 35 條第 2 項規定，禁止中國 OTT 以代理或經銷方式在臺灣營運，愛奇藝轉為境外收視，衝擊在臺營運（胡華勝，2021）。

　　OTT 商業經營與閱聽眾的使用行為息息相關，其多重收視衡量機制包括點擊率、流量、觸達人數、持續觀看時間長短、付費人數等相關指標，不只反映了平台經營成效，更與閱聽眾的收視習慣、內容偏好與網路影音平台的廣告投放等營運績效關聯密切。藉由分析觀眾行為數據以瞭解他們的偏好與需求，有助於帶動 OTT 影音服務發展與創新。尤其在現今數位匯流時代，觀眾行為可被電腦系統捕捉，無論是 OTT 跨平台上蒐集到的影音內容瀏覽、點擊或收看，抑或是觀眾在社群媒體上針對影音內容的討論與分享等，均可透過程式運算整理後，成為解讀觀眾影音收視行為的大數據，甚至成為 OTT 服務業者、廣告商等 OTT 影音相關產業鏈之成員，作為輔助決策

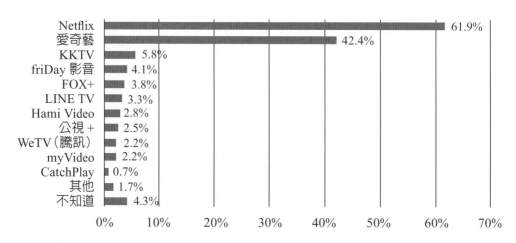

圖 3-1 臺灣民眾付費訂閱的線上串流影音服務排名

資料來源：國家通訊傳播委員會（2021）

方向的巨量資料分析工具（江亦瑄、林翠絹，2017）。

　　在 OTT 影音產業的發展下，觀眾的收視習慣已經和過去截然不同，因同一個數位內容可以在多種數位化平台中同時出現，而同一個視聽眾也可以透過各種終端裝置或應用程式觀看影音，在複雜的交互作用下，閱聽眾的影音收視行為已經有了劇烈變化，對於欲瞭解閱聽眾收視行為的 OTT 影音業者、廣告產業、影視內容業者，乃至於傳統電視產業、收視率調查等相關產業、政府機關來說，勢必都要面臨新的變革與挑戰，如何從多重收視裝置中蒐集閱聽眾的收視行為數據，進而從大數據中去蕪存菁的找出有意義的收視趨勢，精準的測量閱聽眾收視行為更顯得重要。

　　現今各國 OTT 影音服務中有多種商業經營模式，除直接向消費者收取收視聽費的付費模式外，亦有仰賴廣告獲利的免費模式，或整合免費與付費的混合經營模式等，以多元的節目組合和定價策略來增加市場競爭力，來滿足不同需求的消費者（葉志良、何明軒，2016）。換句話說，OTT 影音服務商業經營模式多元，業者之間各有不同的收視衡量機制之數據運用考量，進而影響其獲利或分潤模式。OTT 商業經營模式中涉及複雜的利益關係，包括網路營運商（network operators）、消費者、廣告代理、廣告主、內容提供者等，形成複雜的互相競爭或共同合作關係（涂敏怡，2017）。而在

全球 OTT 影音產業發展趨勢下，我國 OTT 業者亦面臨跨國界、跨產業的競爭。市場要如何建立客觀、全面，且整合各種媒體在內的收視衡量機制，以評價各種 OTT 影音服務的綜合表現與受歡迎程度，甚至作為廣告投放交易、影視內容產製之公平分潤依據，據以動態調整經營模式，促進產業繁榮發展，遂成為本研究主要探討焦點。

　　綜整上述研究緣起，我國自數位經濟發展以來，多元創新科技蓬勃發展，過去政府除積極透過法規、獎補助、著作權保護、投融資等方式協助產業發展以外，亦密切觀察新媒體產業動向，以擬定進一步的產業政策。有鑑於全球 OTT 影音產業發展趨勢與商業運作之關係，本研究透過各研究方法步驟，分析 OTT 影音業者商業經營模式，以瞭解 OTT 收視衡量機制與商業經營模式之關聯性及發展現況。

二 研究設計

（一）文獻資料分析

　　首先藉由文獻資料分析法，掌握國內 OTT 收視衡量機制與商業模式相關定義與概念，包含瞭解在我國提供影音 OTT 服務平台業者（含外國業者於我國提供服務者）之 OTT 收視衡量機制與經營模式等。

　　根據文獻分析法之精神，研究須依一定的研究目的與課題，蒐集相關市場資訊、調查報告、產業動態等文獻資料，經過分析、歸納與統整後，找出分析事件的原因、背景、意義與影響，以回答研究問題。而根據相關學者建議，文獻分析法所研析資料可以是政府部門的報告、工商業界研究、文件資料、資料庫、企業組織資料、書籍、論文、期刊、報章新聞等，分析步驟包括閱覽整理、描述、分類及詮釋（朱柔若譯，2000）。無論資料來源為何，都必須要確定文獻的可靠度與可信度，並在檢視文獻時，注意該文獻的遺漏之處與撰寫角度，以交叉檢視並詮釋文獻資料。

　　以下列舉本研究使用的文獻資料類型與來源，包括：

1. 政府部門報告

　　包括由各國通訊傳播相關政府部門定期釋出的國家產業發展報告、政策宣導、律法條文等。例如：英國 Ofcom《Media Nations: UK 2018》、中國互聯網絡信息中心《中國互聯網絡發展狀況統計報告》等。

2. 工商業界與國際組織所撰寫的研究報告資料庫

廣蒐世界各大研究調查機構與國際組織所出版的 OTT 影音相關調查報告與資料，參考組織例如：歐盟之歐洲電子通訊監管機構（Body of European Regulators for Electronic Communications, BEREC）、亞洲有線與衛星廣播電視協會（Cable & Satellite Broadcasting Association of Asia, CASBAA）等。

3. 企業組織資料

各國 OTT 影音相關業者所公布的公開資料，包括財務報表、用戶數統計資料、服務費率說明等。

4. 書籍、論文、期刊與報章雜誌

參閱各國 OTT 影音相關學術性論文、期刊、書籍，並輔以報章雜誌新聞作為參考資料來源與依據。

本研究初步透過相關文獻資料蒐集，掌握數位匯流時代下收視衡量機制之運作主要牽涉的各方利益人，包括 OTT 影音服務業者、影視內容集成者、廣告媒體代理商、收視聽數據資料服務機構等四大類（邱慧仙，2013），其商業運作關係如圖 3-2。

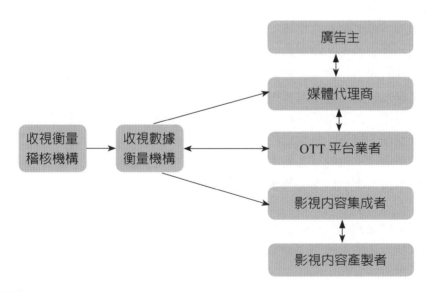

圖 3-2 收視衡量機制於商業運作關係圖

（二）深度訪談法

　　本研究透過深度訪談法，深入瞭解我國 OTT 影音業者之收視衡量機制與商業模式，並進一步綜合分析，比較國外研析個案與我國 OTT 收視衡量機制之發展異同，以提出相關政策建議。

　　根據深度訪談法之研究精神，此研究方法是根基於訪問者與受訪者之間對於研究計畫的互動，本質上是由訪問者建立對話的方向，再針對受訪者所回答的內容與特殊主題加以追問（邱慧仙，2013）。本研究為回答研究問題，除既有文獻與資料外，亦透過半結構式深度訪談法，訪問國內至少 6 家 OTT 影音業者，以獲取業界之寶貴資料與意見。

　　半結構之深度訪談法由訪問者以事先擬定的訪問大綱及相關問題為訪問基礎，向受訪者針對預擬之議題進行發問，並採開放式問答方式，以不跳脫研究主題為宗旨，開放受訪者自由回答與表述，並視受訪者之回答狀況決定問題的先後次序與用字遣詞，進而適度的補充及調整訪問大綱，以獲得更完整的訪問資料。而在訪談對象上，深度訪談研究方法之樣本選擇，屬質化研究之「立意」原則，選取樣本之資料標準以能提供深度與多元社會實況之廣度為標準（邱慧仙，2013）。因此，本研究在為求系統化滿足深度訪談樣本之選擇標準上，參考相關文獻之概念，依照本土 OTT 影音業者之不同經營型態，選擇國內至少 6 家影音 OTT 業者進行深度訪談。

　　經初步研究發現，臺灣本土 OTT 影音業者原本提供服務的類型十分多元，包括提供寬頻上網業者，如電信業者中華電信、台灣大哥大以及有線電視業者凱擘等；既有廣播電視或頻道經營者，如民視、公視、三立等；整合內容的新興平台業者，如 LiTV、KKTV 等；裝置業者，如華衛集團旗下的歡樂看 Fain TV 機上盒服務、鴻海科技集團旗下的便當 4K 智慧電視盒等；境外業者，如美國 Netflix、中國愛奇藝臺灣站、美國 Disney+ 等。

　　為求掌握不同經營類型的訪問樣本，經文獻分析後參考國內 OTT 影音產業鏈之業者分類架構擬定深度訪談名單，總共完成深度訪談業者共 6 家，如表 3-1。

表 3-1 深度訪談名單

業者	OTT 影音服務	訪談對象
民視	四季線上影視	• 新媒體事業群副總經理
公視	公視＋	• 副總經理
凱擘大寬頻	與 myVideo 服務合作	• 數位媒體暨文創合作副總經理
三立電視台	Vidol	• 新聞網暨 Vidol 資深總監 • 三立集團威網影音營運中心行銷主任 • 新媒體事業部暨行動媒體部
中華電信	Hami Video	• 數位匯流事業處副總經理
台灣大哥大	myVideo	• 影音事業處副處長

資料來源：國家通訊傳播委員會（2019）

（三）焦點團體座談

　　焦點團體座談法又稱焦點團體訪談（focus group interview, FGI），其包含四個重要元素（鄭自隆，2015）：

1. 人（people）：指出席焦點團體座談的受訪者。
2. 參與者的特質（Possess certain characteristics）：參與者必須和所討論的主題有所關聯，而且要具有同質性，具相同經驗，可以用相同的語彙溝通討論。
3. 提供質化資料（provide data of qualitative nature）：焦點團體座談提供的訪問資料屬於質化資料，不具量化意義。
4. 討論（in a focus discussion）：聚焦於討論，由主持人引導討論，形塑自然互動情境，並針對問題設計開放式的題目，開放參與者發言。

　　換句話說，出席焦點團體座談會的受訪者、參與者特質、議題討論等，是焦點團體座談的核心。訪談資料由研究者再進一步歸納整理後，以呈現訪談資料之深度。

　　經文獻分析及深度訪談之工作，綜合歸納相關議題後，舉辦四場次焦點團體座談會議，邀請我國 OTT 影音產業鏈相關團體或組織，彼此深度對

話，共同針對收視衡量機制與商業運作相關議題進行討論，以凝聚各方意見。參考前述文獻分析之說明，擬定焦點團體座談邀請對象，包括以下四類別：

1. OTT 影音服務經營

　　包括公共電視、民視、中華電信、台灣大哥大等代表共 5 人。

2. 廣告代理商與影視內容相關業者

　　包括台北市廣告代理商業同業公會、台北市影音節目製作商業同業公會、中華民國衛星廣播電視事業商業同業公會、中華民國廣播電視節目製作商業同業公會等代表共 4 人。

3. 學者專家

　　政治大學、臺灣藝術大學、輔仁大學、世新大學等共 5 位傳播領域教授。

4. 第三方收視聽數據資料服務公司和相關公協會代表

　　尼爾森媒體研究、創市際市場研究顧問、意藍資訊、麟數據科技、台灣數位媒體應用暨行銷協會、貝立德股份有限公司、財團法人中華民國傳媒稽核認證會等單位共 7 位代表。

　　四場次焦點團體座談中所討論之議題彙整如表 3-2。

表 3-2　焦點團體座談討論議題

場次	討論議題
OTT 影音服務經營業者	1. 當前 OTT 影音服務的商業運作與經營策略為何？收視衡量機制對商業運作模式之形成與變化，有何影響？是否就此收視衡量機制來與廣告業者、影音內容業者或其他商業合作業者建立拆帳或分潤的機制？ 2. 產業界認為較為適合的影音 OTT 收視衡量機制為何？ 3. 目前收視衡量方式是否有不足或缺失之處？是否有建立防誤措施？以及未來可以調整或補強的方向建議。 4. 是否有成立第三方稽核機構之必要與可行性？業者對於收視衡量機制的資訊交換、個資議題、業者自律機制等議題的看法與建議。

表 3-2 焦點團體座談討論議題（續）

場次	討論議題
	5. 對於政府引導建立網路影音收視衡量機制的態度與政策方向建議。
廣告代理商與影視內容製作相關業者	1. 目前媒體代理商在 OTT 影音服務投放數位廣告策略為何？投放在 OTT 影音平台的廣告以哪些形式呈現？與過去傳統媒體廣告投放策略差異與改變原因為何？ 2. OTT 影音服務的收視衡量機制是否影響數位廣告投放策略？目前在 OTT 影音服務的廣告投放策略衡量指標為何？是否透過收視衡量機制來與 OTT 影音經營業者或其他商業合作業者建立廣告精準投放等行銷策略機制？ 3. 影音內容業者在 OTT 服務的製播與產製策略為何？OTT 影音服務的收視衡量機制是否影響內容製作策略？是否透過收視衡量機制來與 OTT 經營者達成廣告分潤或內容創作回饋制度？ 4. 產業界認為當前較為適合的影音 OTT 收視衡量機制為何？ 5. 目前收視衡量方式是否有不足或缺失之處？是否有建立防誤措施？以及未來可以調整或補強的方向建議。 6. 是否有成立第三方收視稽核機構之必要與可行性？業者對於收視衡量機制的資訊交換、個資議題、業者自律機制等議題的看法與建議。 7. 對於政府引導建立網路影音收視衡量機制的態度與政策方向建議。
學者專家	1. 對於目前 OTT 影音服務採用的收視衡量機制以及對商業運作如廣告拆帳或內容業者分潤機制之建議。 2. 國內收視衡量方式是否有不足或缺失之處？以及未來可以調整或補強的方向建議。 3. 是否有成立第三方收視稽核機構之必要與可行性？針對收視衡量機制的資訊交換、個資議題、業者自律機制等議題的看法與建議。

表 3-2　焦點團體座談討論議題（續）

場次	討論議題
	4. 對於政府引導建立 OTT 影音收視衡量機制或第三方稽核機制的態度與方向建議，並對匯流相關法令與行政機關整體施政方針之建議。
第三方收視數據資料服務公司和相關公協會代表	1. 目前為 OTT 影音服務提供的收視衡量指標與數據服務有哪些？針對同一使用者在不同平台、甚至載具切換使用時，是否有整合性的收視衡量機制可以精準測量？與其他廣播電視媒體（例如：無線電視、有線電視、衛星電視、IPTV 等）的收視衡量機制有沒有整合的機制？ 2. 目前收視數據服務的主要服務客群有哪些？對於 OTT 影音產業的商業運作有什麼影響？ 3. 產業界認為當前較為適合的影音 OTT 收視衡量機制為何？目前收視衡量方式是否有不足或缺失之處，例如：是否有建立防誤等相關措施？以及未來可以調整或補強的方向建議。 4. 是否有成立第三方收視稽核機構之必要與可行性？針對收視衡量機制的資訊交換、個資議題、業者自律機制等議題的看法與建議。 5. 對於政府引導建立網路影音收視衡量機制與第三方稽核單位的態度與方向建議。

資料來源：國家通訊傳播委員會（2019）

第二節　OTT 經營模式

一、OTT 定義

　　歐盟之「歐洲電子通訊監管機構」（BEREC）於 2016 年發布《OTT 服務報告》（Report on OTT Services），定義廣義 OTT 服務為「藉由網際網路向終端使用者提供的內容、服務或應用」（content, a service or an application that is provided to the end user over the public Internet）。換句

話說，透過公共網際網路所提供的任何服務，都是廣義 OTT 服務之範疇（BEREC, 2016）。此定義與經濟合作暨發展組織（Organization for Economic Co-operation and Development, OECD）於 2014 年所提出的 OTT 概念一致，該報告認為 OTT 服務為「透過高速寬頻網路連結網際網路，以提供多元豐富的內容、應用、服務和通訊連結等」（high-speed broadband networks provide access to the Internet, and therefore to an extraordinary wealth of content, applications, services, and communications links）。因此在廣義 OTT 定義之下，所有於網際網路上所提供的應用與服務等，都可被視為 OTT 服務的範疇。

OTT 具體仍可依照服務類別做區分。OECD（2014）將 OTT 服務主要區分為即時通訊（real-time communications）、娛樂影音服務（entertainment video services）、遠距工作／視訊（telework/telepresence）、雲端運算和儲存（cloud computing and storage）、線上金融（financial services）、物聯網（Internet of things）、智慧家庭（smart homes）等七大類應用型態（OECD, 2014）。

學者 Bhawan & Marg（2015）則從網際網路上的六大服務類別來做區分，其分類項目請見圖 3-3。

於網際網路上提供電子商務或電子金融服務者，稱之為 OTT 商業（OTT commerce）；運用於通訊服務類者，則稱為 OTT 通訊（OTT communications）；運用於承載影音、電視節目、電影等媒體內容平台者則稱之為 OTT 媒體（OTT media）（Bhawan & Marg, 2015）。

日本 NTT PC Communications《用語解說辭典》對於 OTT 名詞之定義，同樣提及類似概念。該辭典中提到，因 OTT 就定義上可泛指各種於寬頻網路上所提供的應用服務，包括語音通訊、電子商務等，為了清楚說明寬頻網路之影音類服務，並與其他應用服務做區分，該辭典因而另以 OTT-V（over-the-top video）一詞來描述於寬頻網路上所提供的影音服務，意旨透過高速寬頻網路來提供電視、電影等影音類節目之服務。

而國內學者劉幼琍（2017）在探討網際網路上的影音類服務時，則以 OTT TV 一詞來描述之，意旨透過網際網路將數位影音內容傳送到收視者所使用的各式各樣聯網終端的一種服務。OTT 的簡單定義是不須透過有線電視系統或電信業者等寬頻業者所傳輸的語音、影音及數據服務，其可跨越時

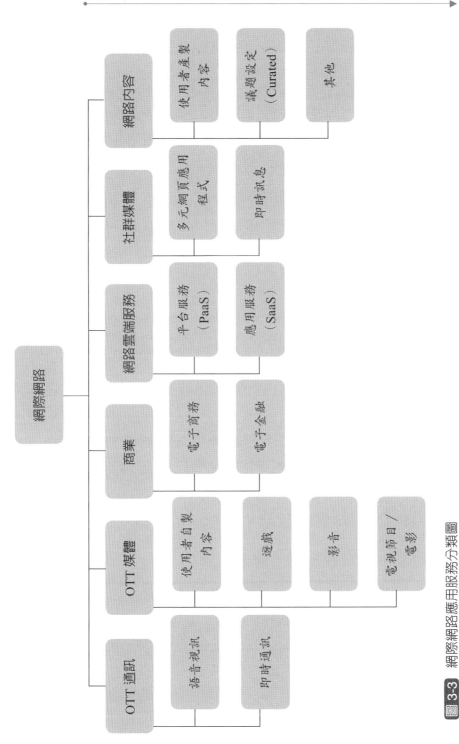

圖 3-3 網際網路應用服務分類圖

資料來源：Bhawan & Marg（2015）

間、空間以及載具的限制，與傳統廣播電視播送途徑有所不同，因此也有人稱其為串流服務、線上影音服務、Internet TV 或是 TV over Broadband 等。

其技術特徵是透過公眾網際網路直接向終端消費者傳遞內容，因而也有學者視其為傳統廣播電視或 IPTV（Internet Protocol television）服務型態的延伸（轉引自劉幼琍，2017）。然而，雖然 OTT 影音和 IPTV 都是透過網際網路傳遞內容的服務機制，但兩者就技術本質上仍有所不同。IPTV 的網路架構是採封閉式的企業網路（Intranet）傳輸，在接收載具上需先連接電視機上盒，使用者將電視連接機上盒才得以觀看影音服務（Roberts & Muscarella, 2015）。而 OTT 影音則是由超文本傳輸通訊協議（HTTP）透過公眾網路來傳輸，其接收裝置包括手機、平板、電腦、機上盒等各種可以連接網路的設備。OTT 影音服務與 IPTV 比較如表 3-3。

表 3-3 IPTV 與 OTT 影音比較

	IPTV	OTT 影音
內容遞送	專用託管網路，屬封閉式的網路架構（walled garden ecosystem）	開放網路，屬開放式網路架構（open ecosystem）
傳輸網路	地方電信—專屬或租用網路	公共網路加上地方電信
傳輸通訊協議（delivery protocol）	TS（transport stream）、RTP（real time protocol）	HTTP／TCP
路由技術（routing topology）	multicast	unicast (HTTP)、simulated multicast (UDP/TCP)
內容種類	主要提供直播電視頻道，影音內容服務模式類似於傳統廣播電視，另也提供付費隨選視訊（premium VOD）服務	廣泛的提供免費或訂閱式的隨選視訊（freemium and economical subscription VOD）、直播頻道等多元影音內容種類

表 3-3　IPTV 與 OTT 影音比較（續）

	IPTV	OTT 影音
內容來源	當地多頻道影音節目內容遞送商（multichannel video programming distributor, MVPD，例如：AT&T U-verse）	影音創作工作室、電視網絡（頻道商）或第三方服務組織等
接收端	機上盒或錄放影機（DVR），提供者包括電信商或由消費者自行購買（例如：TiVo）	消費者自行購買的連網裝置（例如：手機、平板、電腦、遊戲機或者機上盒等）

資料來源：本研究彙整自 Narang（2013）、Roberts & Muscarella（2015）

　　本書所探討之 OTT 即前述所謂 OTT 影音類服務，屬狹義 OTT 定義中的一類，主要是基於開放式網路架構，透過網際網路向終端使用者傳輸數位影音內容至各式連網終端裝置的一種服務。

　　就廣義 OTT 定義而言，OTT 可泛指於網際網路上所提供的各類應用與服務，而影音類服務僅為各類應用服務之一，因而在國內外相關文獻中，為了界定其概念，又有以 OTT 娛樂影音服務（entertainment video services）、OTT 媒體（OTT media）、OTT 影音（OTT TV）、線上影音服務、串流服務等多種用語來稱呼之。本研究則以 OTT 影音（OTT TV）一詞來說明。

　　就概念界定上，相較於傳統傳播途徑，使用者不須經由無線電視、有線電視或衛星電視等傳統媒體，也可以隨時隨地藉由應用程式或網站以網際網路觀看串流影音內容（轉引自 Dixon, 2015）。其與傳統廣電媒體的播送模式截然不同，是透過網際網路串流技術而實現的新興服務，本質上是依存於寬頻網路建設之普及而成長發達（劉柏立，2017）。

　　寬頻網路的普及率和價格是影響 OTT 影音服務推廣的兩大重要因素，健全的基礎網路建設是欲發展 OTT 影音產業的前提（葉志良、何明軒，2016）。寬頻網路的發展，刺激了媒體、電信以及網路匯流，使得傳統電視節目乃至於新興使用者生成內容（UGC），均得以透過寬頻網路傳遞。其在商業運作模式上亦十分多元，依照業者的收費模式、影音內容經營模

式、產製模式、經營業者類型等項目亦有所區分。

二 OTT 的商業運作模式

本研究所探討 OTT 範疇為透過網際網路向終端使用者提供以影音內容為主的服務。而目前國內、外業者所採用的商業運作模式十分多元，且依照不同的分類方式與思維，又可區分為不同的層次。

為清楚說明，本研究參酌相關文獻資料，並依照業者的收費模式、影音內容經營模式、產製模式、經營業者類型等項目，就不同層次之分析角度來加以說明。

（一）OTT 收費模式

葉志良、何明軒（2016）分析國際業者發展趨勢，將影音 OTT 業者經營模式區分為付費、免費、混合等三種收費方式。其分類方式主要依據業者所提供之「影音內容」服務是否收費來思考，依照計費單位的不同又有不同的收費制度，如表 3-4。

OTT 影音業者之收費模式，往往與其影音內容經營方式息息相關。以付費模式來說，依照影音內容不同的計價方式，又可分為單片單付或訂閱等不同計價方式。單片單付可分為租借和購買；訂閱則是訂閱付費後，於一定期間內可無限收看內容，從月費到年費皆有。而免費模式下使用者觀看影片無須付費，業者往往仰賴廣告來獲利；有部分業者提供 OTT 影音服務以作為原有服務之加值應用，免費提供給既有服務客群以吸引用戶持續訂閱；另有業者會混合免費與付費之收費模式，來滿足不同消費者的需求。

而除了上述以影音內容經營模式來作為服務計價之主要依據外，也有業者會依照接收終端的種類、數量、影音內容畫質、線上付費的多重組合式服務等服務項目，來制定不一樣的收費制度與營運模式。

表 3-4　OTT 業者經營模式

類別	付費模式	免費模式	混合模式
定義	・以使用者付費角度來思考其所提供的服務。 ・其經營模式至少包含以下幾種類型：多螢服務、付費內容、線上付費的組合服務、雲端付費模式、混合服務模式等。 ・另以付費內容模式而言，其計價單位又可分為單片單付和訂閱模式等。	・免費提供用戶觀看影音內容。 ・業者主要透過廣告獲利。	・免費混合付費的經營模式。 ・業者為於市場上競爭，因而提供不同的節目組合和定價策略，以吸引使用者註冊為會員，甚至進而付費。 ・而除了從付費角度與否來思考外，另一種混合模式是包含使用者生成內容（UGC）與專業生產內容（PGC）等不同影音內容產製模式。

資料來源：彙整自葉志良、何明軒（2016）

（二）OTT 影音內容經營模式

Roberts & Muscarella（2015）等學者從 OTT 業者所經營的「影音內容」服務模式來分類，主要可分為線性直播節目（linear programming）類型的直播電視（Live TV）、電子銷售模式（EST）和隨選視訊（VOD）等三大類。

而隨選視訊（ＶＯＤ）依照其收費制度，又可再分為訂閱隨選（subscription video on demand, SVOD）、廣告隨選（ad-supported video on demand, AVOD）和按次付費（transactional video on demand, TVOD）[1] 三大

---

[1] 按次付費（TVOD）經營模式於 Roberts & Muscarella（2015）原文文獻中，以網路隨選視訊（Internet video on demand, IVOD）一詞來說明之。本研究參酌原始文獻的說明定義，並比較葉志良、何明軒（2016）、劉柏立（2017）等國內學者的說明，認為原文文獻中的網路隨選視訊（Internet video on demand,

經營模式（Roberts & Muscarella, 2015；葉志良、何明軒，2016；劉柏立，2017），如圖 3-4 所示。

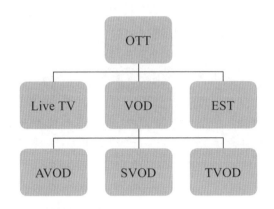

圖 3-4 OTT 影音經營模式

　　智慧型手機、平板、電腦、遊戲設備、DVD／藍光播放器、電視和機上盒設備（例如：Apple TV、Google Chromecast 等），只要能夠連接網際網路，就可以存取 OTT 業者所提供的影音服務（例如：Amazon Prime、Netflix、Hulu 等）。

　　為求系統化的探討各業者之影音內容經營模式，參考 Roberts & Muscarella（2015）等人所提出的 OTT 經營模式分類方式，並輔以葉志良、何明軒（2016）、劉柏立（2017）等學者探討之 OTT 經營模式相關文獻資料，就文獻資料分析法之精神，將資料分析、歸納後統整，比較新舊資料與現存資料之差異，歸納出現今 OTT 業者所採納的影視內容經營模式詳細定義，說明如下：

1. 直播電視（Live TV）

　　直播電視定義為在會員訂閱服務模式（subscription-model）基礎下，業

　　IVOD）概念與國內業者較常稱呼的按次付費（TVOD）經營模式概念有所重疊。為便於理解，本研究因而將 Roberts & Muscarella（2015）原始文獻中所稱之網路隨選視訊一詞，改以國內業者較常稱呼的按次付費（TVOD）經營模式來說明。

者將電視頻道節目內容，透過網際網路串流到終端用戶的裝置上播放。Live TV 播放影音的方式類似於 IPTV，但兩者就技術上仍存在根本上的不同。Live TV 的串流技術是基於超文本傳輸通訊協議（HTTP），也就是至今網際網路中網頁傳輸主要採用的通訊協議，其接收裝置包括手機、平板、電腦、機上盒等各種可以連接網路的設備；而 IPTV 的網路架構是採封閉式的企業網路（Intranet）傳輸，其接收載具為電視機上盒，使用者需要先將電視連接機上盒才得以觀看 IPTV 影音服務（Roberts & Muscarella, 2015）。

　　英國顧問公司 Ovum 則將訂閱式的 OTT 線性直播電視服務簡稱為 SLIN（subscription linear），包含像是美國 Amazon Prime 所提供的影音頻道 Sling TV、Canal Play 等影音服務都是其所討論的範疇（引自 Moulding, 2017）。該公司認為，OTT 業者的經營型態多元，其提供的付費影音服務可能同時包含線性直播（linear）和隨選（on-demand）視訊等兩種觀看影片內容的方式。純線性（pure linear）和混合型（hybrid linear/VOD）的 OTT 影音服務，都可視為 OTT 影音定義下經營模式範疇[2]（Moulding, 2017）。

　　但是線性直播節目（linear programming）與隨選視訊（VOD）就技術上仍有根本性的不同。Ovum 定義 SLIN 服務有三種類型：

(1)由傳統付費電視公司提供的 OTT 服務

　　像是衛星電視公司 Sky 提供的 NOW TV、AT&T 提供的 DIRECTV STREAM、DISH 提供的 Sling TV 和 Canal Play 等，這種服務模式比較像是（但非完全一樣）傳統付費電視的「精簡版電視套餐」（skinny bundle），業者透過網際網路提供付費電視中部分電視頻道內容，而非透過傳統廣播電視傳播途徑播送。

(2)由頻道業者自行提供給消費者的內容服務（direct-to-consumer services, D2C/DTC）

　　此類型服務提供者主要為傳統頻道業者，例如：HBO Now、CBS All

---

[2] 此說法與葉志良、何明軒（2016）等人於《OTT 產業政策白皮書》所提及概念一致。在該報告第三頁提到：「對消費者而言，無論何時、何地，或任何裝置，只要透過開放式網路接取服務，皆可稱為『OTT 服務』。因此以 OTT TV 來說，不只包括線性電視同時收看的型態，也包括隨選影音（on-demand）的非線性服務。」

Access 和 Showtime 等，服務通常是由內容版權提供者自行提供。現今此類型服務多見於運動賽事直播，包括 MLB.TV、WWE Network、NHL.TV 等，透過網際網路，將運動賽事直接於 OTT 影音平台中播送，主要目標客群為家中沒有訂閱傳統付費電視或不想訂閱付費電視的客群。

(3) 直播類影音內容

像是遊戲直播（streamed games）服務 Twitch 等，由業者或使用者主導，透過串流服務平台即時播送各類型的影音內容，且閱聽眾可透過留言系統即時與影片播送者互動。

SLIN 和 VOD 服務主要差別在於，SLIN 內容播送模式即使是不同的閱聽眾在不同的地點，打開視窗後仍會收看到同樣的線性串流直播（linear streaming）內容。許多 SLIN 服務甚至和傳統電視同步首播節目內容，尤其是直播運動賽事等節目類型更是如此。

但 VOD 服務模式下，閱聽眾在不同的時間地點，打開視窗後可以觀看不一樣的隨選隨播節目內容。Ovum 預估，在全球 OTT 訂閱服務市場中，線性串流直播（linear streaming）類型的 OTT 服務約占全球 20%，預估到 2022 年將會成長至整體市場的三分之一（轉引自 Moulding, 2017）。

2. 電子銷售模式（EST）

電子銷售模式定義為消費者透過網際網路付費購買，以取得數位影音複製品的永久存取許可權（perpetual license）。允許永久存取的授權方式通常是透過網際網路下載正版授權的「副本」檔案，至使用者個人的電腦裝置或硬碟中，或者透過雲端儲存供使用者無限期隨選串流觀看（Roberts & Muscarella, 2015）。代表性服務為 Amazon Video 或蘋果 iTunes 等，使用者可透過平板電腦、手機、個人電腦等裝置購得電子書、音樂、影音內容等正版授權之副本可存取檔案，並可保存在裝置平台中觀看。

3. 隨選視訊（VOD）

隨選視訊經營模式，依照業者的收費模式，又可區分為訂閱隨選（SVOD）、廣告隨選（AVOD）和按次付費（TVOD）等三大類（Roberts & Muscarella, 2015；葉志良、何明軒，2016；劉柏立，2017）：

(1) 訂閱隨選（SVOD）

在一定的時間週期內支付定額的月租費用，即可不受限制地觀看隨選視訊內容，隨點隨看，其時間計算週期包括月費、季費、年費等。代表性業者

包括美國 Netflix 等。此外，同一業者（如 Netflix）也會依照不同的服務項目，如影音內容的畫質、觀看裝置數量等，提供不同收費級距之訂閱組合套餐（葉志良、何明軒，2016）。

(2) 廣告隨選（AVOD）

影片可隨選觀看，但觀看過程中會有廣告插播，廣告播出的形式主要分為影片前（pre-roll）、中（mid-roll）、後（post-roll）等三種方式（IAB & MRC, 2018）。廣告隨選經營模式通常為註冊會員免付費，經營者透過廣告來營利（葉志良、何明軒，2016）。另外也有部分業者會採 AVOD 混合 SVOD 的雙重經營模式，消費者註冊會員後，可先免費觀看部分含廣告的影音內容，如不想再觀看廣告，或想看更多影音內容，則需要付費升級會員，以觀看更多無廣告的影音內容等加值服務，此種部分免費並可升級加值會員的經營模式，又稱為免費增值（freemium），代表性業者如美國 Hulu 等。

(3) 按次付費（TVOD）

消費者按自己的喜好選片購買，付費後僅提供暫時性的內容存取授權（例如：租用），且授權通常含有一定的時間存取限制（例如：24 或 48 小時），節目可下載或儲存在使用者的終端裝置，或可在線上串流觀看（Roberts & Muscarella, 2015）。相較於 SVOD 付月費即可無限制瀏覽的經營模式，按次付費模式則是依消費者喜好自行選片，照量、按次來租借，計價單位為單片單付，看多少付多少。國外學者 Roberts & Muscarella（2015）等人則稱其為「網路隨選視訊」（Internet video on demand, IVOD）經營模式，代表性業者如 Amazon Video 等。

葉志良、何明軒（2016）等人認為以目前 OTT 業者經營的付費影音內容來說，計價單位叮分為單片單付和訂閱模式等，單片單付又可分為租借和購買。租借是指用戶付租金看單片，觀看有時間限制，其描述與上述網路隨選、按次付費等經營模式描述一致；購買則是付費後可永久持有其影音複本存取許可權，與上述電子銷售模式（EST）之概念相同。訂閱模式則是付費後，消費者可於一定期間內無限收看內容（如 Netflix），從月費到年費皆有，屬上述訂閱隨選（SVOD）經營模式。

在全球 OTT 影音產業相互競爭之下，業者所採用的影音內容經營方式十分複雜且多元，且就實務面上，業者往往會透過多元且綑綁式的影音內容

服務組合（bundled video products），來吸引消費者付費，以創造 OTT 影音服務的產品差異化（Accenture, 2016）。甚至包括電信業者、IPTV 或傳統衛星電視業者等也紛紛針對既有契約用戶提供隨選視訊（VOD）服務，如美國衛星電視 DirecTV 提供其訂戶免費隨選視訊（VOD）服務；AT&T 旗下的 IPTV 服務另提供其訂戶免費 OTT 影音服務；韓國電信業者 SK Telecom 同樣提供其電信與寬頻網路用戶免費使用 OTT 影音服務 oksusu（葉志良、何明軒，2016）。

換句話說，部分業者在既有的服務範疇下，延伸提供免費或付費的 OTT 影音服務，來作為既有契約用戶加值服務的一環，因此又可稱為「既有契約用戶模式」（劉柏立，2017），可視為企業實務經營上加值應用的一種。

從上述分析可見，單一業者可能混合採用多種經營模式，以不同的影音內容組合和定價策略，來吸引不同需求的消費者。歸納現今 OTT 業者所採用的影音內容經營模式，如表 3-5。

（三）OTT 影音內容產製模式

而在 OTT 業者所提供的影視內容中，又可依照其產製方式，區分為使用者生成內容（user generated content, UGC）與專業生產內容（perfessional generated content, PGC）等兩大類，其背後經營的業者與商業經營模式也有所不同。

1. 使用者生成內容（user generated content, UGC）

數位匯流時代以來，網際網路互動的特性，讓使用者可以於網路上互動、評分、開發，甚至是散布自製內容到客製化的網站或系統中（OECD, 2007）。因為如此，早在 2007 年，世界經濟合作暨發展組織（OECD）即提出「參與式網路」（participative web）的概念，意旨網際網路中的網頁特性賦予使用者參與的權利，當網際網路越來越深入人們的日常生活當中，使用者便會透過網際網路來分享他們自己的使用體驗，進而產生使用者生成內容（UGC）。該報告定義 UGC 有以下三個特點，分別為：

(1)透過網際網路公開提供的內容（content made publicly available over the Internet）。

表 3-5　OTT 業者影音內容經營模式[3]

<table>
<tr><td colspan="7" align="center">OTT 業者影音內容經營模式[3]</td></tr>
<tr><td rowspan="2">類別</td><td rowspan="2">直播電視（Live TV）</td><td rowspan="2">電子銷售模式（EST）</td><td colspan="3" align="center">隨選視訊（VOD）</td><td rowspan="2">免費增值（freemium）</td></tr>
<tr><td>訂閱隨選（SVOD）</td><td>廣告隨選（AVOD）</td><td>按次付費（TVOD）</td></tr>
<tr>
<td></td>
<td>由傳統付費電視公司提供的 OTT 影音內容服務。由頻道業者自行提供的 OTT 影音內容服務。直播影音內容，如運動賽事直播、遊戲直播等。</td>
<td>使用者透過網際網路付費購買數位影音內容，以取得影音複製品的永久存取權許可（perpetual license）。</td>
<td>在一定的時間週期內支付定額的月租費用，即可不受限地觀看隨選視訊內容。</td>
<td>影片可隨選觀看，但觀看過程中會有廣告插播，經營者透過廣告來營利。</td>
<td>依消費者喜好自行選片，照量、按次來借，僅提供暫時性的內容取得授權。</td>
<td>AVOD 混合 SVOD 的雙重經營模式，消費者可免費觀看部分含廣告的影音內容，如不想再觀看廣告，或想要更多影音內容，則需要付費升級會員。</td>
</tr>
</table>

資料來源：本研究彙整

3　單一業者可能混合採用多種影音經營模式類別。

(2)內容具有一定程度的創新性（which reflects a certain amount of creative effort）。

(3)由非職業人士或權威組織所創作（which is created outside of professional routines and practices）。

OECD（2007）所提出來的 UGC 定義，至今仍在許多文獻中被提及討論，且隨著時間發展，該定義也不斷被修正與更新，英國通訊主管機關 Ofcom 委託研調公司 Turner Hopkins 於 2013 年撰寫的 UGC 報告認為，有必要重新修正 OECD 於 2007 年所提出來的定義見解。該組織認為 UGC 定義應更新並納入以下兩個重要概念：

(1)**參與程度的光譜**：不同性質的 UGC 內容創作，在參與行為中也有程度上的區別。例如：使用者於 Facebook「按讚」或轉發貼文，就屬於輕度參與（light engagement）；而於 YouTube 上分享個人創作的影音內容、音樂等，則更接近於高度參與（full engagement）。

(2)**從業餘到專業的光譜**：隨著網際網路與商業模式持續發展，「專業」和「業餘」之間的界線變得更為模糊。早期於 OECD（2007）定義下的使用者生成內容，主要是指「業餘」人士「無償」於網際網路上提供內容，例如：Wikipedia 上無償更新類目內容。然而，在現今網際網路發展趨勢下，有越來越多於過去傳統社會中所認定的職業人士也開始透過網際網路發布創作內容，甚至有創作者透過發布使用者生成內容來不斷獲利。

調研機構 Turner Hopkins（2013）認為，在網際網路越來越發達的時代下，第一、使用者於網路參與的程度勢必會越來越高；第二、過去相關調查顯示，於數位服務中約僅有 1% 的使用者為高度參與的內容創作者；9% 是暫時性的參與者（例如：評論回覆者）；剩下 90% 的使用者都僅為一般消費者（包括讀者、閱聽眾等），而隨著未來網際網路商業運作環境更為成熟，高度參與的內容創作者比例將會逐漸提高；第三、專業生產與業餘之間的界線將更為模糊。

以 YouTube 影音內容服務來說，目前全球有來自 80 多國、上百萬個頻道參與「YouTube 合作夥伴計畫」，並用影片賺取收益，其中包含音樂人、喜劇演員和創作者等，有些則是來自於唱片公司、電影、新聞業者和廣播電視業者等。根據 2017 年全球 YouTube 統計，收入達美元六位數以上的 YouTube 頻道就成長了 40%（Google, 2018），顯示在數位匯流的時代下，

以使用者生成內容（UGC）的商業模式越來越活絡，甚至為影音內容創作者帶來可觀的收益。

　　傳統影視內容從節目產製、題材挑選、製作和發布等創作工作，需要耗費龐大成本與時間，因而過去通常都是透過電視台等傳統媒體，藉由編導、製作人等「守門人」（gatekeepers）角色，來掌握影片製作流程，確保內容技術和品質，也因為如此，過去影視內容製作在眾多內容中通常僅有幾個作品可以被發布（劉蕙苓，2014；李美楊，2017）。然而在數位網路時代，UGC 內容直接是由創作者自行發布到使用者自製平台，創作者通常只要透過個人裝置（例如：數位相機、手機等）和軟體（例如：影像剪輯工具等）等，就可以產製影片，且自行上傳到集結 UGC 影音內容的 OTT 服務平台。因為如此，UGC 內容通常也較容易有質量參差不齊的現象（葉志良、何明軒，2016）。

　　從 UGC 影音內容傳送價值鏈來檢視，創作者於 OTT 影音服務中發布影片，閱聽眾可透過其他觀看者於 OTT 服務中發布的評價等方式來找到想看的內容，OTT 服務商也可依照個人用戶過去的收視行為來導航用戶找到想看的內容。在此收視模式下，創作者進而可透過影片點擊或觀看次數等收視指標來分潤廣告收益，甚至經營個人化品牌，創造新的獲利模式。本研究參考相關文獻整理 UGC 影音內容產製價值鏈，如圖 3-5。

資料來源：彙整自 Limonard & Esmeijer（2008）

圖 3-5 UGC 影音內容傳送價值鏈

　　許多以匯集 UGC 產製內容為主的 OTT 影音服務，通常會透過用戶評分、推薦和留言等系統機制，來引導創作者內容產出，甚至透過廣告分潤等商業機制，為創作者帶來一定的報酬與酬勞。

　　目前以匯集 UGC 影音內容為主的 OTT 服務，通常可分為以下四種基

本經營模型（OECD, 2007）：

(1) **使用者自願貢獻影音內容**（voluntary contributions）：用戶上傳或使用者觀看都為免費。

(2) **按次收費制**（charging viewers for services）：如按照使用者觀看的次數與影片支數來計費。

(3) **廣告模式**（advertising-based model）：UGC 創作者和分享平台業者仰賴廣告來獲利。

(4) **授權或販售內容給第三方團體使用**：將 UGC 創作內容當作商品或服務，販售給其他社群組織。

英國調研機構 Turner Hopkins（2013）則更新提出 UGC 的商業獲利模式：

(1) 群眾募資（crowdfunding）和使用者自願訂閱；

(2) 專業式訂閱服務，提供一定程度的影音管理和播送服務；

(3) 依照數據探勘（data mining）所促成的廣告和商業贊助；

(4) 相關商品的銷售和服務；

(5) 白標（white-labeling）的平台和服務。

使用者生成內容經營模式的獲利方式多元，尤其是透過數據探勘所促成的廣告和商業贊助活動，或相關商品的銷售和開發等，創造出新的經濟獲利型態。以匯集 UGC 內容為主的 YouTube 影音服務為例，創作者從 YouTube 影片賺取收入的主要方式即是透過廣告，Google 訂定廣告收益拆分原則，收益中有 45% 為 Google 所有，其餘 55% 則拆分給內容擁有者，創作者依照點擊率等收視衡量數據來分潤廣告收益 [4]（曾俐穎、陳人傑，2015）。

除了廣告分潤外，許多內容創作者也藉著在 YouTube 上的知名度，衍生各種多角化經營策略，例如：收取轉播權利金、販售周邊商品、舉辦粉絲見面會、贊助和品牌代言、銷售書籍著作等。換句話說，在現今網路影音內容蓬勃發展的趨勢下，創作 UGC 影音內容的網路使用者，也進一步透過

---

[4] 2012 年開始，YouTube 也在臺灣推出「YouTube 合作夥伴計畫」，只要頻道在過去 12 個月的累積觀看時數達到 4,000 小時且訂閱人數超過 1,000 人，即可加入廣告分潤（Google, 2018）。

OTT 影音平台建立了個人品牌，並將網路知名度轉化為新的商機和獲利模式（Google, 2018）。

　　UGC 影音內容的經營模式，包含著直播（live stream/broadcast）、隨選視訊（VOD）、P2P 檔案分享、網路部落格、社群網站等多種方式（Limonard & Esmeijer, 2008），而現今又以隨選視訊、直播、社群網站等影音經營模式最為活躍。彙整 UGC 影音內容經營模式如表 3-6。

表 3-6　以 UGC 影音內容為主的 OTT 服務經營模式

內容類型	影音內容的經營模式	概念定義	業者案例
使用者個人創作的影音節目	• 直播（live stream/ broadcast） • 隨選視訊（VOD） • P2P 檔案分享 • 網路部落格 • 社群網站等	由使用者自行拍攝或編輯影音內容上傳發布。剪輯方式包括混合現有影音內容、家庭錄製的影片或整合兩者等。	美國 YouTube、日本 Niconico 等

資料來源：本研究彙整

　　網際網路時代，使用者生成內容大量上傳到網路上，以 Google 提供的 YouTube 服務為例，至今每分鐘至少有 400 小時內容上傳到 YouTube（Google, 2018），創造豐富、大量且多元的影音內容。早年 YouTube 服務上所提供的影音內容經營模式以隨選視訊（VOD）為主，用戶可免費觀看，YouTube 與影音內容創作者主要仰賴廣告收入分潤來獲利（Google, 2018）。近年來，YouTube 也開放經營直播（live stream/broadcast）影音內容，開放創作者自選平台主導活動的製作流程，並可透過 YouTube 聊天室與觀眾互動，甚至開放「超級留言」制度，開放創作者與粉絲互動，粉絲可以購買超級留言，並讓自己發布的訊息以醒目的方式呈現在聊天室中，而創作者則可藉此得到對應的收入回饋。

　　使用者自主開設的直播服務與隨選視訊經營模式有所不同，在實況直播的過程中，每一位使用者都可以透過一旁的聊天室進行互動。知名的直播實況主或服務經營業者可能因過程中與觀眾有良好的互動關係，因而獲得較高

的收視率或者人氣，進而得到來自各方廠商的邀約或是觀眾贊助行為，以相對應的獎勵作為報酬。某些直播主甚至會與廣告或品牌商合作，在直播的過程中透過置入性行銷來創造新的收益（賴明弘、張峻維，2016）。

隨著社群網站及直播技術的普及，越來越多使用者透過 OTT 影音服務創作自己的影音內容，甚至可能因其個人的行為或言論在網路上被廣泛討論而爆紅，甚至帶動許多網路名人（Internet celebrity）（或可稱為網路紅人）於網路社群中快速竄起。這些網路紅人因為在社群媒體或影音服務中累積大量粉絲而擁有一定的號召力，亦能將個人魅力作為行銷訴求，因而吸引廣告主或企業品牌希望能尋找合適的網路紅人，以有效的觸及消費目標客群，進而開始有所謂的「網紅經濟」興起（呂珊妤，2018）。

周宏明（2016）曾提及「網紅經濟」是種「粉絲經濟」，其收入來源包含廣告、品牌合作及出場費用等。於網際網路上創作影音內容而爆紅的網路紅人，因在網路中累積大量粉絲而擁有一定的影響力，廣告主或品牌商可以透過創作者於個人影音頻道的追蹤數、粉絲即時的互動熱度等指標，尋找適合的網路紅人以協助行銷，進而透過網路紅人個人品牌的行銷力道，轉換成商品銷售的價值，協助品牌獲利，促成新的經濟效益。

2. 專業生產內容（perfessional generated content, PGC）

專業生產內容是與使用者生成內容相對的概念，其內容產製模式的具體意義在於透過專業團隊製作，包括透過傳統電視媒體和專業的影視製作團隊所生產的影音內容。

如上述文獻分析，就 OTT 影音服務經營業者的角度來說，使用者生成內容（UGC）雖然十分多元，且相較於專業生產內容模式有影音授權成本較低等優點，但使用者生成的內容則可能有來源版權模糊、質量不可控等缺點，因此多數 OTT 影音服務業者尋求專業生產內容（PGC）模式，來提升整體影音服務的內容質量（李美楊，2017）。

目前許多廣播電視或影視內容業者自營 OTT 服務，其播放的內容即屬 PGC 內容。另外，以匯集各種 PGC 影視內容為主的 OTT 服務業者，則需要進一步與影視內容製作或整合業者購買內容版權和資源。

現今許多 OTT 服務為了創造內容的獨特性與差異性，並降低購買影音版權的成本與壓力，轉而開始投資自製內容，包括與影視內容製作團隊合作產製 PGC 內容，代表性業者如 Netflix、愛奇藝等。以 Netflix 為例，2018

年該公司即因為與 AT&T 等公司內容版權爭議，而傳出將把知名影集《六人行》（Friends）下架的消息。市場也傳出 Netflix 以近 1 億美元價碼購買《六人行》版權，以取得該版權的播映權（林逸瑋，2019）。換句話說，隨著 OTT 影音服務持續蓬勃發展，業者為了取得優質影音內容，也必須要付出昂貴授權費用，才得以獲得影音內容，因此也造成業者購買版權上的壓力，甚至進而開始轉投資自製內容。

　　相較於 UGC，PGC 內容長度通常較長[5]，且會有一定的腳本與製播計畫，製作類型涵蓋戲劇、綜藝、電影內容。以 OTT 影音服務上的電影內容來說，愛奇藝在 2014 年即在 PGC 影視內容製作理念基礎下，提出新「網絡大電影」概念，其定義為「影片長度不少於 60 分鐘，且製作水準精良，具備完整電影的結構與容量，並且符合國家相關政策法規，以移動和互聯網發行為主的影片。」換句話說，在 OTT 影音產業發展趨勢下，業者願意投入更多資金為市場打造高品質影視內容。此股風潮也因而帶動中國各大 OTT 業者紛紛投資自製 PGC 戲劇、綜藝或電影，據統計 2014-2016 年間，光愛奇藝自製的網絡大電影就從 2014 年的 304 部，快速拓展到 2016 年 1,700 部（李美楊，2017）。

　　然而，在 PGC 經營模式下，製作成本與網路獲利模式是業者一直以來的困擾。首先是網路盜版問題，相較於 UGC 經營模式，OTT 影音業者在購買或自製 PGC 內容時需要耗費大量成本，如何避免盜版、回收影視內容產製支出、進而獲利，是現今多數採 PGC 經營模式的 OTT 業者面臨的最大難題。

　　除此之外，影視內容的品質，也是 OTT 影音業者關注的焦點。為了找到消費者喜歡的影視內容題材，有業者甚至會透過「大數據資料分析」，來決定自製戲劇拍攝的題材。以美國 Netflix 為例，該公司即透過用戶的收視數據來作為投資下一部熱門影集的依據（Inside BIGDATA, 2018）；國內

---

[5]　近年來亦有影視內容服務專為行動裝置打造較短的 PGC 影音內容，如韓國電信業者 SK Broadband 在 2016 年成立 OTT 影音服務 oksusu，和當地頻道業者 DIA TV 合作，特別為行動裝置用戶打造 72 秒的綜藝節目《72sec Desk》等（KISA, 2017）。

OTT 影音業者 CHOCO TV[6] 和中國愛奇藝等業者，亦曾表示會透過閱聽眾的收視數據，來決定自製戲劇拍攝的主題。愛奇藝除了透過廣告與會員訂閱收入分潤等方式來提高影視內容創作者的獲利外，另建立「袋鼠計畫」，在影片開拍前預先提供創作者一筆創作基金，以吸引優質編劇和影視內容製作團隊加入，提升製作能量（陳彩玲等，2019）。

在專業生產內容模式下，挑選拍攝主題、尋求投資資金，到最終找到好的獲利模式、避免盜版問題等，都是採此經營模式的 OTT 影音業者必須考量的問題與挑戰。

（四）OTT 的經營業者類型

目前，OTT 影音服務提供者類型很多，有的是以租售 DVD 為主的租售類業者，有的是由影音內容業者提供，亦有電信業者或有線電視業者加入 OTT 市場，此外，電視機製造商或銷售設備產品的業者也紛紛提供 OTT 服務。

學者劉幼琍（2017）分析國內 OTT 影音服務經營業者的背景，歸類為下述四大類：

1. 既有電視（平台）經營者：包括無線或有線電視平台。
2. 內容整合者（含頻道業者）：片庫經營者或頻道業者提供其豐富影片或節目讓使用者透過網際網路收看。
3. 設備業者：使用者購買智慧電視或機上盒裝置，例如：Apple TV 或智慧電視，即可收看其所提供的免費或付費頻道及隨選視訊服務。
4. 寬頻網路營運商（network operators）提供寬頻的業者：如電信業者或有線電視業者推出的 OTT 服務。

Aidi、Markendahl、Tollmar 與 Blennerud（2012）則以業者經營內容以及是否有跨業合作／整合，將 OTT 影音業者歸為以下三大類：

---

6 2018 年底 CHOCO TV 服務經營業者巧克科技新媒體有限公司獲韓國 NAVER 集團旗下日本 LINE 公司透過 Mirai Fund 注資千萬美元，因而於同年納入 NAVER 集團旗下，並終止 CHOCO TV 服務，併入 LINE TV 服務中。

1. **單純營運者**（pure layer）：以電視／影音內容為核心，業者純粹扮演提供 OTT 影音服務的角色，例如：Hulu、Netflix 等。

2. **多元營運者**（diversified player）：進入市場以擴大其品牌和消費，經營多角化產業，例如：Amazon、Google 和 Apple。

3. **垂直整合營運者**（vertically integrated player）：以平台或基礎設施為核心業務，經營目的是為了增加品牌服務價值或刺激需求。該業者來自不同產業，例如：有線電視服務供應商（Comcast 和 Time Warner）、衛星電視供應商（DISH 網絡和 Direct 電視）和科技業者（Apple 和 Nokia）。

　　目前就整體 OTT 影音產業價值鏈來說，因涉及內容產製、集結、網路傳送、終端裝置等多元產業鏈業者（參照圖 3-6，Nooren, Leurdijk, & Eijk, 2012），而在各 OTT 價值鏈中扮演不同角色的業者，多半又可能直接或間接經營 OTT 影音服務，因而形成一種產業相互競合的關係（劉幼琍，2017）。

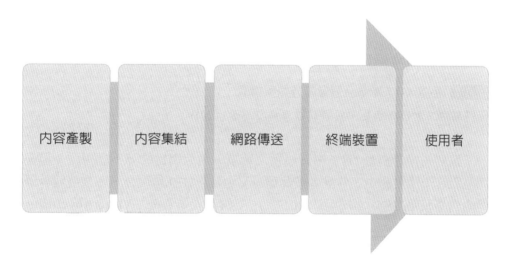

圖 3-6 OTT 影音產業價值鏈

資料來源：Nooren, Leurdijk, & Eijk（2012）

本研究綜合參考 OTT 影音產業價值鏈、OTT 影音內容產製模式與國內 OTT 影音服務經營業者的背景與分類方式，針對業者於產業鏈中扮演的角色關係與主要影音內容產製模式，提出 OTT 影音業者分類架構如圖 3-7。

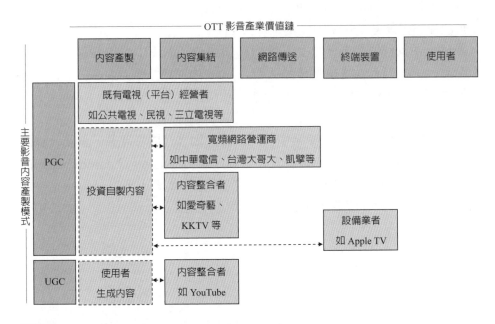

圖 3-7 我國 OTT 影音經營業者分類架構圖

資料來源：本研究彙整、國家通訊傳播委員會（2019）

雖然各業者經營 OTT 影音服務之背景、角色與目的等不盡相同，但在網路影音市場生態中，各業者彼此競爭又合作，往往是現今業者維持競爭優勢的商業策略之一（劉幼琍，2017）。美國影音廣告局（Video Advertising Bureau, VAB）公布 2018 年第一季美國 OTT 影音發展概況與調查報告即發現，OTT 影音服務雖然有定價便宜、隨時隨地觀看等優勢，但仍有高達七成的美國 OTT 影音訂戶，同時付費訂閱有線電視等傳統廣播電視服務。到 2021 年，約有 2 億美國消費者每月至少使用一個 OTT 影音服務，其中有三成將同時使用三個以上的影音服務；七成的用戶會同時訂閱付費電視服務（VAB, 2018）。

換句話說，OTT 用戶可能同時也是傳統有線或衛星等付費電視訂戶，

另外也可能同時使用一個以上的 OTT 影音服務，其複雜且多樣的多媒體使用型態，已經形成新的閱聽眾收視行為與習慣，促成新的 OTT 收視商機。

第三節　數據導向的 OTT 收視衡量機制

一 收視衡量機制定義

數位科技的時代，電信基礎建設越漸完善，行動裝置普及，加上寬頻網路服務使用率越來越高，OTT 影音服務快速成長。根據勤業眾信聯合會計事務所發布「2018 全球高科技、媒體及電信產業趨勢預測」報告顯示，隨著行動網路越來越普及，全球 OTT 網路影音產業快速成長，線上串流直播和數位內容訂閱將是大勢所趨（勤業眾信，2017）。

OTT 服務透過網際網路來傳遞影音內容，使用者可透過智慧型手機、桌上型電腦、筆記型電腦、平板電腦、機上盒、連網裝置等多元裝置來觀看，再加上業者經營模式、影音內容、收費模式與消費者接收方式複雜且多元，發展出與過去傳統廣播電視完全不一樣的收視聽行為（Fulgoni, 2015）。

傳統無線或有線電視為單向播送，觀眾必須配合節目表播出時段，在電視機前觀看線性播放的內容，不同的使用者在不同的地點，打開螢幕會看到相同的內容。然而在隨選視訊（VOD）經營模式下，使用者在不同的時間、地點觀看，打開螢幕可觀看不一樣的影音內容，甚至可能隨著接收載具的改變，而影響觀看的影片尺寸與感受（Accenture, 2016）。

為瞭解新匯流時代的閱聽眾媒體使用行為，過去傳統廣播電視的收視衡量機制已經不符現代 OTT 影音產業使用（Fulgoni, 2015），在頻道數量多、節目接收裝置多樣的數位化時代下，發展新的技術手法來多角化測量閱聽眾媒體收視行為，並為整體產業提供市場洞察報告，顯得尤為重要且迫切（邱慧仙，2013）。

就閱聽人收視行為研究來說，McQuail 曾將閱聽眾研究的取向分為三類，分別為結構傳統（structural tradition）、行為主義傳統（behaviorist tradition）以及文化傳統（cultural tradition）（如表 3-7，轉引自邱慧仙，2013）。

表 3-7 閱聽人研究的三種取向

研究取向	結構傳統	行為主義傳統	文化傳統
主要目的	描述閱聽人組成以及與社會之關聯	預測與解釋閱聽人的選擇、反應與效果	理解內容接收之意義與詮釋,媒介使用之脈絡意涵
主要資料	社會人口,媒介與時間頻次使用	動機、選擇行為及反應	意義之理解、社會文化脈絡之解釋
主要方法	調查法、統計分析	調查法、實證法、心理測驗	民俗誌、質化研究

資料來源:邱慧仙(2013)

　　其中,結構傳統研究取向中最典型的就是收視率調查及觀眾輪廓分析,此類分析研究幾乎可說是媒介經營與管理層面的主流,也是廣告主據以分配及購買媒體時段的參考依據;其次為「行為主義傳統」取向,即媒介效果與媒介使用的研究範疇,諸如媒體的使用與滿足、閱聽眾生活型態或節目偏好研究等。此類取向除了瞭解結構傳統研究中閱聽眾的組成輪廓外,更進一步探索閱聽眾在心理特質屬性、興趣偏好及其與媒介選擇行為之間的關係。至於文化傳統,則側重於閱聽眾對於節目內容的意義詮釋。上述三種閱聽人研究取徑,結構傳統已蓬勃發展成為收視率調查,且具有數據服務之商業價值,主要使用於媒體、廣告主與媒體購買公司等三者之間,收視率數字也因此間接形成一種市場慣用的貨幣價值(邱慧仙,2013)。

　　過往傳統收視率調查主宰著電視台及廣告主的策略制定,已形成一套特有的商業運作機制。其運用之緣由,起源於媒體與廣告主需要一套客觀地製造、分配、行銷及定價統合系統,收視率成為廣告主與媒體在買賣觀眾時的評價工具,也是媒體與廣告市場上通用的交易貨幣(鄭自隆,2015)。

　　然而因多數收視率調查並未納入行為主義之閱聽人研究取向,包括消費者選擇的動機、反應、喜好等收視質研究,因而也被詬病不夠精準、無法真正反映閱聽人之行為等批評。再加上媒體匯流及數位化科技發展,消費者生活型態及媒體使用行為改變,傳統的收視率調查或其進行方式已面臨新的挑戰及適用性問題。

　　現今，隨著大數據等分析資料推陳出新，收視行為記錄也從傳統的廣告買賣量尺，延伸為個人化行為行銷（behavioral marketing）的利器（鄭美華，2017）。

　　傳統電視收視率調查多以安裝「個人收視記錄器」等方式來進行抽樣調查，1984 年由英國率先開始測量「個人收視記錄器」，並在隔年由美國 ACNielsen 承繼發展，後來經由擴張公司版圖將此方法引進許多國家。而在收視質的部分，60 年代英國獨立廣播協會（Independent Broadcasting Authority）即利用觀眾對節目的評分，制定了一套電視節目評分項目及測量標準，將受試者意見轉化為數字作為測量的指數，以呈現其喜歡程度的標尺，美國商業電視的「收視質」調查研究至今也有多年歷史，隨著調查技術的進步，發展出不同的調查方法，例如：TVQ、VoxBox 等（林照真，2009）。

　　數位匯流時代，相同的影音內容可經由不同的載具傳輸，再加上隨選視訊（VOD）模式下，使用者觀看影音內容不再受到時間或空間上的限制，而可以隨時、隨地使用多重裝置來收看影音內容。這種新型態的收視方式，使得所有數位化的媒體頭端本身，可以透過使用者「點擊」（click）等動作，並輔以相關調查機制與技術（如 Cookie 等），以回收收視行為資料，包括收視的時間和對內容的滿意程度等收視率和收視質調查（邱慧仙，2013）。

　　此外，亦有學者認同在數位媒體時代的發展下，透過數位機上盒即可實現從頭端蒐集到所有使用者收視行為的可能（蔡念中、邱慧仙、董素蘭、康力平，2017），對收視調查、廣告產業乃至於影視內容分潤、頻道上下架等議題均可能造成影響。

　　收視行為記錄的價值，隨著收視行為記錄調查方式的改變，有機會更貼近真實視聽眾的喜好，更在自動化演算程式的分析下，大幅拓展了收視行為記錄的加值應用範圍。

二 收視衡量機制應用範疇

　　在影音市場商業運作環境中，OTT 經營業者需要同時面對三種買賣行為：買內容或自製內容，再賣內容給消費者，同時賣通路給廣告主。媒體產

業因此具有多邊市場（multi-sided markets）之特質。影音服務經營業者一方面透過自製或購買節目，以吸引觀眾，再將觀眾的注意力賣給廣告主；廣告主買的商品則是觀眾，因其收入、習性差異等，不同的觀眾具有不同的價值（邱慧仙，2013）。

　　因此在 OTT 影音商業運作模式下，OTT 影音服務業者購買或產製節目，一方面服務付出時間、金錢收看節目的觀眾，另一方面則是服務付出金錢購買廣告時段的廣告主，商業媒體產製節目來匯集閱聽眾，再將閱聽眾授予廣告主，以獲取資金的挹注，從而形成閱聽眾、OTT 影音服務及廣告主間三方的產業鏈結（圖 3-8）。

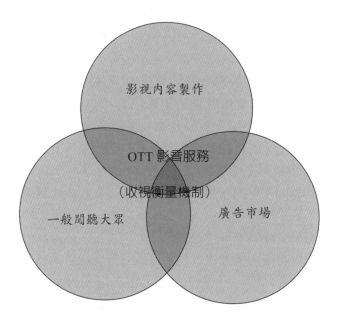

圖 3-8 OTT 影音收視衡量機制商業鏈結

　　而 OTT 收視衡量機制，即是用於服務影視內容製作、廣告市場與一般閱聽大眾等三方角色。廣告主會依照平台收視率等情形，來作為廣告購買的依據。而影視內容製作端，則可以依照節目之收視情況，來分潤獲利。收視衡量機制也是瞭解一般閱聽大眾收視習慣的重要工具，更可以作為外界衡量平台效益之參考依據。其與過去傳統電視商業運作機制比較，如表 3-8。

表 3-8 傳統電視與 OTT 影音收視調查比較表

	傳統電視	OTT 影音
閱聽眾基本資料	收視戶家庭背景、性別、年齡、家庭電視機數量、居住地區等	收視戶家庭背景、性別、年齡、觀看裝置、居住地區等
收視行為內容	電視收視率、頻道切換情形等	點擊次數、觀看時間長短、閱聽眾喜好、評分等
資料蒐集方式	People meter	Cookie、Content Tracking Code 等
功能	廣告買賣之依據	廣告買賣之依據；內容業者分潤之依據；OTT 影音業者經營策略之依據

資料來源：本研究彙整

　　過去，傳統電視收視率因調查方便、運用簡單，又容易推斷收視趨勢，因而成為電視業者、廣告主媒體代理商等最常參考的經營指標（蔡念中等，2017），亦是廣告買賣之依據。然而，相較於電視收視率，數位廣告量測的部分隨著接收方式與接收載具的多元創新而更為複雜，迫使現今國內數位影音收視率調查仍面臨調查機制未臻完善且各方難達共識的狀況，蔡念中等（2017）學者認為，主要問題盤據於廣告主、廣告代理商以及網路使用者三方的互動關係上，為使網路廣告、數位廣告發展能更為完善，不可忽視以下幾點問題：

（一）爭取廣告代理商認同的網路廣告機制

　　現有網路廣告運作機制相較仍未完善，需要廣告代理業者等持續推波助瀾。

（二）建立廣告效果評估機制

　　為強化廣告主對於網路廣告效果的信心，應改變其對傳統廣告營運模式的刻板印象，並建立一套具公信力的效果評估機制，才是發展網路廣告的當務之急。

（三）掌握網路使用者的消費行為

瞭解網路使用者的行為模式，建立個人資料庫，才得以精準行銷，達到廣告效果。

（四）提供多元影音的資訊與需求

隨著網路影音服務趨勢快速發展，未來也應設計出更多元的影音廣告，來吸引使用者的注意。除此之外，除了廣告影音（TVC）發展外，商品置入（product placement）、冠名贊助（title sponsor）以及專為數位平台產製的影片（made for web），甚至是熱門的直播（live streaming）形式等，都可能是未來行銷廣告發展的方式。

（五）朝向跨媒體整合行銷廣告的新局面

整合行銷的概念讓未來廣告計價的方式不再僅陷入 CPC（cost per click，每次點擊成本）的計價迷思中，而是為不同的行銷目的，來設計多元且跨媒體的整合行銷計畫。

從上述討論可以發現，瞭解閱聽眾收視及消費行為等衡量機制與指標，甚至積極建立一套具公信力的效果評估機制，是強化媒體代理、廣告主進行數位廣告投放的重要依據，甚至可作為未來數位廣告的發展基礎，發展多元跨媒體整合行銷方式。

再加上大數據等巨量資料分析工具的影響下，閱聽眾於各 OTT 影音平台上蒐集到的影音內容瀏覽、點擊或收看等，甚至是閱聽眾在社群媒體上針對影音進行的討論與分享，均可透過程式運算整理後，成為解讀觀眾社交電視行為的大數據，藉此分析觀眾行為數據以瞭解閱聽眾的偏好與需求（江亦瑄、林翠絹，2017）。

因此在新的影視內容發展趨勢下，隨著閱聽眾於網路影音使用的時間與頻率持續成長，更應該肯定數據應用的可能性。不管是作為廣告主瞭解閱聽眾收視與消費輪廓的重要依據、影視內容業者的分潤依據，更可能作為業者經營決策、發展創新應用的重要參考來源。

現今，在大數據等多重技術發展之下，許多業者已利用收視衡量機制發展出一套商業運作邏輯。例如：美國 Netflix 就整合用戶資訊、觀看紀錄

等數據，發展成個人用戶的影音內容推薦系統，推播用戶可能喜歡的影片類型，並排列個人化的節目清單；國內 OTT 影音業者 CHOCO TV[7] 和中國愛奇藝等業者，亦曾表示會透過閱聽眾的收視數據，來決定自製戲劇拍攝的主題，或作為影視內容業者分潤的依據（李美楊，2017；陳彩玲等，2019）。

三 跨平台的收視數據蒐集

　　傳統與數位媒體測量最根本的改變，在於網際網路所帶來的技術變革，讓閱聽眾收視行為發生根本的變化。OTT 影音可以透過行動裝置、平板電腦、個人電腦等裝置隨時隨地觀看，其影音接收方式已經顛覆過去廣播電視線性直播概念，在數位匯流時代，吸引既有電視和頻道業者、電信業者和新興科技業者等紛紛加入此新興熱門市場當中。

　　以本研究之深度訪談業者意見，傳統電視業者多數均已有「全媒體」之商業經營概念，換句話說，傳統電視媒體在數位匯流發展潮流下，也開始將影音內容透過傳統廣播電視途徑、網際網路等多種媒介管道串流至消費者終端裝置中，再加上傳統廣播電視業者握有許多專業生產內容（PGC），為提升整體影視內容之觸達率，因而紛紛於網際網路上提供 OTT 影音服務。

　　就目前 OTT 影音產業現況來說，為了促進廣告有效投放，在收視衡量數據運用上，還是以廣告交易市場之運用最為迫切，尤其是數位影音廣告的測量與績效，在業者與相關公協會之間也有較多討論。

　　國際間廣告相關產業已強烈呼籲各 OTT 影音平台在數位廣告內容部分應採納第三方收視數據來作為評斷廣告效果的依據，而不接受 OTT 影音業者自行公布的數據，因此就廣告業界之發展來說，實需要建立一套公正的第三方廣告內容調查與數據稽核單位，來確保數位影音廣告交易安全，提升影音服務業者與廣告主之間的信任。

　　而就影視內容業者來說，各個 OTT 影音平台的收視數據，除了可作為與平台業者的拆帳分潤之依據外，亦可在大數據分析工具的趨勢帶動下，作為影視內容開發與成效評估的重要依據。影視內容是未來網際網路產業發展的重要動力，亦是吸引用戶付費使用服務的關鍵，要如何創作出符合消費者喜好的影音內容，進而透過良善的分潤與回饋制度，讓影視內容產業能隨著

7　同註 6。

OTT 經營服務成長獲利，應是 OTT 影音服務經營業者、影視內容業者，乃至於相關政府單位都應正視的問題。美國第一大 OTT 影音業者 Netflix 即透過收視數據來作為投資下一步影視內容的參考依據。顯示收視數據應用不只是廣告交易的籌碼，業者更應善用數據分析之結果，來作為未來影視內容創作的參考。除此之外，影音平台本身之經營數據，則又涉及各服務業者商業運作決策的重要商業機密，是其用以優化內部經營服務，進而創造服務差異化的重要參考依據。

就我國收視衡量機制發展而言，應優先為廣告交易市場與 OTT 影音業者之間建立一套衡量數位影音廣告效益的公正第三方調查機制，以有效連結雙方之供需。

在此同時，也應該肯定數據服務之創新應用可能性，包括協助影視內容業者建立合理分潤機制，進而為臺灣影視內容產業發展找到下一部熱門的影視內容創作題材或類型，以促成整體影視內容與數位經濟市場之正向循環。

國內傳統廣播電視業者在面臨收視率下滑、廣告收入流失等困境之下，嘗試轉型發展線上影音服務，也帶動數位廣告市場的成長。根據 DMA 台灣數位媒體應用暨行銷協會 2021 年釋出的統計數據顯示，早在 2017 年，臺灣的廣告市場已出現所謂黃金交叉現象，即數位廣告占比（49.9%）開始追上非數位廣告（50.1%），至 2018 年數位廣告市場（54.6%）正式超越非數位廣告（45.4%），至 2020 年差距持續擴大。2020 年臺灣全年度數位廣告總量為 482.56 億臺幣，相較於前一年度（2019）成長 5.3%（如圖 3-9），特別是 2020 年因全球受到新冠肺炎疫情影響，帶動各種媒體及廣告策略的數位轉型潮。

對廣告業者來說，數位行銷通路不再僅止於片面的收視調查數據，更希望能夠透過不同的行銷策略與計畫，結合大數據與分析工具應用，累積豐富的閱聽眾消費面貌，以制定動態的行銷策略。

以閱聽眾收視調查之大數據發展來說，過去廣播電視時代，只要於家中電視機中安裝 People meter 收視記錄器，透過統計方法，即可推估電視節目與廣告收視率。然而，現今終端接收裝置多元，業者經營模式也充滿多樣性，透過系統蒐集、整理而來的收視大數據資料，可藉由分析工具瞭解閱聽眾的偏好和需求，更可能成為理解閱聽眾市場的最後一塊拼圖，甚至結合商業運作，作為廣告產業創新行銷、影視內容多元創作與開發的重要參考依據。

歷年市場金額（億元）

圖 3-9 近 10 年臺灣數位廣告量變化趨勢

資料來源：DMA 台灣數位媒體應用暨行銷協會（2021）

現今，就數據調查與大數據之應用發展來說，產業間已經有越來越多開發工具與數據，可供業者做選擇，然而就整合行銷業務面來說，同一個廣告同時在電視與網路 OTT 影音平台中播出，能不能跨平台即時精準被測量，仍是產業界關切之議題（如圖 3-10），亦影響了我國影視內容相關產業之發展。

表 3-9 臺灣 OTT 影音收視衡量機制商業運作模式

OTT 收視衡量機制於商業運作用途	• 瞭解閱聽眾之媒體消費市場與喜好 • 帶動跨平台之收視行為調查 • 有利於採廣告與混合收費模式之 OTT 影音業者有效計算廣告效益 • 提升媒體購買與廣告市場交易安全環境 • 促進我國影視內容製作分潤效益 • 提升影視內容製作能量
OTT 收視衡量機制之問題與考量	• 個人資料保護議題 • 建置成本考量 • 跨裝置衡量機制是否能有一致的標準 • 產業經營模式多元，收視衡量機制難以一體適用

資料來源：本研究彙整

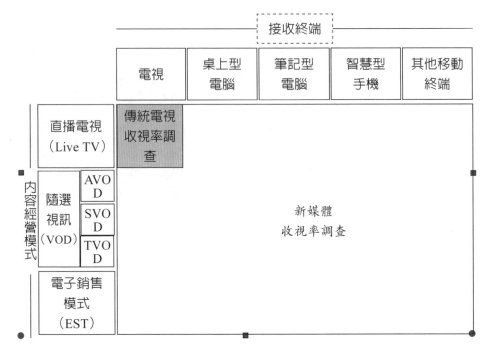

資料來源：國家通訊傳播委員會（2019）

圖 3-10　跨媒體收視衡量機制調查範疇

　　現今多數電視頻道已面臨收視率下滑、廣告收益下降之困境。然而當業者積極試著轉型，並朝 OTT 影音產業發展，如因廣告曝光無法有效被計算，恐導致 OTT 影音服務之廣告效益無法被市場正確評估，對業者來說無疑是雙重打擊。

　　因為如此，更應該重新思考傳統電視收視率之定義與範疇，以進行重構與擴充，提出符合現有匯流影音時代的收視衡量機制，以有效接軌大數據應用之發展趨勢。而在量測方式上，亦需訂定出能夠被大多數產業經營者認可之設計，例如：可透過技術發展建立相容於多數接收裝置（如數位電視機、手機、電腦等）之跨平台收視監測系統，並能夠針對同一節目或廣告內容，衡量出總收視率或收視量以及不同載具之分散式收視率、使用者資料等，朝多螢整合式之收視率調查規劃方向邁進，以搭建多元市場供需之連結橋梁。

　　因此，應優先就我國 OTT 影音產業發展與廣告業界之間，建立一套能有效衡量與計價廣告露出效果的收視衡量機制（其運作機制如圖 3-11 所示），以建立廣告業者對數位廣告之信賴。於此同時，也應該肯定收視衡量機制多元應用的可能性，包括輔導影視內容業者與 OTT 影音服務業者之間，建立有效且公正透明的影視內容分潤機制，甚至提供收視數據等相關資料以作為未來影視內容業者劇本開發或題材發想之參考依據，進而帶動影視內容產業和 OTT 服務業者發展創新。

　　運用數據發現問題，支持決策等作法在全球各地已經有許多產業逐漸落實，在我國 OTT 影音產業亦蓬勃發展的情況下，更應該呼籲業者重視閱聽眾的收視行為等大數據應用，以進一步為產業帶來新的創新發展可能性。

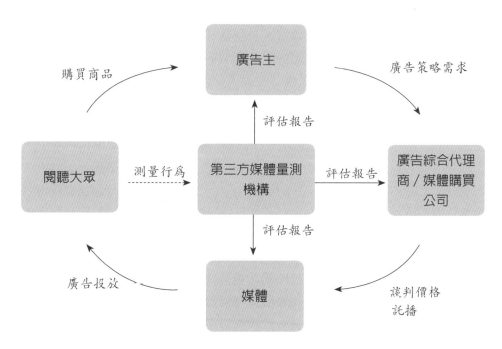

資料來源：邱慧仙（2013）

圖 3-11　收視衡量機制於廣告交易之運作方式

〔四〕數據蒐集與個資保護

在大數據時代下，涉及個人智慧隱私之收視行為若被不當蒐集、處理或利用，可能傷害閱聽人之權利，不利於整體國家之民主發展。因此有其必要受到適當的規範與管制。然而，收視行為雖主要以商業上的利用為主（例如：廣告交易、影視內容分潤等），但也不能排除其具有公共利益目的之可能性，舉例來說，政府機關或學術研究機構基於公共利益之考量，為統計或學術上的研究而需要利用收視行為記錄，現有個資法之相關規定明言，可將收視行為記錄以代碼、隱藏部分資料或其他「匿名去識別化」方式處理，以使資料使用人無從辨別特定使用者。

美國早於 1988 年即對個人收視行為所涉及的隱私問題訂有《視訊隱私保護法》（Video Privacy Protection Act, VPPA）予以規範，且隨著時空變遷，近年也有多起因網際網路收視行為記錄，而促使用戶發起網路影視內容服務違反上述法律規定，而提出訴訟之實務案例，值得我國借鏡（鄭美華，2017）。歐盟亦對個人資料保護法有諸多保護，為個人資料保護法制的先驅，其於 1995 年訂定的個人資料保護指令也是我國個資法於 2010 年修訂時之主要參考對象。歐盟於 2018 年生效的《一般資料保護規則》（General Data Protection Regulation, GDPR），則對於各種新興科技發展所衍生的所有個人資訊資料，有更嚴格的保護。GDPR 除了保護歐盟民眾個人可識別資料（personally identifiable information, PII）外，「全部或部分以自動化方式蒐集、處理或利用的個人資料」都包含在內，所以，因應各種新興科技發展所衍生的某一些個人資訊資料，像是 Cookie、IP 位置、GPS 定位等，都屬於這次 GDPR 新增受保護的個資內容之一（黃彥棻，2017）。

承前章節所討論，公正且透明的收視數據調查，有利於健全整體數位產業交易安全，活絡產業發展。在大數據發展與個資法價值相互衝突之下，該如何妥善尋求解決辦法，實是當今政府與產業界都應深加思索之問題。

收視行為記錄為媒體產業鏈的關鍵角色，是廣告買賣的通用貨幣，是節目內容好壞的主要評價依據，更是產業在數位時代交易過程中最重要的「信任機制」，唯有先建立公正且安全的市場環境，才有利於國民消費市場，促成產業繁榮。然而，個資保護所彰顯之價值，也不容許輕忽。

日本總務省情報通信審議會 2018 年發布的「因應視聽環境變化之促進

廣播電視節目內容製作與流通促進方案」[8]報告，也指出為了因應影視聽環境的變化，如何活用民眾於網際網路、行動裝置等各類裝置之影視聽收視數據，並同時兼顧個人資料保護措施，以整合大數據與行動通訊推播技術，讓廣播電視與廣告業者能夠活用收視數據，是日本政府未來政策發展重點。

　　換句話說，未來就兼顧市場健全發展與個人資料保護之雙重價值下，勢必要尋求更佳的平衡點，個人資料保護與大數據資料利用絕非不能並存的兩端，個人資料保護也並非是阻礙大數據分析技術發展的絆腳石。唯有建立可信賴的個人資料利用環境，並確保資料正確無誤，才能提升資料利用的可能性，為業者大數據創新應用服務找到發展空間（鄭美華，2017）。

　　以國內現有個資法之架構為例，個資法就履行收視服務契約目的之必要範圍，仍保留適度彈性空間，讓使用者可以在確保智慧隱私安全的情況下，同時獲得收視行為記錄的應用價值。現行法規下，也容許基於公共利益之需要，謹遵守去識別化之資料處理方式，即可將資料交給公務機關或學術研究單位所利用，例如：將用戶個人收視行為轉換成累積性統計資料等。此外，業者也須注意「當事人同意」之義務，現代個資法保護重心在於告知後同意原則，因此在現行的法規架構下，OTT 影音業者仍得以依循相關規定，於一定範圍內蒐集、處理及利用收視行為記錄，並事先取得使用者之同意。

　　雖然在現行法規下，OTT 影音業者仍得以依循相關規定，於一定範圍內蒐集、處理及利用收視行為記錄，然而就實務執行上，仍有其難以實踐或爭議之處。鄭美華（2017）認為，現今個資法至少有「個人資料界定不明」、「欠缺平衡利益衝突的權衡規定」、「過濾罩效應與自動化處理程序不透明」，以及「個別行業告知事項仍有不明」等問題需要改善。

　　我國後續個資保護法與收視數據之調查與應用上，應就以下五點予以強化：

（一）加強個人資料等相關概念之界定與內涵

　　為了確立個人資料保護之範圍與業者可彈性使用之空間，實需要確實定義個人資料保護的範圍與其定義。現有個資法雖可透過「當事人同意」與

---

[8]　原文為「視聽環境の変化に対応した放送コンテンツの製作・流通の促進方策」。

「去識別化」等作法，來作為我國產業個人資料利用之彈性作法與法源依據。然而，現行個資法對於「去識別化」之具體實務操作並無明確之規範，因而導致業者執行上有解釋矛盾、混淆之可能性。從過去我國最高行政法院對於健保資料行政訴訟判例觀察，亦有提到類似「不可回復去識別化程度」的要求。因此，就收視衡量相關調查機制的發展基礎上，應確立所謂收視調查數據去識別化之明確定義與內涵，以避免業者執行上之困難，並明確確立其法律效果與完善的配套措施，才能保證產業與閱聽大眾的權益。

（二）建立業界匿名化的去識別處理與相關執行程序

OTT 影音經營業者來自於各個領域，包括電信、無線電視、有線電視、衛星頻道、新興平台業者等，各業者之間受制於其原有服務類別，適用的法規條文又所有不同。以美國聯邦通訊傳播委員會（FCC）於 2016 年推行的《寬頻網路及其他通信服務消費者隱私保護命令》為例，該保護命令僅針對提供通信服務的「電信事業」等在消費者個人資料與隱私保護上有所規範，因而於後續遭質疑美國政府對於不同影視內容經營者的個人資料保護架構不盡相同，各業者之間適用的個人資料保護標準不一，容易造成業者之間適法性混亂，閱聽眾的個人資料亦可能遭受風險。

因此，在匯流產業的發展下，就 OTT 影音產業之收視行為之大數據調查與個人資料保護上，應有共同且一致的參考準則與相關執行程序處理依據，避免不同媒體平台之間有個人資料之差別管制作法。

國家通訊傳播委員會（NCC）於 2017 年公告「數位通訊傳播法草案」並經行政院通過，並首度將網際網路業者納入監管範圍，未來待立法院如通過「數位通訊傳播法草案」後，業者也必須要注意此草案中關於使用者隱私與個人資料的相關規定。該法規草案第 3 條第 4 點指出，內含個人資料之數位通訊傳播服務，應確保個人生活私密領域免於他人侵擾及維護個人資料之自主控制。且政府應就此事項，積極協調相關機關（構）、公營事業機構及團體，採行適當措施，並定期就其執行情形檢討改進或為相關法規之調適。

待「數位通訊傳播法草案」通過後，我國政府實應進一步針對收視衡量機制之個人資料保護相關措施定義與相關執行程序明確定義，透過行政指導來增訂相關執法依據，以讓業者可透過適當的措施降低個人資料外洩之風險。

（三）適度導入事後退出（opt-out）等退場機制

　　雖然現有個資法明定可透過「當事人同意」原則，應予以個人決定個人資料蒐集或利用等行為之權利。然現行運作機制多屬於「事前同意」，而較少提供「事後退出」之對應機制，換句話說，資料擁有者如果要終止資料使用之權利，業者該如何提出對應的退場機制，進而提出資料刪除等具體作法，實是現有大數據相關產業應納入的合理制度。

　　在歐盟最新通過的《一般資料保護規則》（General Data Protection Regulation, GDPR）中，就引入了「被遺忘權」（right to be forgotten）的概念，簡言之，即人們有權利要求移除自己過往的個人資訊搜尋結果。為了保留閱聽眾決定個人資料使用的權利，業者與相關律法也應制定具體且明確的事後退出機制，以實現閱聽眾個人資料保護之價值。

（四）加強業者資料處理程序的透明性

　　為了使數據資料蒐集、衡量與相關資料處理程序正確無誤，避免數據被濫用而導致不公平的市場交易或影響，未來個資法等相關法令修訂時，實應要求業者賦予資料處理透明化之義務，凡不涉及營業祕密或智慧財產權保護的演算邏輯內容，應要求資料擁有者公開其資料處理方法與相關措施，以保障數據之正確與公正。

　　美國參議院立法機關在 2017 年提出「誠實廣告法」（The Honest Ads Act）草案，增設要求 Google、Facebook 等數位媒體應誠實揭露政治廣告付費來源的相關紀錄，包括應保存政治廣告的購買費用與廣告方式等紀錄，以數據紀錄來增加廣告投放的透明性（transparency）。而歐盟亦在 2018 年 10 月與會員國中各大線上平台業者、廣告公協會等共同簽屬《假消息處理準則》（Code of Practice on Disinformation），包括要求 Facebook、Google、Twitter 等數位平台業者與世界廣告聯合會（WFA）、歐洲互動廣告協會（IAB Europe）和歐洲通訊協會（EACA）等廣告公協會等應建立自律機制，以維持政治廣告投放的透明性。

　　在數位科技蓬勃發展的同時，為避免不透明的數據處理與解讀方式影響，數位平台業者更應該擔負起建立透明化數據處理原則的責任，以加強業者資料處理程序的透明性和相關措施。

（五）由各事業主管機關加強宣導個人資料保護與個資外洩處理辦法

因現有 OTT 經營業者背後涉及多元產業，包括電信業者、無線電視、有線電視、衛星電視、新興平台服務業者等，為了落實個人資料保護的相關規定，事業主管機關應加強確立對應各個業務中個人資料保護與個資外洩處理相關辦法，並就調查網際網路 OTT 影音收視行為分析消費者收視偏好等概念與定義上，做出明確的業者蒐集個人資料之目的、方法與用途。建議可先透過業者自律輔以政府行政指導等方式，讓業者於個資外洩時能以最快速度執行相關措施，以降低個資外洩之風險。例如：透過產業公協會聯合事業主管機關，以共同訂定個人資料蒐集目的及蒐集類型的範疇，並公告確切之執行範本或處理措施，應可確保個人資料保護之價值，並發揮教育與示範之功能。

在大數據時代下，政府應確保產業發展環境能兼顧個人資料保護與個人資料合理利用。為了達到上述之目的，就長遠政策發展目標來說，政府應積極輔導產業間建立自律機制，而就現有個資相關法規尚未健全之處，也應推動修法工作來彌補。為了確保我國產業發展能在大數據與收視行為之調查發展上有所突破，並確保國民之個人資料安全，應積極從法制程序，修正現有法規之不合適之處，以銜接新興科技之發展。

第四節　第三方收視衡量機制發展

一 國際趨勢

目前國際間，已有許多業者提供第三方收視數據調查服務，如 Nielsen、ComScore 等。除此之外，各國間亦有負責第三方數據認證與稽核之機構單位，如美國媒體收視委員會（MRC）、歐洲能見度指標組織（European Viewability Steering Group, EVSG）和英國 JICWEBS 等。在法國，受第三方收視數據稽核單位，如 CESP、ACPM 等認證之影音網站平台，可以獲得一個 Digital Ad Trust（DAT）標籤，讓廣告主可以清楚確認此平台是可受公評且值得信賴的（WFA, 2018）。

換句話說，在現有廣告運作機制與業者的強烈要求下，國際間第三方收視衡量機制已有一套完善的稽核與信任機制，值得我國政府與產業界借鏡與

參考。尤其是美國，該國在廣告業者的強力主導下，不管是在收視調查和收視數據稽核機制上，都有較完善的發展機制，其中又以 Nielsen、ComScore 等業者所推出的收視衡量服務最廣為業界所用（江亦瑄、林翠絹，2017）。

　　以下參考美國媒體收視委員會（MRC）、Nielsen、ComScore 等第三方媒體收視稽核與商業收視測量方法，分別介紹各業者之調查方法與運作機制。

（一）美國媒體收視委員會（MRC）收視衡量機制

　　2017 年，美國媒體收視委員會（Media Rating Council, MRC）與美國互動廣告協會（Interactive Advertising Bureau, IAB）合作，提出《數位影音廣告曝光測量準則》（Digital Video Ad Impression Measurement Guidelines），並首度將 OTT 影音服務納入其收視衡量建議項目之一（Paoletta, 2018）。

　　設立於 1960 年代的 MRC 是當年美國國會倡議要求下所成立的產業第三方自律組織，當時美國國會有鑑於廣播電視產業中的閱聽人研究越來越重要，因而邀請廣播電視產業相關業者，舉辦多場產業公聽會，稱為「Harris Committee Hearings on Broadcast Ratings」。依照公聽會內容，美國政府與產業界取得共識，在媒體收視衡量相關機制上不應由政府出面以相關律法規範，而是宜透過產業自律的方式，建立第三方收視聽稽核單位，以確保媒體收視衡量數據公正且無誤。美國媒體收視委員會（MRC）在此時空背景之下應運而生。其成立目標包括以下三點[9]：

1. 監理並建立最基礎的收視率調查機制準則，以供相關業者參考；
2. 為市面上的收視率調查服務提供認證服務；
3. 透過收視衡量機制與獨立的會計事務所合作進行績效稽核（auditing）之任務。

　　在美國政府的倡議與產業間的主導下，MRC 設立的目的主要是為了建立業界媒體收視衡量的參考標準與指標，另也負責收視聽服務認證及媒體稽核等業務，其運作資金主要來自於產業會員會費與業界收視聽服務認證、稽核等費用，稽核範圍涵蓋電視、平面媒體、廣播到網路等。MRC 另也協助

---

[9] 取自 MRC 官方網站 http://mediaratingcouncil.org/

廣告業者、代理商與第三方收視衡量公司等業者,提出媒體廣告投放定義與形式等建議。且隨著時代的演進,更新其收視率調查方法。

2017 年,MRC 有鑑於 OTT 影音產業蓬勃發展,因而希望可以對於影音平台中播映的「數位影音廣告」,提出對應的收視衡量指標與廣告投放建議報告,供網路媒體公司、廣告代理業者和第三方收視衡量業者參考,以期能更有效率且精準地瞭解 OTT 影音產業中線上廣告計算和商業機制,並針對相關爭議問題提出討論(IAB & MRC, 2017)。

MRC 與美國互動廣告協會(IAB)於 2017 年合作提出《MRC 數位閱聽人基礎收視衡量標準》(MRC Digital Audience-Based Measurement Standards)報告,並於 2018 年更新釋出《數位影音曝光率衡量指標》(Digital Video Impression Measurement Guidelines),將 OTT 隨選視訊服務的影音廣告內容納入衡量標準建議中。

換句話說,MRC 所提出的 OTT 收視衡量機制運作方式,主要是針對影音服務中採廣告或混合收費經營模式業者所播映的「影音廣告」來作討論,而並未探討服務中所播映的影音節目和內容的衡量方法。

該報告中說明,有鑑於 OTT 影音產業蓬勃發展,且網路影音廣告經營模式多元,業者苦於難以衡量跨 OTT 影音服務中的廣告曝光率,MRC 因而聯合 IAB 將此新興服務納入數位影音廣告的測量機制中,並承諾會在未來持續更新(IAB & MRC, 2017)。

目前 MRC 與 IAB 針對 OTT 影音市場所提出的收視衡量機制,主要是針對採廣告或混合收費經營模式業者所播映的「影音廣告」來作討論,而並未探討服務中所播映的影音節目衡量方法。該報告定義 OTT 影音(廣告)的測量目的,是為了衡量於各類 OTT 影音服務中觀看的數位影音廣告,包括透過連網電視機、機上盒、遊戲機、USB、HDMI 多媒體裝置等觀看 OTT 影音服務的終端裝置(IAB & MRC, 2018)。

在 MRC 與 IAB 的定義下,數位影音廣告為出現在直播串流(live streaming)、可存取(archived)和可下載(downloadable)等影音內容中出現的廣告,包含插播廣告(in-stream ads)、影片內嵌廣告(invideo ads)、串流廣告(streaming ads)、純影音廣告(video ads)、多媒體投放(multimedia adjacencies)等。該報告中統一稱上述多種形式的廣告為數位影音廣告(digital video ads),其在 OTT 影音服務中可能會穿插出現在影

片播放前（pre-roll）、影片中（mid-roll）和影片後（post-roll）。另外，於串流影音播放視窗之外的網頁廣告投放等（out-stream implementations），則歸類為純網頁廣告的範疇 10（IAB & MRC, 2018）。

　　不管業者採用的廣告形式為何，發布者都必須要建立一套收視衡量機制，來追蹤所有的影音廣告曝光率（impression）。

1. OTT 影音廣告

　　IAB 指出，隨著 OTT 影音服務聲勢高漲，影響傳統廣播電視領域，為傳統電視生態系統帶來全新的互動式資料蒐集方式和數位媒體目標群眾資料。對市場來說，有新的機會可以開啟動態式、互動式且甚至更易購買（shoppable）的廣告經驗，驅動更多品牌商和廣告業者參與（IAB & MRC, 2018）。

　　而為了精準衡量 OTT 影音服務中數位影音廣告播出的情況，該報告認為數位影音廣告必須要透過 JavaScript 語法或其他應用程式介面（application programming interface, API）機制界接，才能夠精準測量影音廣告在 OTT 服務上的曝光率，其廣告衡量計算機制定義為「一套可以反映廣告傳遞系統的測量機制，從消費者的瀏覽器中記錄網頁瀏覽狀況，並過濾掉無效的記錄，以取得最即時的消費者瀏覽視窗觀看情形。」其中，數位廣告影片必須要被加載（loaded）且最小程度（minimise）的被播放（render），才能被視為有效的廣告曝光（ad impression）」（IAB & MRC, 2018）。

　　目前 IAB 與 MRC 所提出「有效影音廣告曝光」定義為：「影音廣告必須有一半以上的影像出現在頁面中，且被連續觀看 2 秒以上」（陳俊廷，2018），當上述條件都同時滿足後，才能視為有效的廣告曝光，收視衡量（measurement）機制才會納入計算。

2. OTT 影音廣告衡量機制

　　為了精準量測數位影音廣告於 OTT 服務中被觀看的情況，主要有兩種取徑：「用戶端取徑」（client-initiated）和「伺服器取徑」（server-initiated）。

---

10 純網頁廣告與數位影音廣告調查方法有所不同。

(1)用戶端取徑

為了精準瞭解 OTT 服務中數位影音廣告被收視的情形，用戶端取徑是透過記錄閱聽眾的瀏覽器網頁瀏覽狀況，來瞭解影音廣告被觀看的情形。影音廣告商或 OTT 服務業者，會在每一個影音內容中設定一個專屬的追蹤代碼（beacon），或寫入 HTML／JavaScript 語法來定位與歸類，透過 cookie 等語法追蹤，以確保瀏覽器記錄回傳時，可以精準判讀每一個影音內容。

當用戶端的計算機系統接收且透過 HTTP（或其他通訊協定）回傳網路影片追蹤碼時，衡量系統確實接收到加載（loaded）且開始播放（render）等兩個指令後，數位影音廣告的曝光率即開始計算。

(2)伺服器取徑

然而，用戶端取徑的收視衡量機制並非完全完善，有可能會有判讀失準或雜訊過多的情況，另外也需要使用者同意業者蒐集其影音瀏覽狀況，資料才會被完整蒐集。為解決用戶端取徑資料蒐集可能會碰到的困難，業者會再透過中介伺服器（intermediary server）來蒐集影音廣告播送的情況與記錄。

中介伺服器的作用為透過伺服器端發送影片，並動態地在串流影片播放過程中安插廣告。這個系統架構目前最常見於現今 OTT 影音環境中。

在中介伺服器端，業者也許無法直接追蹤影音內容專屬的追蹤代碼（beacon），也無法接收消費者端回傳的 cookie，但是可以辨識影音或廣告播放的狀況，進而優化或整合其調查方式。其運作流程如圖 3-12。

3. OTT 影音廣告衡量指標

為了讓業界所提出的影音廣告曝光與衡量指標報告有一致的標準，下列是 MRC 和 IAB（2018）建議的數位影音廣告效果衡量報告大綱與衡量指標（非強制要求，僅供業界參考），其報告內容應包括：

(1)日期（day）。

(2)時間區間（time zone）：週、月、季或年報。

(3)調查時間間隔（day parts）。

(4)地點（location）：如果有蒐集觀看者的地理位置等資訊，就可標明，同時必須要記錄調查限制等說明。

(5)投放廣告的方式：如影片前（pre-roll）、影片中（mid-roll）或影片後（post-roll）等。

(6)廣告影片尺寸。

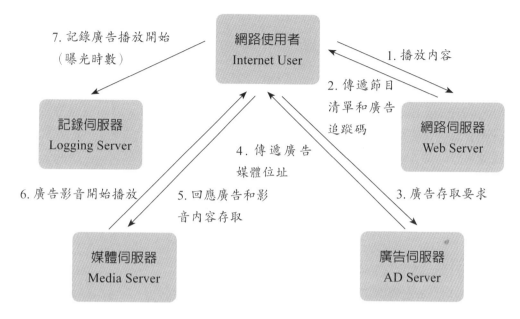

資料來源：IAB & MRC（2018）、國家通訊傳播委員會（2019）

圖 3-12　數位影音廣告運作模式

(7) 點擊率。

(8) 觀看時間。

(9) 其他發布者建立的衡量指標等。

　　一個有效的收視衡量機制必須要能充分解釋使用者的收視聽資料，包括測量方法、指標、樣本數、資料蒐集方法、資料編輯、資料調整加權方式與報告可信度、調查限制等多重指標。

　　採廣告或混合收費模式下的 OTT 影音服務業者為了取信於廣告主和廣告代理商，因而會與第三方收視調查公司合作，以確保影音廣告的評估效果是公正且受公評的。廣告主或廣告代理商在投放廣告的過程中，則會再依照調查數據瞭解廣告投放的效果（如曝光率、點擊率）等相關指標，從而決定廣告投放的方式與價錢，甚至可透過程序化購買（programmatic buying）等媒體購買方式，動態的依照不同的廣告計畫來決定廣告形式和投入金額，針對觀看者的個人基本資料，包括年齡、性別、年收入等經去識別化後的資

料，交叉比對不同數據以找到最符合廣告投放的目標觀眾。

MRC 和 IAB（2018）針對數位影音廣告的衡量報告建議，可歸類於如表 3-10。

目前「數位影音曝光率衡量指標」（Digital Video Impression Measurement Guidelines）中，僅針對數位影音廣告作討論，因此僅適用於採廣告或混合收費經營模式下的「數位影音廣告」曝光率做討論。其他收費經營模式（如 SVOD、TVOD 等）因未在影音服務過程中播映廣告，因此不適用於此次報告討論的範圍。該報告定義的 OTT 影音測量目的是為了衡量數位影音廣告，包括透過機上盒、遊戲機、USB、HDMI 多媒體裝置等連接電視機或直接透過連網電視機觀看 OTT 影音服務的終端裝置。

表 3-10 數位影音廣告衡量指標

衡量指標	建議內容
廣告計算取徑	伺服器取徑／用戶端取徑
廣告開始測量的標準與系統誤差值	影音廣告被加載（loaded）且播放（render）
測量活動（measurable activity）	包含但不限於： • 定義每一個內容並指派一個追蹤碼（beacon）； • 透過通訊協定回傳追蹤碼或 HTML／JavaScript 語法資訊； • 傳遞數位影音內容
廣告內容報告	包含放置資訊、廣告類型等
過濾	過濾無效資料
審查	數據計算方式、資料調整與加權的過程等

資料來源：IAB & MRC（2018）

而至今，MRC 與 IAB 仍持續更新其數位廣告測量標準。MRC 於 2018 年提出「跨媒體影音衡量」（cross-media video measurement）新研究計畫，目的是針對閱聽眾跨多重影音裝置之間的收視行為，提出一套整合性的調查

方法與機制建議（MRC, 2018），以提供產業間一套公正的標準，作為廣告主或媒體代理商評估跨媒體行銷與投放廣告的依據，進而促進廣告業務於媒體產業的發展。

　　然而，就 OTT 影音產業的時代下，收視聽機制不只用以衡量影音廣告之效果，許多業者更採納閱聽眾對「影音內容」的收視數據，作為經營分潤、提升營運績效的重要商業機密，在多元變化的收視行為中，實需要整合多種收視衡量機制與配套措施，才能綜觀且全面性的瞭解閱聽人面貌。

（二）尼爾森（Nielsen）收視衡量機制

　　最早，電視收視衡量機制對廣播電視產業影響尤其深遠，包括收視率與收聽率等調查機制，不只是業界衡量節目受閱聽眾歡迎程度的依據，也是衡量節目影響力的準繩，更是廣告業界託播、投放電視廣告經常使用的判斷工具。而充沛的廣告經費挹注，往往也是商業廣播電視台最重要的營運獲利來源之一，因而公正且精準的收視率調查機制，一直以來都是媒體發展很重要的指標。

　　臺灣過去的廣播電視市場，美國尼爾森公司推出的電視收視率（Nielsen TV rating）一直是業界很重要的參考指標。最早尼爾森自 1950 年開始提供電視觀眾測量（audience measurement）服務，透過數據蒐集，可供電視或廣告客戶進行節目及廣告規劃決策。Nielsen 電子測量技術可以測量到觀眾在收看哪一個頻道、節目、是誰在看（性別、年齡、地區）以及何時在看。其電視收視率調查方法是從電視收視家庭中隨機抽樣收視戶代表，透過個人收視記錄器（People meters），辨別觀眾正在觀看的頻道、節目、觀看時間、是誰在看以及有多少人看等資訊，測量單位可精確至分鐘。

　　而除了針對電視節目收視率外，Nielsen 也會對廣告內容提出廣告平均收視率（commercial ratings），用以讓廣告主知道哪些廣告曾被觀看、較能吸引觀眾、分析哪個品牌在哪個節目或時段廣告最有效等。目前電視節目中的廣告效益判斷，主要由總收視點（gross rating points, GRPs）指標來衡量，廣告主通常會要求電視節目播放過程中要達到一定的 GRPs。另外也可鎖定特定目標群眾在特定的節目投放廣告，其參考指標為目標群總收視點（target rating points, TRPs）。

　　尼爾森此套電視與廣告收視率調查機制行之有年，且對全球廣播電視產

業影響深遠，但就傳統電視收視率調查方法仍有不足之處。邱慧仙（2013）
透過深度訪談與文獻資料分析，整理傳統電視收視率調查缺點如下：

1. 全國性資料不適用於地區性收視情況

目前收視率多以全國性調查為主，少有針對地區性收視的深入研究，必
須以推估方式比對地區接觸率與地區性廣告銷售區域，如此一來參考價值相
形薄弱。

2. 對於閱聽眾輪廓描繪的能力不足

過去對於收視率往往僅停留在閱聽眾數量的計算，且隨著調查技術與
概念的進步，也逐漸開始有人口統計變相的區隔加入，然而目前所使用之區
隔仍不足以清楚的描繪閱聽眾輪廓，應再思考加入諸如心理統計變項的可能
性。

3. 對於閱聽眾的收視行為的觀察深度不足

收視行為並非單一線性活動，而是有行為程度上的差異。

4. 對於閱聽眾收視行為的調查面向不足

閱聽眾對媒體的涉入程度、偏好、忠誠等質化回饋數據均不易從目前的
收視率調查中直接反應，而僅能從量化數字間接推測，固有必要增加對於閱
聽眾收視行為更多元面向的調查。

現有電視收視調查雖已提供年齡、性別、收入、學歷、職業等人口統
計變項，但這些基本資料已無法滿足現今之媒體企劃，只能瞭解電視「被
看」，但無法精準得知「被誰看」、「怎麼看」等細部說明，因此需要加入
更多能進一步反映觀看者實際收視情況的測量變項，才能使調查機制更貼近
真實。

而近年來，隨著媒體環境與閱聽人收視聽習慣改變，數位內容與網際網
路快速發展，Nielsen 也分別針對「數位影音（節目）」和「數位廣告」之
收視調查方法，提出新的解決方案，以回應產業變化之需要。以下僅介紹尼
爾森推出與 OTT 影音收視率相關調查服務機制。

1. 尼爾森數位廣告收視率（Nielsen digital ad ratings, DAR）

Nielsen DAR 為第一個獲得美國媒體收視委員會（MRC）認證的網路廣
告活動衡量系統，自 2011 年推出起，目前已在英、美、澳、日、中等全球
超過 20 個國家推出，並於 2016 年 9 月在臺灣推出。

Nielsen DAR 提供數位媒體產業一個由第三方收視率調查機構認證的測

量數據，可用來追蹤廣告版位的曝光狀況（觸及率），協助廣告主在網際網路服務中，進行更好的廣告投資規劃。

其服務特色包括整合社群媒體數據、跨平台蒐集資訊、即時且可精準測量不重複觸及的曝光率等。

(1) 整合社群媒體數據

Nielsen 自 2011 年起與 Facebook 合作，只要廣告有嵌入 Nielsen 的代碼，Nielsen 就能夠透過 Facebook 全球 16 億使用者的大數據進行資料比對，追蹤網路廣告曝光的受眾年齡與性別，確認點擊者是否為目標族群。

Nielsen DAR 還會依據不同國家的社群媒體使用習慣，調整背後社群大數據的參考來源。如美國除 Facebook 之外，還加入數據公司 Experian 資料；在中國則是與騰訊、新浪微博等兩大社群媒體合作；在臺灣則是使用 Facebook 使用者的資料進行調查（呂紹玉，2016）。

(2) 跨平台蒐集資訊

Nielsen DAR 強調可同步蒐集電腦、平板及智慧型手機等平台曝光的廣告觸及率及觀眾人口統計數據等資料，且能與傳統廣播電視的廣告效益衡量指標 GRPs 相比，協助廣告主或媒體代理商同步比較廣播電視與網站之廣告成效。

其調查方法為在數位廣告內容中嵌入 Nielsen 代碼，以追蹤各個影音內容在跨平台曝光的情形。

(3) 即時且可精準測量不重複觸及的曝光率

Nielsen DAR 宣稱在廣告投放的第二天即可產生相關統計報表，讓廣告主或廣告代理商可以立即依據報告修正廣告投放策略，看是否要增加廣告預算，調整或新增廣告投放平台，以增加觸及群眾。

目前 Nielsen DAR 可提供的衡量指標包括：

(1) 閱聽眾基本人口統計（demographic ratings）：包含性別、年齡等不重複受眾輪廓資料。

(2) 裝置與平台使用狀況。

(3) 內容標籤分類：依照廣告的類型做分類。

(4) 每日廣告活動數據趨勢：綜合以上三項數據，提供跨數位平台的目標觀眾比例（on-target percentage）、觸及率（reach）、觀看頻率（frequency）、總收視點（GRPs）、對目標觀眾的曝光率等測量指標。報

告能以人口資料（性別與年齡）、網站和內容版位做細項劃分。

　　Nielsen DAR 的調查方法為先透過概率抽樣與網路招募，選定代表性的觀眾樣本（混合受眾），並依照人口統計與網路使用人口等資料校正樣本數據，修正網路招募觀眾樣本中所可能存在的潛在偏差。Nielsen 指出，在數位網際網路的時代下，廣告投放很難達到百分百精準，主要原因在於連網裝置多元，閱聽眾的眼球目光分散在各個地方，為了協助廣告主與媒體代理商更清楚的瞭解廣告內容被觀看的情形，Nielsen DAR 提供跨桌上型和筆記型電腦、智慧型手機、平板和電視機等三大類裝置數據，希望達成以下三大目標（Nielsen, 2015）：理解閱聽眾的廣告觸及率、辨識廣告被看到的裝置平台、衡量跨平台廣告投放策略的效果。

2. 尼爾森訂閱隨選視訊收視率（Nielsen SVOD content ratings）

　　除了上述針對數位廣告所推出的跨平台收視衡量機制外，為了因應 OTT 影音產業的快速發展，Nielsen 於 2017 年 10 月又更新推出了「訂閱隨選視訊收視率」（SVOD content ratings）（Nielsen, 2017）。

　　此服務的最大特色，在於可針對美國第一大 OTT 業者 Netflix 的收視行為進行調查，因而受到傳統廣播電視業者的高度關注。相較於 Nielsen DAR 主打數位廣告的測量，尼爾森訂閱隨選視訊收視率是針對「影音內容」的收視率調查。過去 Netflix 一向很保護自有服務平台上的收視聽資料數據，且不願對外公布過多數據資料。Nielsen 為了打破上述限制，因而利用其過去監測傳統電視收視率的人口及家戶樣本數據資料庫（Nielsen people meter panel）為基礎，用以推估閱聽眾透過電視機觀看 Netflix 等隨選視訊的收視行為。

　　目前美國包括 A&E Networks、Disney-ABC、Lionsgate、NBCUniversal、Warner Brothers 等 8 家業者已與 Nielsen 簽署合約購買此項新服務產品，希望可以瞭解美國第一大 OTT 業者 Netflix 的收視聽狀況。Nielsen 表示，未來除 Netflix 外，2018 年底開始應用此收視衡量機制至 Amazon Prime 和 Hulu 等 OTT 訂閱隨選視訊服務平台上（Nielsen, 2017）。

　　Nielsen 訂閱隨選視訊收視率（Nielsen SVOD content ratings）可提供以每季或每集為單位的衡量數據，其調查方式與 Nielsen 傳統電視收視率調查方法一樣，透過監聽音頻分析等 Nielsen 獨家分析技術，來辨別於 Netflix 平台上播出的戲劇影集、電影等節目內容收視聽率，其測量指標甚至可精準

提供影音內容每集每分鐘的平均收視率。相關收視衡量指標（metrics）包括 [11]：

　　(1) 收視率：哪一個節目觀看人數最多。

　　(2) 觸及率：同一個節目有多少人觀看。

　　(3) 觀看頻率與時間：閱聽眾觀看的頻率與時間長短。

　　(4) 觀眾收視的地理位置。

　　(5) 觀看裝置。

　　(6) 人口基本統計數據（demographics）：包括性別、年齡等。

　　值得注意的是，Nielsen 此調查服務目前僅能監測閱聽眾透過電視機、電視遊戲機、智慧連網電視等設備觀看 Netflix 訂閱隨選視訊的收視狀況。換句話說，目前並無法測量電視收視以外的 OTT 影音收視聽數據。此缺陷也因而使 Nielsen 訂閱隨選視訊收視率服務遭受批評。

　　Netflix 反駁 Nielsen 此項服務之推估數據並不準確，無法正確體現這些電影與戲劇節目在 Netflix 平台上的收視高低。因為 Nielsen 目前主要僅能透過電視機上盒和智慧電視用戶的監聽音頻分析來蒐集數據，但並未衡量行動裝置、電腦等裝置數據，另外也無法測量美國地區以外的收視戶，而這兩者正好都是 Netflix 服務中最主要的收視聽族群來源（Kaser, 2017）。

　　此外，Netflix 目前的經營型態僅採 SVOD，而不像一般電視台或 AVOD 業者一樣需要播映廣告，因而對 Netflix 來說，Nielsen 所推出的數據服務其本身經營影響並不大。

　　然而，Nielsen 認為建立隨選視訊收視率的意義在於，對影音內容服務提供者來說，除可藉此評估自身節目與對手之收視表現，亦可知道作品於各個媒體平台播放的收視情況，據此作為日後協商授權費用、甚或作為下一部作品創作的參考依據（Nielsen, 2010）。

3. 尼爾森全內容收視率（Nielsen total content ratings）

　　為解決現今多媒體平台接收的調查限制，Nielsen 又嘗試整合旗下收視率調查資訊與服務，推出橫跨傳統媒體與智慧型裝置等的全內容收視率。

---

[11] 取自 Nielsen Official Website

　　http://www.nielsen.com/us/en/solutions/capabilities/vod-content-ratings.html

　　由於個人可透過多種不同平台多次觀看同一個節目，因此 Nielsen 於 2017 年 3 月 1 日開始推出整合四個 Nielsen 收視率資訊的全內容收視率，透過單一來源的收視戶樣本資料庫（single-source panel），為影音節目提供跨平台（包含平板、筆電、桌電、手機、電視遊戲機）、不重複觀眾的收視衡量指標，範圍涵蓋傳統電視和數位平台的收視聽狀況，讓廣告主可有效規劃跨平台節目投資、線性廣告（linear ads）及動態廣告（dynamic ads）投放量等。整合的四個收視率如下：

　　(1) Nielsen TV ratings

　　衡量傳統電視線性直播節目與電視廣告的收視率。

　　(2) Nielsen Digital in TV ratings

　　透過系統自動比對，使用者在電腦、行動裝置等觀看與電視線性直播節目相同內容與廣告的收視率，用以補充傳統電視頻道節目於其他行動裝置上觀看的收視率。

　　(3) Nielsen Digital content ratings

　　此收視衡量機制可以追蹤所有網路平台中的數位內容被觀看狀況，包括影像、數據、聲音與遊戲等，可橫跨電腦、靜態網頁、行動裝置 APP 等各類型裝置蒐集數據，調查項目包括平均觀眾人數、觸及率、頻率、總收視點（GRPs）和花在數位內容上的時間（time spent）等（Nielsen, 2018）。

　　(4) Nielsen VOD content ratings

　　透過系統自動比對，調查使用者於電視上觀看的隨選視訊（VOD）影音內容收視率。Nielsen 系統會自動比對，僅記錄閱聽眾於電視收看過程中，傳統電視線性直播節目以外的所有隨選視訊節目收視記錄。

　　Nielsen 強調，因為同一部影視內容可能會同時出現在電腦、電視與智慧型手機等多種平台中觀看；同一位閱聽人可能透過三種以上的平台觀看同一齣電視劇。換句話說，同一部電視劇有三次被觀看的紀錄，但同時 Nielsen 全內容收視率可以透過系統比對，區辨此三種接收裝置的觀看行為都是來自於同一位使用者 [12]。

---

[12] 2018 年 8 月 20 日取自 Nielsen Official Websit

　　http://www.nielsen.com/us/en/solutions/capabilities/total-content-ratings.html

　　目前透過多重收視機制的交叉比對，可以比較電視、平板電腦、桌上型電腦、筆記型電腦與智慧型手機等五種裝置的收視情形，並比較線性直播電視節目（Live TV）和隨選視訊（VOD）節目或系列影集被觀看狀況。

（三）ComScore 收視衡量機制

　　相較於美國 Nielsen 成立之初即以傳統廣播電視的收視率調查為出發，ComScore 數位媒體測量機構則是從建置網站資料庫作為起步，並逐步拓展提供橫跨網頁、行動裝置等多螢裝置的數據監測與分析服務。該公司也在美國等地區收購電視收視率與電影票房公司等，以提供橫跨傳統線性廣播電視至數位 OTT 影音服務的閱聽眾收視數據。

　　ComScore 於 1999 年成立於美國，隨著其服務業務擴張，至今已在北美、拉丁美洲、歐洲、亞洲等全球約 75 個國家提供服務。臺灣地區市場亦在 2011 年由國內業者創市際市場研究公司引進，擔任總代理職務。目前國內大部分的廣告主、媒體代理商和網站業者等多採用 ComScore 數據來評估營運績效，因而其服務在國內數位廣告發展中有其指標性的意義。

　　其產品服務包含網路收視率測量、線上廣告效果測量、搜尋市場、串流影音等網路使用者行為資訊，調查方法為透過整合式的數位測量（unified digital measurement, UDM）機制輔以追蹤 cookie 軌跡的（census informed target, CIT）等方法降低抽樣誤差，在樣本數方面目前擁有全球 300 萬名、臺灣超過 4 萬名的網友行為資料樣本，並以稽核合作網站的資料來校正數據，國內目前包括 LiTV、愛奇藝臺灣站等均為該公司收視數據服務客戶[13]。

　　ComScore 官方網站所提供之收視衡量機制服務彙整如表 3-11[14]，然而受限於各國市場需求等關係，ComScore 於不同的服務市場提供的服務項目也會有所改變。以下僅就 ComScore 於臺灣市場提供的 ComScore Media Metrix Multi-Platform、ComScore Video Metrix、ComScore Mobile Metrix 等服務項目作介紹。

---

[13] 參考自創市際官方網站 https://www.ixresearch.com/products/

[14] 取自 ComScore 官方網站 https://www.comscore.com/Products/Ratings-and-Planning/Media-Ratings

表 3-11 ComScore 服務列表 [15]

	電視媒體收視率	數位媒體收視率	跨平台媒體收視率
服務名稱	• StationView Essentials • TV Essentials	• MMX Multi-Platform • Video Metrix Multi-Platform • Mobile Metrix	• XMedia

資料來源：ComScore 官方網站 [16]

1. ComScore Media Metrix Multi-Platform

　　此調查數據服務可提供用戶跨桌上型電腦、智慧型手機和平板電腦等裝置之不重複觀看數據（unduplicated view），包括瞭解每一個網站的閱聽眾規模、人口組成、參與程度等行為趨勢，並可用以交叉比較不同網站之間閱聽眾的消費習慣。

　　以創市際於 2018 年公布的 Media Metrix Multi-Platform 臺灣地區數據為例，臺灣網路使用者中有七成瀏覽過影音多媒體網站，而如比較各年齡層使用的狀況，可以發現不論是行動裝置或電腦，影音網站主要使用族群多來自於 25-44 歲的網路使用者，其中又以 Yahoo TV！的使用人數最多；Dailymotion.com 的使用時間最突出。

　　從上述分析數據案例可以發現，ComScore Media Metrix Multi-Platform 可以綜觀各接收終端（含行動裝置與電腦等）的網站使用流量與排行，並進一步橫向的比較各個網站不同年齡、性別等使用族群的使用情形。

　　然而，此調查項目僅能比較各影音網站使用排行與情形，如想針對各個影音網站中的影音內容或影音廣告做流量監測或觀看行為的分析，則需再輔以 ComScore Video Metrix 等相關監測機制。

2. ComScore Video Metrix

　　此服務可針對橫跨桌上型電腦、筆記型電腦等數位影音消費行為做監測。OTT 影音服務業者可透過監測數據，來瞭解影音節目內容和廣告的露

---

[15] 依照不同的服務市場，所提供的服務項目也會有所改變。

[16] https://www.ixresearch.com/products/

出情形，並依此數據來做服務經營的策略性規劃、影音內容購買和跨平台行銷銷售等。

　　此服務項目提供的衡量指標涵蓋不重複（unduplicated）的個人影音收視行為測量，監測內容橫跨數位內容和數位廣告，衡量指標包括觀眾數、觸及率（reach）、參與度（engagement）和人口基本資訊等。

　　根據創市際公布的 ComScore Video Metrix 2018 年 11 月數據，2018 年 11 月臺灣共有 1,158.4 萬位不重複電腦網路使用者，創造 34.5 億網路影音內容瀏覽次數，其中以 Google Sites 的瀏覽人次排名最高，總共瀏覽 19.0 億次影音內容；其次為 Oath、Facebook 等（創市際市場研究顧問公司，2019）。

3. ComScore Mobile Metrix

　　主要衡量智慧型手機和平板電腦上透過瀏覽器（browsers）和應用程式（Apps）瀏覽網站的閱聽眾收視行為。其行動裝置（mobile）定義為包含透過手機與平板電腦造訪網站及使用 APP 之整體數據，行動裝置指的是智慧型手機（包含 iOS 和 Android 系統手機）與平板電腦（含 iOS 和 Android 系統平板）。

　　其衡量指標包括觸達率（reach）、個別用戶（unique users）的瀏覽行為、網頁瀏覽量（page views）、瀏覽持續時間（browsing duration）、使用者個人資訊與平均每日觀看者等資訊。

　　相較於 ComScore 其他數據衡量服務，Mobile Metrix 主要用於測量行動裝置中的應用程式或網頁閱聽眾瀏覽情形，可供行動服務經營業者和廣告商等據此提出經營計畫和廣告購買策略。而目前創市際提供的行動（mobile）數據僅呈現已埋放 ComScore 追蹤碼之網頁及加裝 ComScore SDK 的應用程式（APP）數據，未授權 ComScore 監測的網頁及 APP 數據則無法取得，因此數據調查並不完整，受授權監測網站與 APP 樣本數所影響。而透過桌上型電腦與筆記型電腦造訪網站及觀看影音的調查數據，則是整合了 ComScore Media Metrix 與 Video Metrix 之共同數據（創市際市場研究顧問，2017）。

　　三大服務項目整理如表 3-12。

表 3-12 ComScore 服務比較

服務項目	Media Metrix	Video Metrix	Mobile Metrix
主要監測裝置	桌上型電腦與筆記型電腦	桌上型電腦與筆記型電腦	智慧型手機和平板電腦
主要監測內容	數位網站	影音節目內容和影音廣告	應用程式或網頁

資料來源：本研究彙整

二 臺灣發展歷程與方向

OTT 影音時代，接收裝置多元，傳統收視率調查形式不得不做出調整。面對整體電視收視率下滑，廣告預算逐漸轉往數位與行動發展，再加上為了確保我國 OTT 影音之交易數據公正及安全，若有公正客觀第三方收視數據調查與相關稽核單位存在，對於媒體與廣告市場來說，可望提升整體交易過程與效益。

2012 年我國在當時行政院新聞局的主導之下，協助業界建立「數位媒體收視行為調查及稽核委員會」，並積極透過政府公開招標的方式，委託財團法人、社團法人或公司組織型態等第三方公正單位成立收視委員會，至於行政運作經費則由政府編列挹注，約在 1,000 萬元以內，委託尼爾森公司辦理「收視率」及「收視質」調查。當時在末代新聞局的協調整合下，由產官學界組成的「收視調查及稽核委員會」於 2012 年 4 月成立運作。當時政府立意良善，也受到部分業者支持，然而最終卻因為新聞局走入歷史，而導致稽核委員會無疾而終。之後政府曾多次嘗試成立收視率調查之組織，然而推動至今仍未有明確成果。

我國公平交易委員會於 2006 年曾訂定「公平交易委員會對於收視率調查案件之處理原則」，針對收視率調查相關服務提出九點原則，包括調查目的、名詞定義、市調事業之資訊揭露、不當欺罔行為、真實表示原則、發布收視率調查結果之資訊揭露、資料保存、法律效果、過渡條款等，符合國際間對於收視率調查之基本要求，如業者有違反上述情形，將由公平交易委員會進行調查與裁決。然而，上述法規在歷經 10 年過後，2016 年 9 月 27 日

公平交易委員會已宣布廢止「公平交易委員會對於收視率調查案件之處理原則」。業者失去相關法律明文規範保障,對於我國媒體收視率調查相關發展制度而言,無疑是雪上加霜。

　　而除了政府法規規管外,過去亦有學者建議應由業者成立自律機制,仿照平面媒體發行量稽核組織(Audit Bureau of Circulations, ABC),由電視媒體業者、廣告代理商、廣告主共同成立收視率稽核組織(Audit Bureau of Rating, ABR),以稽核媒體端所發布的收視率數據,應可解決數位化後的絕大部分的收視率調查問題(鄭自隆,2015)。產業界也曾呼籲,為了促進內容與平台業者之間有效分潤,應該要有公正的第三方收視率調查公司。換句話說,產學界均期待有第三方收視調查與相關稽核組織,以避免各媒體或服務業者自行從事收視率調查之「球員兼裁判」觀感。

表 3-13　成立第三方收視數據與稽核組織優缺點比較

優勢	劣勢
• 帶動跨平台之收視行為普查 • 維持市場公平競爭 • 政府帶頭整合較為簡單化,名義上各方容易認同 • 觀感較公正,非媒體球員兼裁判 • 可鼓勵業界更積極投入數位平台上的節目製作 • 可促進數位與傳統媒體廣告市場有效交易	• 必須整合整體產業鏈之相關利益者,包括廣告主、媒體商、OTT 影音平台業者等 • 外界對公信力與公正性之質疑 • 適合國內發展的收視指標該如何訂定 • 個資之爭議 • 建置全體收視調查之成本支出問題

資料來源:國家通訊傳播委員會(2019)

　　過去研究者曾總結國外經驗,提出六種建立第三方收視稽核組織之方式(劉燕南,2011):

1. 由業者共同選舉產生用戶委員會。
2. 由政府主管部門及其職能單位直接對視聽率調查機構的業務行為進行許可和監督。

3. 由代表用戶利益的行業協會代為行使監督職能。
4. 在代表各用戶利益行業協會的基礎上重新成立行業聯合會（JIC），來監督調查公司的職能。
5. 根據不同用戶群與視聽率調查公司的利益關聯程度來行使監督職能。
6. 由用戶共同委託第三方機構（商業機構、學術機構，甚或政府機構）對調查公司進行獨立稽核。

　　Syfret & Ruud（2014）等學者在分析過去電視收視率調查機制運作方式時，亦曾提出兩大第三方收視調查機制運作方式：

（一）由相關業者共同成立產業聯合委員會（Joint Industry Committee, JIC）

　　由相關利益團體與業者等共同組成產業聯合委員會（Joint Industry Committee, JIC），並共同決定收視數據調查方法與第三方收視數據來源。通常在這種情況下，有些國家的媒體和廣告業者會自行設立第三方收視調查組織，並研發該國適用的收視調查機制，如英國在 1981 年就由當地廣播電視、廣告公協會等，包括 BBC、ITV、Channel4、Channel5、Institute of Practitioners in Advertising（IPA）等共同組成「廣播聽眾研究聯合會」（Joint Industry Committee for Radio Audience Research），並由業者共同成立之「廣播聽眾研究會」（Broadcasters' Audience Research Board, BARB），來負責調查該國收視聽率，並以該機構所調查數據來作為廣告市場交易、瞭解閱聽人收視行為之參考準繩。

　　除此之外，也有部分國家業者會籌組成產業聯合委員會，並共同決定該國業者間採納的第三方商業收視調查數據服務，並與商業收視調查機構簽約合作協議，以執行收視率調查，並共同作為業者之間認定的數據參考來源，其運作模式可參考香港「收視率調查委員會」、馬來西亞數位協會（MDA）之運作方式等。

（二）由商營數據業者作主導（own service, OS），並由第三方稽核組織來執行監督之職責，確保數據調查之正確性

　　由私營第三方數據研究機構主導，並與各個影音媒體和廣告商之間簽訂合作協議，建立調查樣本，來調查影音內容和廣告的收視數據。在此種運作模式下，私營第三方數據研究機構握有數據運用的版權，並再販售數據給各個媒體或廣告主等客戶來獲利。部分國家為了確保第三方數據研究機構的公正性，另設有第三方收視數據稽核與標準訂定單位，以確保調查數據之公正性，如美國 MRC、歐洲 EVSG 和英國 JICWEBS、法國 CESP、ACPM 等。在法國受認證之影音網站平台，可以獲得一個 Digital Ad Trust（DAT）標籤，讓廣告主清楚確認此平台是受廣告稽核單位檢視通過之服務平台。

　　由私營第三方數據研究機構主導收視衡量機制運作的代表案例為美國 Nielsen。美國 Nielsen 透過與各媒體業者合作的方式來測量影音內容和廣告的收視率，另外美國亦由業者自律組成媒體收視委員會 MRC 等相關組織，針對收視調查與相關廣告衡量指標訂定共通的標準，並由 MRC 執掌對第三方收視數據業者或影音服務業者進行稽核，以確保數據的正確與公正性。

　　美國 MRC 為了稽核各影音平台、媒體和第三方收視調查數據公司調查的機制，還為此專門設立一獨立的公共會計師事務所（CPA）；韓國和香港地區也分別成立了公益監管性質的「收視率稽核委員會」和「收視率調查委員會」（TVIRC）。從組織機構的性質來看，國際間執掌數據稽核的行業監管大體可以分為三類：一類是政府官辦[17]，一類是純粹民間私營，還有一

---

[17] 由政府官辦之收視數據監管架構，亦可參考新加坡資訊通信媒體發展局（IMDA）之作法。2016 年 IMDA 委託 GfK 市調公司執行新加坡電視觀眾測量（Singapore TV Audience Measurement, SG-TAM）。2019 年 1 月，IMDA 亦宣布針對數位影音服務推出收視調查更新 SG-TAM 機制，可調查閱聽眾的跨屏觀看行為，計算在智慧型手機、平板電腦和桌上型電腦等數位設備間不重複的電視收視率，目前新加坡第一大媒體集團 Mediacorp 已採用此調查機制，來追蹤橫跨電視和數位裝置的節目收視率，包括測量 Mediacorp 旗下 OTT 影音服務 Toggle、電視頻道 Channel NewsAsia、8world 等。新加坡資訊通信媒體發展局（IMDA）近期也與其他廣播電視公司和線上內容經營者探討，如何在其他數位設備上追蹤他們的節目收視率（IMDA, 2019）。

類是半政府或稱為准政府組織（劉燕南，2011）。

　　具體而言，可參考上述國際間第三方收視調查與稽核等運作機制，作為我國未來成立 OTT 影音相關收視聽調查數據運作機制的重要參考依據。執行步驟建議如下（國家通訊傳播委員會，2019）：

（一）鼓勵或輔導國內 OTT 影音相關利益關係團體共同成立產業聯合委員會（Joint Industry Committee, JIC）

　　可先參考上述世界各國成立第三方收視數據調查機制之經驗，透過鼓勵或輔導國內 OTT 影音相關利益關係團體共同成立產業聯合委員會（Joint Industry Committee, JIC），尤其應優先邀集我國廣告相關公協會，如台灣數位媒體應用暨行銷協會（DMA）、台北市媒體服務代理商協會（MAA）、台北市廣告代理商業同業公會（TAAA）、台北市廣告業經營人協會（4A）等，與我國 OTT 影音產業相關公協會，如台灣線上影視產業協會、NMEA 新媒體暨影視音發展協會等，共同針對數位影音廣告的相關效果衡量指標與測量方法進行對話與討論，以共同決定產業間適合採納的發展機制，或可由產業間共同決定所採納第三方收視數據之來源與依據。

　　就國際上之發展而言，參考美國、日本、英國等國家收視衡量機制之運作方式，均以產業間共同成立之公協會來主導收視衡量機制發展，學者 Watt、Wu（2018）、亞洲影音產業協會（AVIA, 2018）等亦建議，就國家發展與治理的角度來說，面對 OTT 影音等多元線上產業之發展，政府過度的監管可能會因而導致監理成本過高，不只對平台業者之間的競爭關係與行業組織造成影響，業者面對跨國服務之競爭，網際網路無國界，國內法規難以規管境外服務業者，因此反而容易對國內外業者造成不公平競爭情形。

　　因此就我國影音收視衡量機制之政策發展來說，本研究認同不宜透過政府過度且強硬的法規政策來落實，反而應該參考美國、日本、英國等政策，透過政府行政指導與產業自律之手段，來促成業者之間發展共識，成立產業聯合委員會（JIC）確立業者間可信賴的第三方收視衡量標準和運作方式，以實現網際網路產業中多方利害關係人共管（multi-stakeholder co-regulation）之監理架構。

　　我國 OTT 影音產業發展若能與廣告業界之間建立一套互信且能有效衡量廣告露出效果的收視衡量機制，應有助於加強數位廣告投放與 OTT 影音產業發展之連結。因此就數據調查與商業應用之目的方向上，應優先就廣告市場之交易需求來設立，以有效促進我國廣告產業與影視內容發展之連結。

　　同時也應肯定收視衡量機制多元應用的可能性，包括應輔導影視內容業者與 OTT 影音服務業者之間透過產業聯合委員會（JIC）等運作制度，共同針對影視內容上下架、分潤等制度公開討論，由相關利益團體共同決定運作制度，同時並鼓勵業者與影視內容業者之間建立開放、公正且透明之數據衡量、分潤、變現與內容上下架制度，讓影視內容業者依照收視數據有效獲利，甚至作為未來投資創作內容劇本或購買片源的依據，打造影視內容產業合理且公平的交易環境。

（二）由公平交易委員會重新設立我國收視衡量機制處理原則，作為我國收視數據相關商業運用與公平市場之稽核與監督單位

　　而對於業者於收視數據市場交易相關爭議，或就執行上之綱要性準則，則可回歸現有法制運作機制，由政府單位設立收視率調查相關執行原則，就法律層面來輔助強化業者自律機制之基準與收視調查之目的，並就政府公正裁決之角度，協同行政院公平交易委員會作為我國第三方收視數據調查之稽核與監督機關。

　　本研究認為，應可循過去制度，交付我國公平交易委員會等相關單位，就我國影視內容產業之收視衡量機制相關商業運作行為，重新設立「我國影音收視衡量機制處理原則」，將原有公平交易委員會於 2016 年 9 月 27 日廢止之「公平交易委員會對於收視率調查案件之處理原則」重新修正，包括原列調查目的、名詞定義、市調事業之資訊揭露、不當欺罔行為、真實表示原則、發布收視率調查結果之資訊揭露、資料保存、法律效果、過渡條款等九點原則，依照現有媒體數位匯流、大數據商業運作與國際間收視率調查等最新發展趨勢，重新確立符合現有商業運作機制的收視率調查目的、執行原則與相關定義等，讓業者與產業公協會得依法執行，獲政府律法上的保障。

　　公平交易委員會同時也可作為我國收視數據調查與相關商業市場交易行為之稽核與監督單位，與產業公協會所籌組之收視相關「產業聯合委員會（JIC）」共同合作，以作為相關爭議之裁決主管機關。

第五節　OTT 收視衡量對商業運作之影響

　　傳統無線或有線電視為單向播放，觀眾必須跟隨電子節目表（electronic program guide）排播內容，在電視機前觀賞線性播放的節目。但隨著網際網路與隨選視訊（VOD）服務興起，觀眾收看影視的習慣有所變化，現今更因為行動通訊速率提升、數位多螢裝置普及，透過電視機觀看影音內容的時間縮短，越來越多人轉而透過各種裝置觀看 OTT 影音內容。

　　理解觀眾的收視習慣及偏好，有助於 OTT 影音產業發展，甚至可以透過精準的收視衡量機制，協助廣告與媒體代理等相關業者，在數位時代中更理解目標觀眾的樣貌，策畫精準數位行銷策略。然而，目前閱聽眾收視行為多樣，OTT 業者經營型態也非常多元且快速變動，市場上需要新的監測工具與資料分析服務來瞭解新的閱聽眾行為與對商業運作之影響，才有助於促進整體 OTT 影音產業蓬勃發展（江亦瑄、林翠絹，2017）。

　　OTT 影音發展與網際網路息息相關，不管透過電腦、手機、平板或聯網電視觀看 OTT 影音內容，觀眾的收視聽行為可以在電腦系統中被捕捉，無論是 OTT 影音平台上蒐集到的影音內容瀏覽、點擊或收看，抑或是觀眾在社群媒體上針對影音進行的討論與分享，均可透過程式運算與系統蒐集，整理、分析並解讀，以作為瞭解閱聽眾收視聽行為的大數據資料（江亦瑄、林翠絹，2017）。

　　藉由分析觀眾的收視衡量數據，可以瞭解他們的偏好和需求，更可以進一步影響 OTT 影音平台的經營與發展。學者 Kim（2016）歸納出數據驅動影音串流服務（data-driven video streaming service）的六大價值，包括（Kim, 2016）：

一　最大化內容投資報酬率（ROI）

　　影音內容是 OTT 商業運作過程中最重要的資產。對 OTT 影音服務業者來說，經營內容不只需要投入大筆的資金，更可能是影響消費者付費與否的關鍵。現今 OTT 業者在內容經營上，主要面臨以下三種問題：

（一）網際網路上的影音內容數量成長快速且競爭激烈，OTT 影音業者必

須要隨時維持平台上的內容多樣性，且持續更新。

（二）滿足消費者多螢內容需求，現今消費者同步可透過手機、平板、電腦、電視等多重裝置觀看影音內容。因此，OTT 影音業者必須要瞭解消費者跨平台影音收視習慣和喜好，甚至必須要整合社群與影音互動意見回饋，交叉比對觀看時間等影視收視衡量指標，才有助於 OTT 影音服務業者做最好的決策。

（三）解讀收視數據。OTT 影音業者可以透過各種收視衡量指標，協助業者在內容經營上做最好的決策，最大化每一個影視內容的投資報酬率（ROI）。舉例來說，不同的影音內容在觀看人數（views）和平均觀看時數（avg. view hours per user）上可能會有不一樣的收視數據。藉由交叉比較發現，A 節目可能會有最高的觀看人次但影音內容平均觀看時數卻最短；B 節目可能發現觀看人數很低但平均觀看時數卻很長。如此可從中發現消費者對各影音內容的喜好和觀看行為。如果 A 節目內容過多，可能會導致客戶流失（customer churn）；B 節目較多則可能有助於增加顧客忠誠度。

二 減少客戶流失（churn reduction）

　　要吸引客戶持續使用 OTT 影音服務，其關鍵因素包括觀看過程的涉入程度（engagement levels）、使用者體驗和對內容的喜好程度等。OTT 影音業者可以將客戶歷年來的收視資料進行前後對照，先藉由數據上的變動來瞭解客戶喜好，進一步避免客戶流失，甚至藉此開拓新客源。

三 瞭解使用者人物誌（persona），發展個人化服務

　　瞭解使用者的個人收視聽行為後，可進一步優化服務以提供個人化（personalization）服務。舉例來說，推薦使用者喜歡的同類型影音節目，加速用戶對 OTT 影音服務的涉入程度（engagement）與品牌忠誠度。

四 廣告收入最大化（maximization）

　　如前所述，OTT 影音服務存在多種經營模式。其中在廣告與混合收入經營模式下，廣告主於 OTT 影音服務中投放廣告，並希望可以更瞭解目標

群眾的收視聽行為，進而作為其媒體購買的決策。採用此商業經營模式的OTT影音業者，需要提供收視聽資料或與第三方收視數據服務公司合作，提供廣告績效給媒體代理與廣告業者等客戶，以利其優化廣告投放決策，進而創造OTT影音業者更大的廣告收益。

Kim（2016）引述Parks Associate資料指出，不同的OTT商業經營模式下會有不一樣的收視聽分析資料。其中，AVOD經營模式的業者需要鎖定特定的地理或人口統計資料，一步一步地藉由地點和時間等衡量指標來鎖定目標群眾。廣告主可以針對一天中的特定時段、特定目標群眾，來投放特定的影音廣告內容。而OTT影音服務上的收視衡量數據，就是廣告投放參考的準繩，讓廣告主找到對的目標觀眾，促進廣告宣傳效益。

而對於SVOD或其他經營模式的OTT影音業者來說，收視衡量機制也是維持營運的最好推手，可以透過大數據資料分析，進而改善使用者體驗。

〔五〕提升用戶體驗（quality-of-experience）

OTT影音業者的關鍵服務品質要素，包括可用性（availability）、影片開啟播放所需時間（startup time）、緩衝延遲（buffering delay）和影片傳輸速率（video bit rate）等。

OTT為藉由網際網路提供的服務，因此影音播放的品質與速率，將影響閱聽眾使用過程的滿意度。藉由加強平台上的服務品質與使用體驗，有助於創造更好的觀看感受，而透過閱聽眾的收視數據分析與監控，可以讓業者依據數據主動掌握問題，化解危機。

〔六〕拓展主動銷售（up-selling）與交叉銷售（cross-selling）潛力

透過收視聽數據資料理解使用者，可以進一步分類閱聽眾的使用型態與類型。舉例來說，不同的使用族群在不同的收視裝置上也可能會有不一樣的喜好，年輕的用戶可能更常透過手機裝置來閱覽影音內容，因而可以針對不同收視族群來設計多元行銷手法，主動或交叉銷售不一樣的服務內容。

當OTT影音服務持續成長，業者需要透過大數據與收視衡量機制分析自有服務，甚至與其他OTT競爭對手比較，做出服務差別與區隔化。

Kim（2016）認為，目前OTT影音業者發展數據應用，關鍵因素並不在

於缺乏資料，而在於缺乏分析和資料蒐集的能力。OTT 影音業者可以透過資料分析瞭解閱聽眾行為，提供更多、更優質且符合個人化需求的即時影音內容，為商業經營下更好的決策。

江亦瑄和林翠絹（2017）等學者亦認為，為了掌握 OTT 影音產業服務品質，在掌握內容開發、觀眾需求探勘及廣告精準投放上，都可以發現兼採外部資料或數據服務的必要。因為數據分析不僅能讓個別業者得以因應競爭，整體產業也才能快速發展。因此，兩位學者另針對大數據對影音內容開發與成效評估，提出以下幾點說明：

一 選角考量

藉由社群、票房或收視率等數據，來評估演員是否具有潛力，可以觀察觀眾在名人社群帳號上的參與程度、按讚留言、分享或留言等，這些動作都可以被紀錄為數據分析的材料。

二 鎖定有影響的目標群眾

透過內容與數據分析結果，來評估續集可行性、電影故事評估、粉絲的篩選與剖析、發行日期等。數據分析可以讓片商和業者瞭解不同影視內容的目標群眾，並進而影響商業決策，有機會創造更好的收視票房。

三 提升訂閱與廣告投放效益

建立數據資料庫不僅有助於瞭解閱聽眾的收視樣貌，更能藉此制定新的獲利模式。OTT 影音業者現今存在多種收費與影視內容經營模式，業者更需要透過數據運算以從中瞭解複雜的獲利模式，包括 SVOD、EST、AVOD、TVOD 和 Live TV 直播電視等不同影音內容經營型態的獲利多寡，掌握各種經營模式的利弊，有助於業者制定更好的經營策略，甚至也可能掌握跨平台的發展狀況，協助廣告客戶針對不同的目標群眾投放有效的廣告。

過去廣播電視產業間的閱聽人行為分析與收視聽調查機制，是最直接反映業者經營績效與競爭態勢的根據，而 OTT 影音平台上也有使用者的收視聽行為等資料，這些皆可透過數據分析，提高內容投資報酬率與廣告收入，

掌握新舊使用者喜好,甚至客製化需求,改良使用經驗和銷售等,進一步帶來 OTT 影音服務的創新發展空間。

而除了上述所介紹的第三方收視數據服務與稽核機制之外,OTT 影音業者如 Google 旗下的 YouTube 亦設有自己的後台系統,並開放數據資訊供內容創作者檢視其影音內容製作成效。此外,Google 亦針對廣告業務提供 Google Ads、Google Marketing Platform 與 Google Ad Manager 等廣告投放與監測機制(陳曉莉,2018);Facebook 則是同樣為廣告客戶提供監測數據平台,供廣告主瞭解其廣告績效;國內業者如麟數據、意藍資訊等亦提供影視內容數據監測等相關服務。各業者監測的方法與應用方式均有所不同。

換句話說,數位影視內容與廣告的收視調查與監測於產業中已經出現多種解決方式,然而各數據服務之間調查的標準是否一致或是否具有整合的機制則有待確認。且隨著調查的目的、用戶接收的載具等多元變化,數據的衡量指標與商業運作關係亦跟著改變。

綜整上述文獻分析,歸納各 OTT 影音業者發展收視衡量機制時所必須要考量以下六大發展要素,如表 3-14。

表 3-14 OTT 影音收視衡量機制發展要素

項目	考量問題
影音內容	影音內容節目經營的方式為何?直播(living stream)、隨選視訊(VOD)或電子銷售(EST)等?
影音廣告	是否於服務中提供影音廣告內容?影音廣告呈現的方式為何?與廣告主交易的衡量指標如何計價?
接收載具	OTT 影音多螢服務的接收終端,含桌上型電腦、筆記型電腦、智慧型手機、平板、機上盒、聯網電視機等,不同的接收裝置採用的調查機制是否有所不同?
資料蒐集的方法	包括透過 cookie 等技術回收資料;或於影音內容或影音廣告中埋監測追蹤碼來追蹤;或透過網路層直接追蹤各個網站的使用流量等。
調查方法	普查或抽樣,調查的母體與樣本界定。

表 3-14 OTT 影音收視衡量機制發展要素（續）

項目	考量問題
衡量指標	依照不同的商業運用用途，衡量指標也會有所變化。例如：現今廣告市場交易中，以及包含每次點擊成本（cost per click, CPC）、每千次曝光成本（cost per 1000 impression, CPM）等廣告效果衡量指標。

資料來源：本研究彙整

參考文獻

中文部分

DMA 台灣數位媒體應用暨行銷協會（2021）。2020 年台灣數位廣告量統計報告。取自 https://drive.google.com/file/d/1ImckwtDt96PVBdYzeCUYhdFwl64Gcng8/view

TWNIC（2017）。《2017 年台灣寬頻網路使用調查》。TWNIC。

文化部（2017 年 7 月）。《前瞻基礎建設 —— 數位建設新媒體跨平台內容產製計畫》。

朱柔若（譯）（2000）。《社會研究方法 —— 質化與量化取向》（原作者：W. L. Neuman）。臺北市：揚智。（原著出版年：1991）

江亦瑄、林翠絹（2017）。〈OTT TV 使用者、社群互動與數據分析〉。於劉幼琍（編）《OTT TV 的創新服務、經營模式與政策法規》，頁 57-86。臺北市：五南。

呂珊妤（2018）。《探討網路紅人之品牌形象對網路口碑、知覺品質、品牌態度與購買意圖之影響》。正修科技大學經營管理研究所碩士畢業論文。

呂紹玉（2016 年 9 月 9 日）。〈別守著點擊數字，要知道誰看到！尼爾森數位廣告收視率幫助廣告主精準掌握投放效果〉。取自 TechNews 科技新報 http://technews.tw/2016/09/09/nielsens-dar-tool-for-digital-ad-market/

李美楊（2017）。《愛奇藝網絡大電影品牌建構研究》。浙江傳媒學院碩士學位論文。

周宏明（2016）。〈網紅經濟的崛起〉。《理財周刊》，808 期。取自 http://www.moneyweekly.com.tw/Channel/Detail.aspx?UType=120&UID=18344543100&AType=1

林逸瑋（2019）。〈Netflix 下架知名影集掀波　媒體業走到授權十字路口〉。取自《經濟日報》，https://money.udn.com/money/story/10868/3575331

林照真（2009）。《收視率新聞學：台灣電視新聞商品化》。臺北市：聯經出版。

邱莉玲（2017 年 7 月 21 日）。〈文化部 222.7 億前瞻預算 全數通過〉。取自《中時電子報》，http://www.chinatimes.com/newspapers/20170712000154-260204

邱慧仙（2013）。《數位時代電視收視率量測機制變革》。世新大學傳播博士學位學程博士學位論文。

施素明（2018 年 1 月）。〈台灣 OTT 發展實況〉。取自公視《開鏡》，Vol.3，https://medium.com/actionquarterly-pts/%E5%8F%B0%E7%81%A3ott%E7%99%BC%E5%B1%95%E5%AF%A6%E6%B3%81-5eef36132d71

胡華勝（2021 年 10 月 24 日）。〈你 OTT 了嗎 4 / Netflix 擊敗愛奇藝奪冠業者：平台最壞的時代　影音創作者最好的時代〉。《CTWANT》，https://www.ctwant.com/article/146659?utm_source=yahoo&utm_medium=rss&utm_campaign=146659

涂敏怡（2017）。《台灣 OTT 影視平台生態系統之研究》。世新大學傳播博士學位學程博士論文。

國家通訊傳播委員會（2018）。《行動通信業務（2G、3G、4G）客戶統計數》。

國家發展委員會（2018）。《107 年個人家戶數位機會調查報告》。

國家通訊傳播委員會（2019）。《數位經濟下我國影音 OTT 收視衡量機制於商業運作模式之初探》。

國家通訊傳播委員會（2021）。《109 年匯流發展調查結果報告》。

張語羚（2018 年 7 月 13 日）。〈我偏鄉寬頻上網平均涵蓋率 96.7%〉。取自中時電子報 http://www.chinatimes.com/newspapers/20180713001209-260205

陳俊廷（2018 年 5 月 31 日）。〈當全球有 50% 數位廣告無效！行動世界的廣告新標準：可視度〉。取自》《數位時代》，https://www.bnext.com.tw/article/48889/mobile-ad-viewability-banner

陳彩玲等人（2019）。〈OTT 自製戲劇　運用大數據分析選材〉。取自 https://news.cts.com.tw/mol/campus/201901/201901041948069.html

陳曉莉（2018）。〈Google 翻新廣告及行銷品牌，向 DoubleClick 說再見〉。取自《iThome》，https://www.ithome.com.tw/news/124219

創市際市場研究顧問公司（2017 年 1 月 8 日）。〈跨裝置網路使用概
　　況：創市際市場調查〉。取自火箭科技評論網，https://rocket.cafe/
　　talks/81376

創市際市場研究顧問公司（2019 年 1 月 9 日）。〈Comscore 與創市際依據
　　Comscore Video Metrix ™公布 2018 年 11 月台灣網路影音流量報告〉。
　　取自 https://www.ixresearch.com/comscore%E8%88%87%E5%89%B5%E
　　5%B8%82%E9%9A%9B%E4%BE%9D%E6%93%9Acomscore-video-met
　　rix%E5%85%AC%E4%BD%882018%E5%B9%B411%E6%9C%88%E5%
　　8F%B0%E7%81%A3%E7%B6%B2%E8%B7%AF%E5%BD%B1%E9%9
　　F%B3%E6%B5%81%E9%87%8F

曾俐穎、陳人傑（2015）。《眼球經濟新藍海：影音 OTT 平台產業發展模
　　式之研究》。財團法人電信技術中心。

凱度洞察（2020）。《台灣 OTT 市場隨選影視戰況分析（上篇）》。
　　https://kantar.com.tw/MailSources/InfoPulse/2020/03/2020_March_Kantar_
　　Taiwan_and_LifePoints_Report_OTT_trend_report(PART_I).pdf

凱度洞察（2020）。《台灣 OTT 市場隨選影視戰況分析（下篇）》。
　　https://kantar.com.tw/MailSources/InfoPulse/2020/03/2020_March_Kantar_
　　Taiwan_and_LifePoints_Report_OTT_trend_report(PART_II).pdf

黃彥棻（2017 年 12 月 31 日）。〈【2018 關鍵趨勢 10：GDPR】歐盟
　　最嚴格個資法規範來了，想跟歐洲做生意都得遵守 GDPR〉。取自
　　《iThome》，https://www.ithome.com.tw/news/120026

黃敬翔、潘冠儒（2016 年 10 月 21 日）。〈【傳教室】帶你簡單
　　認識 OTT〉。取自中華電視公司，http://news.cts.com.tw/mol/
　　campus/201610/201610211811699.html

勤業眾信（2017）。《2018 高科技、媒體及電信產業趨勢報告》。臺北市：
　　勤業眾信。

葉志良、何明軒（2016）。《OTT 產業政策白皮書》。桃園市：元智大學
　　大數據與數位匯流創新中心。

劉幼琍（2017）。〈OTT TV 之發展趨勢與經營模式〉。於劉幼琍（編）
　　《OTT TV 的創新服務、經營模式與政策法規》，頁 3-22。臺北市：五
　　南。

劉幼琍主編（2017）。《OTT TV 的創新服務、經營模式與政策法規》。臺北市：五南。

劉柏立（2017）。〈日本 OTT TV 的經營模式與政策法規〉，劉幼琍（編）《OTT TV 的創新服務、經營模式與政策法規》。臺北市：五南。

劉燕南（2011）。〈建立收視率調查監管機制：緣由、準則與問題〉，《中國廣播電視學刊》，第 11 期。

劉蕙苓（2014 年 10 月）。〈匯流下的變貌：網路素材使用對電視新聞常規的影響〉，《新聞學研究》，**121**，41-87。

蔡念中、邱慧仙、董素蘭、康力平（2017）。《變遷中的傳播媒介：從類比到數位匯流》。臺北市：五南。

鄭自隆（2015）。《傳播研究與效果評估》。臺北市：五南。

鄭美華（2017）。《大數據分析與個人資料保護之衝突：從收視行為調查談起》。政治大學法律與科際整合研究所學位論文。

賴明弘、張峻維（2016）。〈網路影音直播平台的使用者行為探討：從知曉到持續使用〉。《中科大學報》，**3**（1）：31-47。

顏理謙（2016）。〈內容決勝負！台灣 OTT 百家爭鳴〉。取自《數位時代》，https://www.bnext.com.tw/article/41346/taiwan-ott

外文部分

Accenture (2016). *Bringing TV to life: Issue V.* Accenture.

Aidi, L., Markendahl, J., Tollmar, K., & Blennerud, G. (2012). *Competing or Aligning? Assessment for telecom operator's strategy to address OTT TV/ Video service*. International Telecommunications Society 19th Biennial Conference 2012.

AVIA (2018). *OTT TV policies in Asia.* Hong Kong: AVIA.

BEREC (2016). *Report on OTT services.* BEREC.

Bhawan, M. D., & Marg, J. L. (2015). *Regulatory framework for over-the-top (OTT) services.* New Delhi: Telecom Regulatory Authority of India.

Cisco (2018). *Cisco visual networking index: Forecast and trends, 2017-2022.* Cisco. Retrieved from https://www.cisco.com/c/en/us/solutions/collateral/ service-provider/visual-networking-index-vni/white-paper-c11-741490.

html.

Dixon, C. (2015). eMarketer: 200M OTT video service users by 2019. Could it be higher? Retrieved from nScreenMedia: https://www.nscreenmedia.com/emarketer-200m-ott-video-service-users-by-2019-could-it-be-higher/

Fulgoni, G. (2015). Is the GRP really dead in a cross-platform ecosystem? Why the gross rating point metric should thrive in today's fragmented media world. *Journal of Advertising Research*, pp. 358-261.

IAB & MRC (2017). *MRC digital audience-based measurement standards*. Retrieved from http://mediaratingcouncil.org/MRC%20Digital%20Audience-Based%20Measurement%20Standards%20Final%201.0.pdf

IAB & MRC. (2018). *Digital video impression measurement guidelines*. IAB. Retrieved from https://www.iab.com/wp-content/uploads/2016/12/Digital-Video-Impression-Measurement-Guidelines_1.1.pdf

IMDA (2019). Singapore launches first-in-asia integrated TV viewership data. Retrieved from https://www.imda.gov.sg/about/newsroom/media-releases/2019/singapore-launches-first-in-asia-integrated-tv-viewership-data

Inside BIGDATA (2018, January 20). *How Netflix uses big data to drive success*. Retrieved from inside BIGDATA: https://insidebigdata.com/2018/01/20/netflix-uses-big-data-drive-success/

Kaser, R. (2017, October 19). *Netflix: Nielsen ratings for streaming shows mean nothing*. Retrieved from TNW: https://thenextweb.com/apps/2017/10/19/netflix-nielsen-ratings-for-streaming-shows-mean-nothing/

Kim, E. (2016, July 27). *The 6 key values of data-driven video streaming service*. Retrieved from Streamlyzer Blog: https://blog.streamlyzer.com/2016/07/27/the-6-key-values-of-data-driven-video-streaming-service/

KISA (2017). *2017 Korea internet white paper*. KISA.

Limonard, S., & Esmeijer, J. (2008). *User generated content: Business models and copyright*. Retrieved from http://www.eurocpr.org/data/2008/Paper1-Limonard.pdf

Moulding, J. (2017, November 17). *Subscription linear OTT services will become the growth-engine for online video*. Retrieved from Videonet: https://www.

v-net.tv/2017/11/17/subscription-linear-ott-services-will-become-the-growth-engine-for-online-video/

MRC (2018). *MRC issues industry call for research on duration weighting in cross-media video.* MRC.

Narang, N. (2013). *Concept series: What is the difference between OTT and IPTV.* Retrieved from M&E Industry: http://www.mediaentertainmentinfo.com/2013/04/2-concept-series-what-is-the-difference-between-ott-and-iptv.html/

Nielsen (2015). *Solve the digital advertising puzzle.* Nielsen.

Nielsen (2017, May 1). *Advancing digital audience measurement in Japan.* Retrieved from Nielsen News Center: http://sites.nielsen.com/newscenter/advancing-digital-audience-measurement-in-japan/

Nielsen (2017, May 17). *Opportunities and challenges for total audience measurement in Japan.* Retrieved from AW360: http://www.advertisingweek.com/360-old/article/-things-to-consider-for-total-audience-measurement-implementation-in-japan

Nielsen (2017, October 18). *New Nielsen service shines a light on subscription-based streaming content consumption.* Retrieved from Nielsen: http://www.nielsen.com/us/en/press-room/2017/nielsen-service-shines-a-light-on-subscription-based-streaming-content-consumption.html

Nielsen (2018). *The next phase in independent digital audience measurement.* Nielsen. Retrieved from https://www.iabaustralia.com.au/images/DCR/THE-NEXT-PHASE-IN-INDEPENDENT-DIGITAL-AUDIENCE-MEASUREMENT-Online.pdf

Nooren, P., Leurdijk, A., & Eijk, N. V. (2012, September). Net neutrality and the value chain for video. *Info 14*(6), pp. 45-58.

OECD (2007). *Participative web and user-created content: Web 2.0, Wikis and social networking.* OECD.

OECD (2014). *The development of fixed broadband.* OECD.

Ofcom (2018). *Media nations: UK 2018.* Ofcom.

Ofcom (2018). *Report for Ofcom: The value of user-generated content.* Ofcom.

Paoletta, R. (2018, June 29). *MRC's video measurement guidelines address OTT for the first time*. Retrieved from AD Exchanger: https://adexchanger.com/digital-tv/mrcs-video-measurement-guidelines-address-ott-for-the-first-time/

Roberts, C., & Muscarella, V. (2015). *Defining over-the-top (OTT) digital distribution.* The Entertainment Merchants Association.

Syfret, T., & Ruud, R. (2014). *TV audience measurement: Is Japan falling behind, and why?* CASBAA Television Research.

Turner Hopkins (2013). *Report for Ofcom: The value of user-generated content.* Retrived from https://www.ofcom.org.uk/__data/assets/pdf_file/0016/32146/content.pdf

VAB (2018). *You down with OTT? An overview of the competitive video ecosystem.* Retrieved from VAB: https://www.thevab.com/wp-content/uploads/2018/03/OTT-Ecosystem-Overview-Final.pdf

Watt, M., & Wu, H. (2018, August). Trust mechanisms and online platforms: A regulatory response. *M-RCBG associate working paper series no.97.*

4

CHAPTER

OTT 影音平台案例研析

前言

　　延續前章節，本章節探討兩大國際 OTT 影音平台 Netflix、愛奇藝，以及臺灣本土 OTT 業者之商業模式、收視衡量機制與發展。

第一節　美國 Netflix

一　經營概況

Netflix 為美國 OTT 影音服務業者中規模最大者，1997 年在加州成立，1998 年開始提供線上租片服務，並於 1999 年改為月租模式，使用者只要每月給付一定的金額，即可以無限制的租借影片。當時 Netflix 創造出新型態的線上月租 DVD 模式，吸引廣大用戶加入並快速累積上百萬訂戶（谷玲玲，2017）。2007 年高速寬頻網路服務逐漸成熟，Netflix 開始擴展線上影音串流技術，透過網際網路讓用戶無須下載檔案也能在線上觀看電影或電視節目，此服務即為現今 OTT 影音服務原型。當時 Netflix 為了刺激會員數，積極與多元平台業者或裝置業者合作，包括 Xbox360、藍光播放器、電視機上盒和蘋果電腦等，將 Netflix 服務內載在業者的裝置系統中。透過策略聯盟與下游裝置業者合作，可說是 Netflix 開創 OTT 影音服務初期就成功擴展用戶數的關鍵策略之一（Elkawy, Lekov, Adhikari, & Portela, 2015）。

2013 年 Netflix 開始投資原創戲劇內容，包括自製戲劇《紙牌屋》（House of Cards）等影集陸續上線，其自製內容取得好成績，因而也讓 Netflix 在後續拓展營運過程中有了更好施力點。2010 年第四季開始，Netflix 將串流服務推廣至加拿大等海外地區，目前服務已成功拓展至美洲、歐洲、亞洲、甚至非洲等地區，全球共有 190 個國家或地區可使用 Netflix 平台服務。根據 Netflix 官方財報顯示，其全球總用戶至 2018 年第二季達 1.3 億人，其中美國本土用戶為 5,738 萬，海外用戶則有 7,276 萬人（Netflix, 2018；國家通訊傳播委員會，2019），2020 年底訂閱戶總數首次突破 2 億戶。

Netflix 經營模式主要為訂閱隨選（SVOD），影片觀看過程中沒有廣告。經營初期使用者可先於第一個月免費試用，然現已取消，後採月租費模式，定價依照可同時觀賞螢幕數量和畫面品質等總共區分為三種計價模式，如表 4-1。無論訂戶選擇哪一種月費層級，都是採看到飽方案，訂戶在付費期間內可無限制瀏覽節目。Netflix 與傳統付費電視（包含有線電視或衛星電視等）收費模式不同之處在於不與用戶簽訂長期合約，而是每個月透過信用卡扣款，訂戶可以隨時取消（谷玲玲，2017）。

表 4-1 Netflix 收費模式（臺灣）

方案	基本月費制	標準月費制	高級月費制
NT$	270	330	390
最高畫質	480p	720p	1,080p
可同時使用裝置	1	2	4

資料來源：Netflix 臺灣（2021）

　　Netflix 平台上的內容主要包括代理與發行商授權的電影、廣電媒體授權的電視影集、原創自製內容，其在內容策略上，主要提供電影及電視影集等兩種節目內容（VAB, 2018）。為了創造平台產品上的差異性，Netflix 在內容策略上主要有兩大方向：

（一）先購買播放權，取得獨家影音內容

　　過去電影等片商播映權，通常都是在院線下片一段時間後，發行實體DVD 或轉賣給有線或衛星頻道業者如 HBO 等，於傳統廣播電視媒體再次放映以獲利。然而，Netflix 為了取得獨家影片播放權，不惜砸重金取得獨家線上影音串流播放權，不管是院線或非院線的電影，或電視戲劇等內容授權，Netflix 都積極擴展內容授權的管道。在電視影集的線上串流播放權上，Netflix 一方面與個別影音發行商簽約，另也以數位連賣（syndication）等方式一次取得影集主要發行商的大量授權，讓許多高收視率的電視節目內容於頻道首播後，便於 OTT 影音平台上架，透過隨選視訊銷售模式，創造影音內容的多次價值（谷玲玲，2017）。

（二）積極投入內容節目自製

　　Netflix 除了積極取得影音內容的獨家授權外，還自 2013 年起投資自製節目內容。除了叫好又叫座的自製戲劇《紙牌屋》（House of Cards）之外，2015 年起開始投資拍攝電影，首部影片《無境之獸》（Beasts of No Nation）於 Netflix 平台上率先首播，後才至院線放映，顛覆過去傳統電影產業先於電影院上映、後才在廣播電視放映的流程（谷玲玲，2017）。而除了電影與戲劇類節目之外，Netflix 另有投資喜劇電影、迷你影集、成人動畫、

兒童與家庭類動畫、真人實境節目、脫口秀等多元類型節目內容。2018 年公布最新第二季財報時，Netflix 宣示將投入 80 億美元資金投資原創自製內容，預計推出超過 1,000 部電影與影集內容，另也將投資打造自有攝影棚或併購內容製作業者，其投資金額已遠高於任何一家內容製作公司（Medina, 2017）。未來 Netflix 預計花費在內容的支出有高達八成都是投入自製影音內容。投顧銀行 Goldman Sachs（2018）預估，Netflix 投資於自製內容的金額，可能遠高於其預算，甚至會持續成長，預估 2022 年 Netflix 投資內容授權與自製節目金額將成長到 225 億美元（轉引自 Morris, 2018）。

投入自製優質影音內容，一方面讓 Netflix 對上架於平台上的影視產品有了更多的掌控權，可以更有彈性地掌握影片版權等議題，更可以依照觀眾們的喜好持續發展優質影音內容；另一方面也為 Netflix 平台創造獨特性與差異性，創造獨家優質戲劇內容，吸引用戶訂閱（Elkawy, Lekov, Adhikari, & Portela, 2015）。

二 收視衡量機制

Netflix 的收視衡量機制主要就是用來優化內部營運策略與用戶個人化內容推薦清單。Netflix 分析用戶的收視聽行為（如播放、跳出等）與收視偏好（如導演、演員、影片類型等），結合大數據及資料探勘技術，提供用戶個人化的影視內容推薦清單（Inside BIGDATA, 2018）。Netflix 目前有超過 2 億個訂閱戶，有大量的收視聽資料可以作為大數據資料分析，而透過使用者的收視聽行為數據分析，是讓 Netflix 可以變成全球第一大 OTT 影音服務業者的原因。

目前 Netflix 主要透過數據分析來建立推薦系統。2009 年 Netflix 已開始著手建立演算法系統，希望可以透過閱聽眾過去的數據資料，建立一套預測推薦系統來瞭解閱聽眾們的喜好。Netflix 採納的收視衡量指標，包括排名（ratings）、搜尋次數（searches）、觀看日期與時間、觀看裝置、不同裝置的觀看習慣與影片類型喜好、影片暫停的時機、影片重播率、是否付費等。

據瞭解，Netflix 十分保護他們的觀眾輪廓統計數據，拒絕公布具體的收視報告，僅釋出部分調查數據（劉惠琴，2017），例如：Netflix 在 2017 年僅提供上線 24 小時內最多人收看的劇集清單。Netflix 視內部的收視聽數

據為最大的營運資產，其運用數據影響商業運作的六大面向，包括（Inside BIGDATA, 2018）：

（一）找到下一個熱門影集

Netflix 致力於投資影視內容，希望可以拍出叫好又叫座的內容，吸引用戶付費觀看。最早 Netflix 自製《紙牌屋》影集後，就持續投資內容製作，目前也致力於透過數據分析來瞭解消費者喜好，創造符合觀眾需求與期待的影視內容。

（二）建立個人化內容推薦排行（personalized video ranking）

Netflix 經營模式採 SVOD 制，未播放廣告，因此用戶的會員收費是 Netflix 最主要的收入來源。Netflix 蒐集使用者的各種收視行為資料，希望可以透過數據分析，預測並推薦用戶可能感興趣的影音類別，打造個人化 OTT 影音服務。例如：依據之前的觀看紀錄，主動推薦適合的片單並註明適合你的程度，以百分比表示，例如：《紙房子》（Money Heist）「99% 適合您」。

（三）建立各種類別內容的熱門收視排行

除了打造個人收視排行之外，Netflix 也利用數據分析，建立各種類別影視內容的收視排行，協助閱聽眾快速找到目前時下最熱門的影視內容。例如：公布本日臺灣排行榜前 10 名影集、本日臺灣排行榜前 10 名電影、本周十大熱門排行。

（四）熱門趨勢

Netflix 目前在全球擁有超過 2 億個使用者，可以總覽全球各地區的影視流行文化趨勢。透過數據分析，不只掌握個別用戶的收視喜好，更可以觀察個別地區的總體發展趨勢。

（五）加強用戶黏著度

觀察用戶重複觀看影片的頻率與次數，或瞭解他們停止播放影片的原因，可以用來瞭解顧客的喜好，進而修正 Netflix 平台上的推薦內容。

（六）建立系統自動演算法

透過系統影像分析，將影片依照不同的文類分類，因而可以更精準的推播符合消費者喜好的影音內容，甚至預測未來發展趨勢。

承前所述，Netflix 平台運用收視衡量機制對商業運作主要有兩大影響：

（一）對內容生產者而言

PGC 內容產製者分潤。Netflix 積極與內容業者合作，希望可以透過 PGC 模式擴大平台上的自製節目內容。內容生產者主要可透過會員付費來分潤獲利。

（二）對閱聽眾而言

透過影音內容推薦系統優化使用者體驗。Netflix 服務擁有眾多影視內容，系統會依照閱聽眾的觀看行為、喜好等收視衡量指標來作為影音內容的推薦機制，並依照影音內容的排名、搜尋次數、觀看時間及裝置、重播率等多個指標綜合判斷，來決定影音內容的曝光位置與次數等。平台為了使閱聽眾可以在大量的影音內容中快速找到想看的內容，透過研究每一個用戶的興趣偏好等，為每個用戶量身打造推薦系統。借助 AI 技術，向用戶推薦更多、更精準的內容，滿足個人個性化觀看需求。

第二節　中國愛奇藝（iQIYI）

一 經營概況

愛奇藝（iQIYI）成立於 2010 年，為百度集團旗下公司。成立之初即採廣告隨選（AVOD）混合用戶訂閱隨選（SVOD）的雙重經營模式，提供合法版權的影音內容。免付費的會員僅能觀看普通畫質的影音內容；付費用戶則提供較高畫質、播放過程無廣告的影音服務。2013 年 5 月 6 日，百度以 3.7 億美元現金收購線上影視平台 PPS 影音，與愛奇藝服務整合為愛奇藝 PPS；2016 年時開始於香港、臺灣等地提供服務；2018 年 3 月 29 日，愛奇藝在美國那斯達克掛牌上市（中央社，2018）。愛奇藝目前服務地區包含

中國、香港、澳門、臺灣等地，為中國付費用戶規模最大的影音服務網站之一。截至 2017 年底，愛奇藝訂閱用戶數達到 5,080 萬人，整體用戶平均在線時間約每天 1.7 小時（李丹，2018）。

愛奇藝提供的影音內容，包括電影、電視劇、網路劇、體育、動漫、紀錄片、兒童節目、綜藝等多元影視節目。使用者可依照節目類型、付費與否、節目地區、版本、題材風格、狀態（是否已完結）等標籤進行內容搜尋。愛奇藝服務可透過電腦網頁、手機網頁、手機 APP、平板等多重裝置觀看，VIP 會員最多可在二個裝置同時觀看（最多可以五個裝置登錄，一天最多三台裝置使用），且可跳過廣告。其收費模式主要分為月費、季費和年費三種模式。臺灣站定價策略如表 4-2。

表 4-2 愛奇藝收費模式（臺灣）

VIP 黃金會員	方案價錢（二個裝置）
連續包月	NT$240
連續包季	NT$630
連續包年	NT$1,990

資料來源：愛奇藝（2022）

2010-2012 年愛奇藝成立之初，主要商業運作模式是採廣告隨選（AVOD）混合訂閱隨選（SVOD）雙重經營模式。愛奇藝會依照影音內容的品質與熱門程度等，區分免費用戶與付費用戶可觀看的影音內容。免費影音內容在觀看的過程中會有廣告插播，愛奇藝藉此賺取廣告收入。而針對訂閱的付費會員，提供更高畫質、更多選擇的影音內容為策略，吸引用戶付費。當時付費方式是與中國電信商合作，可以綁定電信帳單共同支付，現今則擴大可透過銀行信用卡、第三方支付平台等方式付費（國家通訊傳播委員會，2019）。

愛奇藝成立之初的目標客群，可區分為一般閱聽大眾（含付費用戶和免費用戶）、廣告主兩大類。為了滿足閱聽眾觀看的品質與觀看熱門影片的需求，愛奇藝與中國當地廣播電視公司或內容製作業者建立合作夥伴關係，包括浙江衛視、華影公司、新視野等，在愛奇藝成立之初即透過影視內容供應

商取得大量合法授權的正版內容，供應 OTT 影音平台用戶觀看。另外，愛奇藝也透過網際網路系統平台的串接，與電信業者、銀行、第三方支付公司等建立金流付費合作模式，其合作的電信營運商包括中國移動、中國電信及中國聯通等（國家通訊傳播委員會，2019）。

2013 年，百度收購 PPS，並與愛奇藝服務合併，藉此增加愛奇藝平台上的影音內容和應用服務。2014 年中國廣電總局發布《關於進一步落實網上境外影視劇管理有關規定的通知》，開始針對中國 OTT 影音服務上的影音內容做限制，包括平台上引進國外影音內容的數量，規定 OTT 影音業者每年播出境外影視內容的總量不得超過該平台上一年度購買播出的本國自製影音內容影音總量的 30%（詹克暉，2017）。由於此規定，促使愛奇藝開始積極投入本國自製節目發展，並透過內容分潤等商業運作機制，積極在網際網路上招募熱門小說改編成戲劇，如 IP 劇等大量自製影音內容，加強其節目內容來源。

2015 年 6 月，愛奇藝推出第一步自製戲劇《盜墓筆記》，供付費會員搶先收看，換句話說，付費會員享有搶先觀看全部集數的權利。另一部愛奇藝自製的電視戲劇《蜀山戰記》，則是和衛星電視業者合作，此戲劇先在愛奇藝平台上獨家播出，後才在衛星電視頻道中播送。《蜀山戰記》第一季節目播出後，一小時內就成功到達 352 萬播放次數，吸引 273 萬付費會員線上觀看（劉翠萍、付曉嵐、李敬蕊，2017）。

為了降低購買版權的成本，同時增加本國自製節目的數量和影音內容，愛奇藝積極投入自製節目製作，另一方面也因此可將自製的戲劇銷售給其他影音平台賺取版權收入，增加營收。根據愛奇藝於美國那斯達克上市資訊所揭露的財務報表顯示，2017 年愛奇藝總收入達 173.8 億人民幣，較 2016 年增長 54.6%，顯示其獲利不斷成長。此外，2017 年愛奇藝會員收入達 65.36 億人民幣，占總營收 37.6%，較 2016 年增長 73.7%，已連續五季成長；2017 年廣告收入達 81.59 億人民幣，占總營收 46.9%，較 2016 年增長 44.4%；此外，2017 年內容版權銷售收入為 11.92 億人民幣，其他收入則約為 14.92 億人民幣（愛奇藝，2018）。由此可知，愛奇藝在混合廣告與會員訂閱的雙重經營模式下，再加上影視內容版權的銷售（Intellectual Property, IP），為愛奇藝創造多元收入來源。

目前愛奇藝自製戲劇與電影主要採「專業生產內容」（PGC）模式，此

內容產製模式是相較於「使用者生成內容」（UGC）的概念，製作類如傳統廣播電視品質的高畫質戲劇或綜藝節目等，以提升愛奇藝服務平台上的影音內容節目品質。截至 2016 年底，愛奇藝的 PGC 合作夥伴超過了 8,700 家，較 2015 年增長 200%。其中，自製戲劇流量增長 468.5%，自製綜藝節目增長了 46.6%，顯示愛奇藝自製影音內容獲得閱聽眾很高的關注（六合諮詢，2018；國家通訊傳播委員會，2019）。

二 收視衡量機制

愛奇藝擁有眾多影視內容，系統會依照閱聽眾的觀看行為、喜好等收視衡量指標來作為其營運服務上的基礎。例如：影音內容的推薦機制就是依照影音內容的點擊率、播放長度、播放完成度、關注量等多個指標綜合判斷。愛奇藝借助 AI 技術，向用戶推薦更多更精準的內容，滿足個人個性化觀看需求。愛奇藝蒐集的收視衡量指標，包括使用者評分（滿分 10）、頂或踩（讚或不讚）、播放次數、點擊數、播放時長、播放完成度、觀看裝置（PC或移動占比）、關注量等。

不過，愛奇藝於 2018 年 9 月宣布正式關閉全站前台播放量顯示，今後將逐步以「內容熱度指標」代替原有播放量。愛奇藝首席內容官王曉暉認為（愛奇藝，2018），視頻內容播放量並非是評價作品品質、受使用者歡迎程度的最優指標。隨著產業的發展，播放量已經不能公平評價內容的品質和價值，過度關注播放量為產業帶來了諸多不良影響，大量的優質作品因為缺乏客觀、公正的評估體系而被埋沒。不少從業者更將播放量進行簡化的比較，扭曲了創作初心，甚至滋生出刷量等違法或者違反職業道德的行為。為了改變這種不良風氣，愛奇藝決定率先關閉前台播放量顯示，將重心回歸創作並為使用者提供優質的內容和服務體驗。

此內容熱度包含使用者觀看行為資料、互動行為資料、分享行為等綜合資料維度：

（一）使用者觀看行為

一個視頻內容被使用者觀看的整體時間長度，以及使用者對一個視頻內容觀看完成度的資料。

（二）互動行為

使用者在觀看內容時產生的評論、點讚、轉發、彈幕、點擊、拖曳等資料。

（三）分享行為

使用者在觀看內容時，產生的對內、對外分享資料。

另，在閱聽眾個人統計資料上，則可再與會員性別、年齡、地區、瀏覽、點擊、播放歷史紀錄、IP 位址、使用設備等資訊交叉比對，以找到最精準的目標顧客群。而為了進一步瞭解閱聽眾對特定影音商品的觀看意願與付費狀況，整合其母公司百度搜尋引擎的大數據資料分析與相關資源，包括結合關鍵字等數據分析工具，來做影音平台的收視聽資料分析（詹克暉，2017）。

此外，以往視頻網站關注的是內容的累計資料，並且單純關注內容本身播放行為。愛奇藝認為，隨著移動互聯網的發展，用戶的互動行為非常重要，他們對視頻內容產生的互動行為需要被關注；另，資料的即時性同樣重要，它類似於一個內容的體溫計，能夠客觀體現在當前時間點它的受歡迎程度。因此，愛奇藝選擇用前述內容熱度代替既往播放量，用更多元化的指標為用戶提供參考。同時，愛奇藝合作方可以通過其開放平台看到各端播放量、累計播放量、播放趨勢、用戶觀看行為分析、使用者輪廓、內容輿情分析等資料。

綜整上述，整理愛奇藝收視衡量機制採用指標如表 4-3 所示。

隨著閱聽眾接觸影音內容的習性典範轉移，電視收視率能觸及到的真實觀眾比例越來越少，就影音內容產製者及廣告主來說，因應數位時代的影音收視量測機制，勢必不停進行內涵調整，方能找到最大部分的閱聽眾，洞悉影音本身的被接收狀況及消費者行為。以趨勢來看，數位工具的資料驅動（data-driven）（Mason & Patil, 2015）與「向運算轉」（computational turn）（Berry, 2011）傾向，是近年傳播媒體研究領域的顯學（劉慧雯，2018）。新媒介環境下，無論是研究者或產業者均需採取新的工具與概念（如大數據、數位足跡、社群互動等）來分析互動網路條件下的參與型閱聽人新特徵。匯流（convergence）助長了各種傳統媒介內容的網路化，也因為網路化、雙向、互動、社群、隨選、多螢等閱聽行為特徵凸顯，在影音內

表 4-3 愛奇藝收視衡量指標

項目	衡量指標
閱聽眾基本資料	性別、年齡、地區、IP 位址、使用設備等
收視行為內容	使用者評分、頂或踩、播放次數、點擊率、播放時長、播放完成度、關注量、瀏覽頁面、歷史播放紀錄等
資料蒐集方式	1. 用戶註冊時，閱聽眾主動提供的個人訊息 2. 系統透過 cookie、網路信標（web beacon）或搜尋引擎等方式自動獲取用戶的點擊率、影片播放次數、播放完成度、播放時間等
商業運作關係	廣告計價、影視內容拆帳分潤、用戶影音推薦清單

資料來源：國家通訊傳播委員會（2019）；蔡念中、邱慧仙（2020）

容的收視量測上，除了傳統的電視內容收視率調查框架，輔以其他網路收視狀況調查，會是更為符應真實收視情況的作法。如，同個節目若在電視上播出，也在 OTT 平台播出，其總收視狀況或收視人數估計，無論對於內容產業、播放媒介、廣告主等多方，都會有助其策略上的考量規劃。

　　愛奇藝指出，為本著實現 OTT 影音之新型營運精神，透過網際網路將影音內容傳輸給終端用戶，因而希望能透過建立清楚的商業經營模式，以確保用戶、內容生產者、影音經營者、廣告主等多方利益關係人能共同獲利，共享營運成果並可持續成長（Maple, 2016）。此商業運作理念與概念，讓愛奇藝更為積極建立與廣告主、內容產製者和用戶等三方角色的互動關係，甚至透過收視衡量機制來優化廣告主、內容製作公司之間的互利共生關係。

　　承前所述，愛奇藝運用收視衡量機制對商業運作主要有三大影響（蔡念中、邱慧仙，2020）：

（一）內容產製者：PGC 內容產製者分潤

　　愛奇藝自 2014 年開始，積極與內容業者合作，希望可以透過 PGC 模式，擴大平台上的自製節目內容。其自製節目內容主要區分為戲劇與電影等兩大類，內容生產者可透過廣告、會員付費、粉絲打賞等三大模式來分潤獲利。

二 廣告主：更精準投放廣告

　　愛奇藝開放廣告主透過圖文或是影音的方式在平台上播放各種廣告內容，用戶可以透過點擊等方式與廣告內容互動，甚至連結到品牌網站觀看更多資訊，來增加業者的廣告曝光和宣傳效果。其廣告費用計價主要是依照廣告曝光與點擊次數來計價。廣告主可依照特定地區、人口、性別、年齡等收視資料來投放特定目標受眾廣告，針對不同的戲劇類型、觀看時段等，也會據以投放廣告。

三 閱聽眾：透過影音內容推薦系統優化使用者體驗

　　愛奇藝服務擁有眾多影視內容，系統會依照閱聽眾的觀看行為、喜好等收視衡量指標來作為影音內容的推薦機制，並依照影音內容的點擊率、播放時長、播放完成度、關注量等多個指標綜合判斷，來決定影音內容的曝光位置與次數等。目前愛奇藝為了使閱聽眾可以在大量的影音內容中快速找到想看的內容，透過研究每一個用戶的興趣偏好等，為每個用戶量身打造推薦系統。借助 AI 技術，向用戶推薦更多、更精準的內容，滿足個人個性化觀看需求。

第三節　臺灣本土業者

一 產業概況

　　臺灣目前寬頻網路環境逐步完善，影視內容與廣播電視頻道多元，有助於 OTT 影音產業快速發展（劉幼琍、徐也翔，2017）。根據資誠（PwC Taiwan）《2018 全球與臺灣娛樂暨媒體業展望報告》顯示，未來 5 年間臺灣娛樂暨媒體業的總營收將達 2.8% 年複合成長率，在 2022 年達到 181 億美元，其中帶動臺灣娛樂暨媒體市場成長的產業領域包括 OTT 影音（15.5% 年複合成長率至 4.41 億美元）和電玩遊戲（4.1% 年複合成長率至 24 億美元）等，顯示臺灣 OTT 影音市場持續擴大，可望成為未來影視媒體產業發展的主流。

　　目前我國本土的 OTT 影音業者，依照其原本提供服務的類別，可略分為以下四大類，並整理如表 4-4。

表 4-4 本土 OTT 影音業者列表

原有服務類別	業者	OTT 影音服務	成立	影音內容主要經營模式
無線電視業者	公共電視	公視＋｜公視 OTT 影音平台	2017	SVOD
	鳳梨傳媒股份有限公司（民視子公司）	四季線上影視	2015	Live TV、AVOD、SVOD
衛星頻道業者	台視	TOUCH TTV	2017	Live TV、AVOD
	三立	Vidol	2016	Live TV、AVOD、SVOD
有線電視業者	凱擘股份有限公司	SuperMOD（與台哥大 myVideo 服務合作）	2017	SVOD、TVOD
	中嘉網路股份有限公司	bbMOD（與 CatchPlay 合作）	2017	SVOD、TVOD
電信業者	中華電信	Hami Video	2014	Live TV、AVOD、SVOD、TVOD
	遠傳電信	friDay 影音	2014	Live TV、SVOD、TVOD
	台灣大哥大	myVideo	2014	Live TV、SVOD、TVOD、EST

表 4-4 本土 OTT 影音業者列表（續）

原有服務類別	業者	OTT 影音服務	成立	影音內容主要經營模式
新興影音平台	立視科技股份有限公司	LiTV	2007	Live TV、SVOD、TVOD
	威望國際	CatchPlay on Demand	2016	SVOD、TVOD
	科科電速股份有限公司	KKTV	2016	AVOD、SVOD
	杰德影音	GagaOOLala 同志電影線上看平台	2016	SVOD
	酷瞧新媒體股份有限公司	酷瞧 Coture.com	2014	AVOD
OTT 影音機上盒等裝置業者	華興資訊科技股份有限公司	歡樂看 FainTV	2018	Live TV、SVOD
	鴻海科技集團	BANDOTT 便當 4K 智慧電視盒	2017	Live TV、SVOD

資料來源：本研究彙整、國家通訊傳播委員會（2019）

（一）提供寬頻網路者

如三大電信業者中華電信 Hami Video、遠傳 friDay、台灣大哥大 myVideo（見圖 4-1），以及有線電視業者凱擘大寬頻等。

OTT 品牌	中華電信 Chunghwa Telecom Hami Video	台灣大哥大 影音隨看 myVideo	遠傳FET friDay 影音
OTT 用戶數	208 萬	250 萬	250 萬
月租費	168 元	（豪華月租）250 元	199 元
門號戶數（2021Q2）	1,063.4 萬	713.4 萬	706.1 萬
2020 年行動通訊營收	567.2 億元	399.5 億元	392.9 億元

資料來源：胡華勝（2021）

圖 4-1 三大電信 OTT 訂閱概況

（二）既有廣播電視或頻道經營者

包含無線、有線和衛星頻道業者等，如民視四季線上影視、公視＋、三立 Vidol 等。

（三）整合內容（content aggregate）的新興平台業者

如 LiTV、CatchPlay on Demand、KKTV 等。

（四）機上盒等裝置業者

如華衛集團旗下的歡樂看 Fain TV 機上盒服務、鴻海科技集團旗下的便當 4K 智慧電視盒等。

二 經營模式與收視衡量機制

目前我國本土的 OTT 影音產業已經有多家業者投入發展。以下就本研

究與國內 OTT 影音業者深度訪談結果，整理我國本土 OTT 影音業者經營模式、收視衡量機制與商業運作之關係。本研究深度訪談業者名單，包括民視、台灣大哥大、凱擘、中華電信、公視、三立等六家業者。

（一）民視：四季線上影視

1. 經營概況

　　1997 年「民視全球資訊網」上線，為全臺灣首家將電視新聞放上網站的電視業者；1998 年民視成立子公司「台員多媒體股份有限公司」，以提供數位媒體技術服務為主要業務，除民視之外，華視、公共電視、TVBS、東森電視等電視台也是其客戶。多年發展下來，為結合平台技術與內容優勢，2015 年民視成立另一子公司「鳳梨傳媒股份有限公司」負責「四季線上影視」（4gTV）之建置。

　　「鳳梨傳媒股份有限公司」前身自 2006 年開始經營手機電視業務，集結眾多直播頻道，取得多元節目內容授權，並提供各種載具與新媒體平台之收看服務。後因觀眾收視習慣改變，故於 2015 年 7 月開始提供四季線上影視，訂戶可以同一帳號在電腦、手機、平板與智慧電視等不同屏幕線上收看八十個以上直播頻道（包含即時新聞、體育賽事與各類資訊等），並於 2015 年 10 月開始提供 VOD 服務，節目包含新聞、體育、戲劇、綜藝、音樂、新知、時尚、親子電影等，新作可與電視同步播出，甚至在「四季線上影視」首播。

2. 商業運作模式

　　「四季線上影視」內容包含 Live 頻道直播及 VOD 內容兩種，一開始採月付 168 吃到飽模式，後改採套餐形式，包含新聞、運動、精選、豪華等不同套餐，並提供十六個頻道內容供免費觀看，其中「豪華頻道餐」也有提供電腦及行動裝置 14 天免費體驗。

　　此外，「四季線上影視」也做直播，現在有兩個直播平台，一個是提供技術及團隊，為客戶做活動全程直播，另一個是做網路原生內容，像是直播節目「你在大聲什麼啦」，拍攝直擊立委辦公室等內容，利用裡面裝著十張 SIM 卡的「四季背包」，可以把訊號直接傳回公司，做高畫質專業轉播。

3. 收視衡量機制

　　目前，民視「四季線上影視」有自己的內容傳遞網路（content delivery

network/content distribution network, CDN）和影像伺服器（video server），
所以系統會針對影片的點擊率、觀看時間等收視衡量指標做記錄，另外也提
供廣告曝光率等數據報表，供廣告客戶瀏覽，此資訊目前並未對外公開，僅
作為民視內部經營考量與媒體代理客戶參考。

4. 收視衡量機制對商業運作之影響

民視認為 OTT 影音需要有跨傳統廣播電視、手機與網路平台的整合式
收視率衡量指標，對業者與媒體代理商來說，才能夠設定全媒體的廣告投放
與分潤機制。例如：目前民視在有線頻道的廣告，在網路上播出也會被看
到，廣告客戶應該要再付一次費用，但因新媒體平台上的廣告露出無法評
估，所以民視目前作法是在廣告露出時，再抓一個數位廣告來把原有廣告覆
蓋掉，這使廣告營收約增加了四分之一，因為廣告曝光變多，但可能造成使
用者體驗不佳，因為廣告時長不同，很難完整覆蓋掉。另一個發展出的機制
是，OTT 直接跟業務部去做整合行銷，因為廣告客戶現在也要求廣告在新
媒體上露出，例如：90% 在電視上，10% 在新媒體上。

影片被點擊幾次、觀看時間等是目前衡量 VOD 的一個標準，即所謂
demand side 和 supply side 的媒合機制，所以大部分業者都是用廣告聯播網，
如 Google AdSense、Facebook 等，可以跟大家分享廣告資源。Facebook 的
CPM 比 Google 高很多，有時候一個 CPM 可以高達 8-10 美元，但 Gooogle
長久以來大概只有 1 塊多，雖然覺得價格被低估，但它量很大，所以還是被
多數業者所採用。民視也有採用 Google 廣告託播平台，這個平台會做出績
效報表，除了傳統的電視廣告外，也可以幫網路平台拉數位廣告績效報表，
民視稱此為整合行銷，但目前量仍不多。Google 可以這樣做是因為他的瀏
覽器、行動裝置使用者多，他可以透過 Chrome 記錄，或者透過免費應用程
式 Android Google Map 等來交叉比對使用者資訊。

（二）凱擘大寬頻：與 myVideo 服務合作

1. 經營概況

有鑑於有線電視的內容已無法滿足消費者，凱擘於 2015 年下半年開始
推出能收看有線電視與 OTT 的雙模式新機上盒。OTT 能滿足觀眾個人化收
視需求，但有線電視不會被淘汰，凱擘開發雙模式機上盒，目的即是使觀
眾無論是看有線電視或 OTT，都是在凱擘的收看平台上，使觀眾不流失。

2017 年起，凱擘與台灣大哥大的 OTT 影音串流服務平台 myVideo 合作，由凱擘負責建置影音平台，台灣大哥大提供節目內容，雙方共同評估獲利及營運績效，提供的內容包含電影、動漫、電視戲劇、新聞、音樂會、幼兒卡通等隨選視訊內容。目前凱擘與台灣大哥大合作提供 OTT 隨選視訊影音服務尚處於起步階段，未能開始賺錢，主要先以留住觀眾為主。

2. 商業運作模式

　　凱擘已不再推行原有的 SuperMOD 業務，OTT 完全和 myVideo 合作，凱擘與台灣大哥大則以拆帳方式均分獲利，內容由 myVideo 提供，上架到凱擘機上盒，內容也不完全要收費，用戶只要有機上盒都能看到許多免費影片，較新的影片就只有付費用戶才能觀看。現在約有三分之一用戶為付費用戶，三分之二為免費用戶（潛在客群），付費用戶的收入中約有五分之四來自單次付費，五分之一來自月租付費。

　　凱擘對 OTT 的經營成效是透過投入機上盒、人力、網路、頻寬等的成本來評估，其中頻寬線路的成本較大，目前僅凱擘跟中華電信等電信或固網業者有能力自行解決頻寬問題。

3. 收視衡量機制

　　凱擘目前有和意藍資訊合作，建立大數據、收視分析等資料庫，針對與台灣大哥大合作提供的 OTT 隨選視訊服務，則以參考凱擘自身後台資料為主，會以數據做影片推薦機制。臺灣廣告業者主要還是參考尼爾森的調查報告，凱擘原本想取代尼爾森，經由 AI、點擊率等，分析出正確使用者行為，後來也想透過海量數據彌補尼爾森資料不足，但廣告業者並不買單，雖然也跟尼爾森談過合作，但尼爾森母公司覺得臺灣市場不大，加上沒有先例，不願合作。

　　凱擘認為成功的 OTT 應具備的要件，以使用者經驗最重要，故積極開發推薦機制，運用雙向機上盒所蒐集的消費者使用行為數據資料，推薦給用戶更符合其偏好的影音內容，以提升用戶的觀影滿意度及對影音平台的黏著度。此為凱擘首創有線電視產業推出影音推薦機制，就是因為認為收視率無法當作評斷內容價值的唯一值，所以需要個人化的客製推薦。

　　2017 年，凱擘已率先在 SuperMOD 平台上推出第一階段的影音推薦機制，利用影音評論網站（如 IMDb）上的影片相關資訊，包含影片評分、影片導演、演員等資訊，增加凱擘影片資料庫的完整性並強化推薦機制功能。

當用戶點擊該部影片後，系統將依據該片的 MetaData 與凱擘片庫其他片單進行交叉比對，透過影片類別、導演、演員、關鍵字、上映年分、得獎紀錄等各種指標，由系統自動篩選出由高至低推薦的相關影片清單。

4. 收視衡量機制對商業運作之影響

凱擘認為，大數據的應用及智慧推薦機制能幫助業者瞭解用戶輪廓，也能滿足不同族群用戶的喜好，避免用單一指標（如：點閱率）去衡量內容價值，導致失去潛在用戶的風險。凱擘初期先將影音推薦功能運用在 OTT 影音的隨選視訊服務上，預計下一階段還會再擴大影音推薦功能至數位有線電視頻道上，讓看電視也能客製化，滿足所有用戶的需求。

（三）台灣大哥大：myVideo

1. 經營概況

myVideo 是台灣大哥大旗下的 OTT 串流影音服務，於 2012 年推出，最開始是提供給台灣大哥大的手機用戶使用。2017 年起，台灣大哥大與凱擘合作，由凱擘負責建置影音平台，台灣大哥大提供節目內容，雙方共同評估獲利及營運績效，以正版方式將國內、外評價較好的內容提供給國內用戶，有臺灣本土自製內容，也有向國內、外片商購片的內容，包含電影、動漫、戲劇、幼兒、綜合、直播等內容。任何能夠上網的裝置皆能收視。

2. 商業運作模式

myVideo 在 2018 年 1 月以前是付費會員制，經營績效是看會員數，因為過去是小本經營，故較重視營收，但從 2017 年收支打平之後，就開始嘗試品牌、行銷等花費大但無法轉成營收的事，如 2017 年 myVideo 和黃信堯導演合作，請他幫忙配音、作大數據方面的推廣，2018 年陸續也和Yahoo！、東森等合作。

2017 年 10 月開始則是和凱擘合作更密切，由於電視用戶和手機用戶非常不同，所以從 2018 年 1 月起提供免費區，以免費內容、無廣告作為行銷宣傳的手段，提高知名度以吸引更多會員，但主要獲利還是靠付費會員。myVideo 付費會員至今已超過 200 萬，包含單次型與月費型，單次型會員比例較高，一部片價格約 50-70 多元，可看 48 小時或四部影片，目前有考慮將付費模式簡單化，也有簽到送紅利金的方式可以讓會員用來看片等。2018 年 7 月起，myVideo 提供一個帳戶可兩個人同時收看的服務，也提供

更多內容，不加收任何費用。

3. 收視衡量機制

　　myVideo 目前沒有廣告，所以台灣大哥大目前並沒有對外公布相關收視衡量機制或指標數據，但 myVideo 有自己的資料庫，主要有觀看人次、觀看時間、瀏覽人數、瀏覽時間、觀眾性別、年齡、版位等，可以知道內容放在哪個版位比較多用戶觀看。myVideo 會員不是實名制，但可和台灣大哥大用戶做比對，進而瞭解用戶是誰、從哪邊觀看，但若會員不是台灣大哥大的用戶就無法知道，只能推估性別、年齡等，目前 myVideo 活躍用戶以 25-45 歲較多。

4. 收視衡量機制對商業運作之影響

　　myVideo 會依照觀看人次、觀看時間、瀏覽人數、瀏覽時間等，去瞭解用戶為何瀏覽卻不看？甚至在週末、週間等特定時段，不同性別、年齡層的用戶觀看的影音內容也不同。瀏覽人次高的影音內容通常和影音內容安排的版位有關，公司內部會視瀏覽人次多寡，從中再仔細判斷哪一種類型的觀看人次比較多、增加的原因是什麼等問題。

（四）中華電信：Hami Video

1. 經營概況

　　中華電信經營者認為現今已進入「全媒體」的時代，中華電信希望可以提供 any time、any where、any device 等全方面媒體服務，不管在哪裡都可以看到中華電信所提供的影音內容，無時差提供觀眾最好影音內容，包含熱門電影、戲劇、直播運動賽事、強檔動漫等，因而推出 OTT 影音服務「Hami Video」。目前平台上主要以新聞類及運動類的內容比較受到消費者歡迎，隨選影音部分則以電影、陸劇、韓劇較受歡迎。但是為了區隔與其他 OTT 業者的不同，近年來中華電信在 OTT 影音平台經營策略上多深耕「運動族群」，例如：轉播 NBA、世界羽球聯賽、網球公開賽、美國職業高爾夫、奧運、世足賽等各類體育賽事。

2. 商業運作模式

　　中華電信 Hami Video 商業模式主要為付費會員訂閱制，月租型付費會員數已經超過 50 萬。產品主要為電視包、影劇包，電視包提供超過七十個頻道，包括五十個以上的高畫質頻道、影劇、電影和動漫，每月收費 134

元，此外還有運動包提供賽事愛好者選購，而各內容商是根據其提供影片的點閱率攤分營收。

除此之外，中華電信也推出創新節目模式，「中華電信 Hami 樂團新勢力」為全新型態 Live 直播的音樂節目，包含現場 Live 觀賞，還有線上聊天及投票打賞功能，樂迷們可至中華電信「Hami Point 購物」查詢演出場次及購買門票，手機用戶亦可下載 Hami Wallet APP 購買。樂迷們除了可至 Live 現場近距離與自己喜愛的樂團接觸外，也可上中華電信 MOD 或 Hami Video 收看直播，並能進行樂團投票，還可以在 Hami Video 聊天室即時與樂團互動。Hami Video 也首度推出打賞功能，樂迷只要儲值購買點數，就可以送禮以實質行動支持喜愛的樂團，是國內首創音樂直播節目與打賞的結合 [1]。

OTT 影音發展部分，中華電信認為 OTT 因不受黨政軍等相關法條規範，對中華電信來說有很大的發展空間，因此中華電信也積極投資內容，希望可以擴大 Hami Video 的經營，中華電信表示 OTT 影音經營最重要的還是投資內容，而平台應該保持中立，讓多元內容都有機會上架，中華電信希望可以投資好的內容，最後業者最看重的還是希望有好票房，未來可望在中華電信 OTT 影音服務上看到更多跨國影視內容。

3. 收視衡量機制

中華電信的 OTT 影音服務會記錄用戶完整收看軌跡，以此點閱紀錄與內容供應商拆帳或作為與廣告商分潤基礎，OTT 多使用全館收費制，除參考點閱也會設定權重，根據不同內容屬性計算收視，舉例來說連續劇集數多點擊量大，電影相對而言集數少，因此需要設定不同的權重來衡量。

此外，中華電信也會運用數位收視率調查方法及網路 DMP 收視調查方法，根據多螢平台收視戶進行有效取樣、分析、運算、統計用戶收視行為模式，根據收看不同內容，對用戶進行貼標，進而只投放用戶有興趣的廣告，達到平台、供應商、消費者三贏的廣告效益。

4. 收視衡量機制對商業運作之影響

目前中華電信定位 Hami Video 主要是作為內容平台，而收視衡量機

---

[1] 2018 年 11 月 28 日取自中華電信 Hami Video 官方網站 http://hamivideo.hinet.net/packages.do

制主要用於內容分潤使用，其調查機制可以知道中華電信閱聽眾在 Hami Video 上點選一部影片，其點閱率、觀看時間長短等完整紀錄。

　　而 Hami Video 平台上仍有少部分廣告，希望可以吸引更多廣告商投放廣告，目前國內已經有好幾家媒體代理商與 Hami Video 合作。但廣告計算方式很多元，有些是推播文字看 5 秒就計費，另外也有按廣告版位、大小等來計算。

　　Hami Video 上的廣告目前有專業的媒體代理商負責投放，會看平台的點閱率、觸擊率等資訊，像是 YouTube 就會提供精準廣告投放報告給廣告主，且有開放式的資訊後台可以讓廣告者隨時查看，中華電信認為未來臺灣的 OTT 影音業者也都應該要這樣做，像中華電信 Hami Video 平台上也有大數據可以提供給廣告主和內容經營者，而目前中華電信也已經積極建立透明化的收視衡量機制。此外，像是尼爾森公司也跨足做數位收視聽率，中華電信也有配合做調查。

　　中華電信認為其實平台本身就有能力自己做收視衡量機制，只要在每個影音內容中掛 tag，就可以追蹤用戶觀看行為。但廣告主通常都會希望透過第三方單位來提供收視衡量數據。第三方業者要如何取得各家平台的資料是一個大問題，需要很大的知識（know how），且平台業者通常都會有資安上的疑慮，不希望營業資料外流，另外消費者個資保護也是一個大問題。

　　現在系統資料已經越來越透明，透過數據追蹤就可以輕易辨識出每個閱聽眾的收視習慣。中華電信認為，平台業者和第三方收視衡量機制都要互相配合，臺灣的 OTT 影音收視衡量機制才能做得起來。

（五）公共電視：公視＋

1. 經營概況

　　2017 年，公視經營團隊希望從最前端的節目製作到最末端的呈現，都可以貫穿「全媒體」的概念，因此開始拓展有別於電視頻道的網路平台等新興經營模式。而在經營層面上，公共電視不同於其他家 OTT 業者，其 OTT 服務主要提供公視自身優質的戲劇、紀錄片、兒少、生活、藝文等節目，可跨平台收看，讓手機、平板、電腦等各種裝置都可以觀賞公視精心製作播出的影音內容，並且致力於提供高畫質影音，發展自製獨家影片、直播專屬影音頻道等。

2. 商業運作模式

因為公視特殊的經營定位，該公司經營目的不以商業營利為目標，而是以推廣臺灣優質內容為主，僅有部分合製戲劇因與其他平台合作而收費，其次版權銷售也為公視帶來收益。

在 OTT 影音平台的經營上，當初經營團隊規劃希望儘量把目前市場上各種 OTT 影音平台應有的商業機制都設計進來，包括要不要收費、單支收費，還是廣告等，其實都有思考進去。此外，公共電視在 OTT 影音服務上也嘗試摸索不同的經營模式，例如：《你的孩子不是你的孩子》就是單支收費，全集 99 元，訂閱後可以看兩個月，定價策略則是參酌市場價格。《你的孩子不是你的孩子》收費的原因是，它的版權有銷售給其他 OTT 平台，包括 Netflix 等，因此才配合商業機制採取收費制度。除此之外，也是希望可以透過版權銷售來擴大公共電視自製戲劇的能見度。公共電視認為自身在經營上不純粹是為了營利，而是希望可以作為優質影視內容露出的平台。而目前因為科技發展，影視內容的環境已經發生改變，因此公共電視認為未來影音內容電視上要有，而新興 OTT 影音服務上也要有。

而在公視 OTT 影音服務上線後，也取得閱聽眾的迴響。因為該平台上多數都是免費的內容，因此影音內容上架後，即取得不錯的評價，每週也有一千多次的點閱；除此之外，付費的影音內容成績也不差，主要原因在於收費不高，因此也提高了觀眾付費的意願，只要 99 元就可以看完整部。除此之外，公視目前是還沒考慮會員收費，但後台其實都已經有對應的機制。目前尚未考慮會員收費的原因是，公視還是以服務為前提，所以採會員免費登記，有些是因為版權銷售的關係才額外收費。另外，公共電視也考慮在 OTT 影音服務上納入廣告內容。

在 OTT 內容部分，目前平台上還是以公共電視自己的內容為主，基本上不急著擴充內容，先把公視舊的節目內容補充上架，以每年 2,000 小時的速度進行。但這中間過程牽涉到需要一些策展、與時事相符的內容，所以公共電視也嘗試推出新的 OTT 影音自製節目，例如：《博恩在脫口秀的前一天爆炸》，這部就完全是公視＋新製的網路節目，它沒有在電視頻道播出，而是配合現今「網紅經濟」的趨勢，邀請網路紅人在平台上開設新的節目。這就是專門為了 OTT 平台去設計一些比較適合年輕族群、OTT 觀眾的內容，但目前在整體節目占比中不高。

除此之外，公共電視在 OTT 服務上也會定期策展，像是新創電影、短片等節目內容，經由公共電視製作團隊判斷，尋找較適合於 OTT 影音服務中放映的節目內容，集結成特定主題或用影展的方式來呈現。

在影音內容的版權與銷售上，目前不同的影音內容版權與製作模式不同，很難用單一框架來限縮每一次製片合作的機會，因此在版權銷售上，也是按件來討論（case by case），並沒有固定銷售或合作的模式。而公共電視歷年來也透過制度化的方式，讓影音內容的版權銷售以固定的比例回饋給影音業者，以讓影視內容產業能持續有資金挹注，持續創作。

3. 收視衡量機制

目前公視＋後台的收視指標衡量工具是一套名為「Piwik」的開放軟體，透過系統監測可以調查全站影音的播放次數、完成率、曝光率等數據，公視＋主要以「排名」、「播放次數」、「平均花費時間」、「平均完成率」作為主要影視內容的衡量指標。除此之外，公共電視也同步使用 Google Analytics（簡稱 GA）等工具，來瞭解公視＋全站各節目頁面的瀏覽量、年齡性別分布、瀏覽時間、觀看地區等各種分析值，以作為後續影視內容策展規劃與宣傳成效參考。公視也跟第三方研究單位合作，包括 LnData 麟數據、ComScore 創市際、Qsearch 等，以調查公視新媒體網路服務的收視與使用研究，藉以平衡收視成效，並逐步建立收視指標。

就研究工具來看，由於公視＋會員制，公視也想瞭解會員在站內的使用足跡，因此未來也會積極與學校或研究單位合作，嘗試開發會員使用行為歷程的研究工作，以作為策展或影片推薦的參考基礎。公共電視也不排除未來會持續與第三方收視調查共同合作，以加深數據運用的可能性。

4. 收視衡量機制對商業運作之影響

目前公視＋的廣告機制為試行階段，僅開放有限的節目流通廣告（包括《人生劇展》、《伯恩在脫口秀的前一天爆炸》、《紀錄觀點》、《8 號公園》、《憤怒的菩薩》等節目，兒童節目不放廣告，菸酒藥品廣告也不得出現在公視＋中），廣告機制有 CPM 和 PMP 兩種，CPM 已經開始測試，以每千次曝光保證作為計價機制。

公共電視在收視數據上，主要用於作為內部績效之衡量，並透過數據來瞭解每一部影片觀眾收看的狀況，藉此瞭解閱聽眾喜好，以作為未來影視內容策展或經營策略之參考。

（六）三立電視：Vidol

1. 經營概況

　　Vidol 是臺灣三立電視斥資 10 億元打造的即時影音串流服務平台，從 2016 年 3 月開始營運，提供高畫質內容以及直播管道，主打 24 小時隨時隨地同步收看，不管消費者在任何環境，在網路通暢的情況下可以透過各種載具，包括電腦、手機、APP、或電視盒廠商合作等，讓閱聽眾可以在各種裝置上觀看三立電視台的節目內容。而就 Vidol 平台上的影音內容，主要是以三立自製的戲劇與綜藝節目為主，內容時數 2016 年底已超過 6,000 小時，現已有 150 萬會員數。

　　Vidol 平台定位是以「影像」（video）與「偶像」（idol）等兩大元素吸引消費者收看，並投入平台自製內容，透過「粉絲經濟」來延燒劇迷對夯劇的熱情，靠著偶像鐵粉的黏著度來吸引會員加入，讓 Vidol 一推出就以獨特的方式成為臺灣 OTT 市場重要觀察指標，以獨家內容跟其他 OTT 業者做出市場區隔（劉孅瑩，2016）。

2. 商業運作模式

　　Vidol 主要獲利模式根據對象可分為「內容」及「會員」等兩種，會員中獲利模式又分為「會員費」及「廣告」兩種，如圖 4-2。

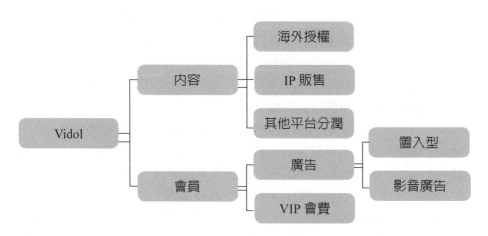

圖 4-2 Vidol 主要獲利模式

　　一般會員透過電子信箱、臉書帳號或手機登入即可免費收看內容，並擁有「綜藝節目觀看」、「影片觀看紀錄」、「影片／明星收藏」、「花絮／NG 鏡頭／獨家觀看」等功能項目，但需收看廣告，三立透過廣告曝光次數向廣告主收取費用。

　　VIP 付費會員，可多擁有「無影音廣告」、「戲劇節目觀看」、「直播頻道觀看」、「偶像見面會優先參加權」等服務（周怡伶，2016），需要付費訂閱的只有臺灣台跟都會台，付費訂閱方案多樣，原則上訂閱一台是每月 60 元，也有季租 150 元跟年租 540 元的方案，同時訂購兩台則是每月 120 元、季租 300 元跟年租 990 元的方案，並不定時有特惠活動，如感恩節季租 229 元跟年租 689 元以及三年租 1,790 元。Vidol 資深總監洪采岑表示只要每月訂閱都會台或是臺灣台成為 VIP 會員，便能夠在 VOD（隨選視訊）上享受無廣告的優質觀看環境。

　　廣告分為兩種，一種是用影音廣告曝光，分影片前（pre-roll）、中（mid-roll）或後（post-roll）的廣告影片，Vidol 資深總監洪采岑表示廣告主蠻喜歡在 OTT 平台上面播廣告，因為是很完整的廣告，看劇的用戶可能比較能夠忍受前面的廣告，不像新聞網的廣告，新聞做出來有 90 秒廣告要播 10 秒，觀眾就會沒有耐性，廣告的呈現就不一樣，而在 OTT 平台看劇之前可能就可以忍受 10-20 秒，對客戶來說是比較完整的。廣告主以直接客戶比較多，像是 SK-II 或是美妝，三立會挑選過廣告內容，不會做一個很廉價的一般廣告。另一種是客製化的置入，透過三立長期培養的品牌節目或旗艦型節目置入，假設今天有一客人是要銷售冰箱，可以在節目裡面全部以冰箱為主題，這樣客製化的節目置入為目前三立最大宗的廣告形式，透過三立製作節目的品質以及全媒體的力量，廣告主可以有一個很好的曝光。

　　此外，三立也會將製作的節目在海內外販售，單一戲劇主要以授權部門進行海外授權，Vidol 是做整個網站的內容一併輸出，未來有可能跟海外的電視盒公司合作，像現在有許多聯網電視、手機會有內載 APP，都是三立未來合作的對象，裡面有很多近幾年比較經典的電視劇，像《犀利人妻》，海外有很多人很想看，這樣就可以整個輸出到海外去。為達到全媒體的收視環境，三立也在其他網路平台如 Instagram、YouTube、Facebook 等上架內容，並透過該平台的分潤機制取得收入。

　　整體來說，目前 Vidol 廣告量還不足以打平支出，但以三立整體業務收

入，會去做平台播出或媒體分配，像有些重要的新聞時事需要配合電視新聞網播出，有些則只透過 Vidol 播出，三立會計算一些成本，把預算分配下來，只有電視媒體才能這樣做，如果是獨立的 OTT 很難，作為媒體集團還有一個很好的業務團隊在談很多的置入或是說大型的活動，在電視平台下面有很多 OTT、新聞網，可以讓客戶內容透過不同平台做展現。

3. 收視衡量機制

三立擁有自己的系統後台，並結合 GA 分析做整體評估，還有 ComScore 的表現數字，主要以這三個作為主要衡量機制。

從三立的系統後台，可以瞭解到每天收視狀況，可以看到每天的前五大排名、使用者登入的狀況跟使用者，包含會員收入狀況、收視狀況、收視輪廓、使用行為、載具狀況等。如果追蹤不到比較細的部分三立會靠 GA 來做補強，營運面三立會有一個自己的系統可以看報表，back-end（後端）去觀察用戶的登入時間、地區狀況、一些基本資料的部分，可以有簡單的基本用戶輪廓。行銷面追蹤部分，會用 GA 去做埋 code 的動作，來做反追蹤，下廣告去追蹤一些成果，再把行為歸戶到這個使用者上，對使用者行為、輪廓進行所謂的再運用，包含知道這個使用者看了什麼樣的內容，接下來他可能喜歡的內容是什麼？或是有興趣購買的商品是什麼？知道這個 ID 在平台上做什麼事情，對應到其他系統做什麼事情，更詳細的，三立也會去拿政府補助案，讓三立做更細微的收視行為的分析記錄，就會有用戶觀看時間、內容、做了什麼行為，平台有廣告、有內容、有電商機制，每個東西都會去追蹤，三立會去做一個總體的彙整分析。

4. 收視衡量機制對商業運作之影響

三立是全媒體的串聯，三立有新聞網、有天天購，用戶的行為可以得到很完整的分析跟記錄，知道觀眾看了什麼、買了什麼、不想看什麼，甚至是他對於廣告的反應，其實這些東西串在一起就變成使用者個人檔案（user profile），追蹤用戶完整的體驗跟行為，再來決定三立後面要怎麼去投放或推薦的東西，像是推薦內容跟廣告，現在三立電視台已著手測試用戶觀看行為分析跟 user profile 的建立跟記錄。

第四節　數據驅動的收視衡量新典範

　　隨著閱聽眾接觸影音內容的習性典範轉移，電視收視率能觸及到的真實觀眾比例越來越少，就影音內容產製者及廣告主來說，因應數位時代的影音收視量測機制，勢必不停地進行內涵調整，方能找到最大部分的閱聽眾，洞悉影音本身的被接收狀況及消費者行為。以趨勢來看，數位工具的資料驅動（data-driven）（Mason & Patil, 2015）與「向運算轉」（computational turn）（Berry, 2011）傾向，是近年傳播媒體研究領域的顯學（劉慧雯，2018）。

　　新媒介環境下，無論是研究者或產業者均需採取新的工具與概念（如大數據、數位足跡、社群互動等）來分析互動網路條件下的參與型閱聽人新特徵。匯流（convergence）助長了各種傳統媒介內容的網路化，也因為網路化、雙向、互動、社群、隨選、多螢等閱聽行為特徵凸顯，在影音內容的收視量測上，除了傳統的電視內容收視率調查框架，輔以其他網路收視狀況調查，會是更為符應真實收視情況的作法。如，同個節目若在電視上播出，也在 OTT 平台播出，其總收視狀況或收視人數估計，無論對於內容產業、播放媒介、廣告主等多方，都會有助其策略上的考量規劃。

　　近年常論及「電視已死」，或剪線潮已然來臨，但觀眾對戲劇、節目等影視娛樂內容的需求並沒有減少，只是收視習慣和型態改變了。有了網路、有了各種行動終端裝置，閱聽眾可以在任何時候選擇自己想看的影片，電腦、平板、手機都是多螢追劇的主角，而 OTT 平台就是在這樣的背景下誕生與壯大的。Netflix 個案或許可為臺灣 OTT 及電視產業、內容產業帶來啟示，從產業面的收視平台新商業模式、新收視行為量測型態，到閱聽眾個人消費方式與觀念習慣的改變。

　　網路化、互動化、平台化、數據化的收視年代，只要資料庫累積夠多使用者的行為資訊，即可期待更為精準地掌握特定族群的收視習性，進而產製用戶希望看到的內容。此外，傳統電視收視率調查模式為人詬病主因之一在於，調查報告無法呈現所有的節目收視數字，製作與行銷方因此對於節目收視狀況的瞭解猶如身在五里霧中。收視率不到 1% 的節目或頻道，廣告商便無法藉收視率報告得知其收視族群輪廓，不敢投資；因此節目產製者的製作

經費減少，內容、品質自然下滑。OTT 崛起，內容消費模式轉變，若能透過更為多元的收視報告呈現及更分眾的收視行為分析，廣告商能找出目標收視族群，提升廣告投放精準度，節目產製者也得以抓穩閱聽眾喜好，製作更為符合不同族群的節目。

　　從媒體頭端直接蒐集收視資訊，可達成於多通路的媒體環境下，對海量收視眾行為之較為精準測量，改善傳統電視收視率調查方法的缺陷，例如：樣本代表性不足、抽樣誤差等問題，同時還能夠測量廣告收視率；若搭配收視質以及更多元的區隔變項進行交叉分析，其所得結果貢獻將遠超過現今的收視率調查報告。此外，今日媒體或平台頭端雖可蒐集到豐富收視眾資料，從產業鏈角度看，第三方機構很大的價值會在於為產業鏈上的商業行為提供真實可靠的客觀資料參考，因此，平台亦期望能有更多的第三方機構推出不依賴於媒體單方所公布資料的量測服務，雙方深入合作，以提升收視監測服務的品質和準確度。

參考文獻

中文部分

Maple（2016 年 4 月 21 日）。〈愛奇藝「分甘同味」是哪一味？授權影音平台崛起的重要性〉。取自《娛樂重擊》，https://punchline.asia/archives/24549

中央社（2018 年 3 月 30 日）。〈愛奇藝網站　美國那斯達克上市〉。取自《聯合新聞網》，https://udn.com/news/story/7333/3060568

六合諮詢（2018 年 6 月 2 日）。〈愛奇藝：中國網絡視頻行業領導者，「內容＋技術」雙輪驅動，打造中國版 Netflix〉。取自《知乎》，https://zhuanlan.zhihu.com/p/37628945

李丹（2018 年 3 月 17 日）。〈愛奇藝擬赴美 IPO 融資逾 20 億美元較原計劃高逾四成〉。取自《華爾街見聞》，https://wallstreetcn.com/articles/3253892

谷玲玲（2017）。〈美國 OTT TV 的創新服務與經營模式〉。於劉幼琍（編）《OTT TV 的創新服務、經營模式與政策法規》，頁 87-114。臺北市：五南。

周怡伶（2016）。〈媒體囚徒困境？看三立如何善用「粉絲經濟」，斥資 10 億打造網路影音平台「Vidol」〉。取自《天地人文創》，https://blog.tiandiren.tw/archives/22580

胡華勝（2021 年 10 月 24 日）。〈你 OTT 了嗎 4／Netflix 擊敗愛奇藝奪冠　業者：平台最壞的時代　影音創作者最好的時代〉。CTWANT，https://www.ctwant.com/article/146659?utm_source=yahoo&utm_medium=rss&utm_campaign=146659

國家通訊傳播委員會（2019）。《數位經濟下我國影音 OTT 收視衡量機制於商業運作模式之初探》。臺北市：國家通訊傳播委員會。

詹克暉（2017）。《OTT 影音服務法規管制與其商業模式的演變——以樂視網及愛奇藝為例》。成功大學電信管理研究所碩士論文。

愛奇藝（2018）。取自 http://www.iqiyi.com/common/aboutus.html

愛奇藝（2018 年 9 月 3 日）。〈愛奇藝宣布關閉前台播放量　影視行業不

能「唯流量論」〉。取自 https://www.iqiyi.com/common/20180903/662e 8624cdaa7ce8.html?from=singlemessage&isappinstalled=0&fbclid=IwAR0 or-qC6TSUkklLAlh4l_z4-FPMBkEFzVOUH1vqZNfsxuPapqJ7XK2VDBI

愛奇藝（2022）。取自 https://www.iq.com/?lang=zh_tw

劉幼琍（2017）。《OTT TV 的創新服務、經營模式與政策法規》。臺北市：五南。

劉幼琍、徐也翔（2017）。〈台灣 OTT TV 的創新服務與經營模式〉。於劉幼琍（編）《OTT TV 的創新服務、經營模式與政策法規》，頁 229-270。臺北市：五南。

蔡念中、邱慧仙（2020）。〈OTT 影音時代的收視量測機制：以愛奇藝為例〉。《視聽傳播》，**50**：97-119。

劉惠琴（2017）。〈台灣追劇族有多狂、最愛看哪部影集？Netflix 年度榜單出爐〉。取自《自由時報》，https://3c.ltn.com.tw/news/32299

劉翠萍、付曉嵐、李敬蕊（2017）。〈2016 年中國視頻行業付費市場研究報告〉。取自《藝恩網》，http://www.entgroup.cn/Views/38420.shtml

劉慧雯（2018）。《以（大）數據方法認識客家電視台閱聽人：以臉書為例》。客家委員會客家學術研究報告。

劉孅瑩（2016）。〈專訪三立行動媒體部副總林慧珍／Vidol 專攻偶像劇打造粉絲經濟〉。取自《娛樂重擊》，https://punchline.asia/archives/26117

外文部分

Berry, D. M. (2011). The computational turn: Thinking about the digital humanities. *Culture Machine, 12*.

Elkawy, A. A., Lekov, A., Adhikari, K. R., & Portela, M. (2015). *Netflix – the new face of the TV industry.* Retrieved from https://www.researchgate.net/ publication/277311914_Netflix_-_the_new_face_of_the_TV_industry

Inside BIGDATA (2018, January 20). *How Netflix uses big data to drive success.* Retrieved from inside BIGDATA: https://insidebigdata.com/2018/01/20/ netflix-uses-big-data-drive-success/

Mason, H., & Patil, D. J. (2015). *Data driven: Creating a data culture.* New York: O'Reilly.

Medina, J. J. (2017, May 18). *Netflix to spend more than any other film studio this year?* Retrieved from Latino Review Media: https://lrmonline.com/news/netflix-to-spend-more-than-any-other-film-studio-this-year/

Morris, D. Z. (2018, July 8). *Netflix is expected to spend up to $13 billion on original programming this year*. Retrieved from Fortune: http://fortune.com/2018/07/08/netflix-original-programming-13-billion/

Netflix (2018). *Financial releases*. Retrieved from Netflix Investors: https://ir.netflix.com/investor-news-and-events/financial releases/ default.aspx

VAB (2018). *You down with OTT? An overview of the competitive video ecosystem.* Retrieved from VAB: https://www.thevab.com/wp-content/uploads/2018/03/OTT-Ecosystem-Overview-Final.pdf

5

CHAPTER

購物頻道電商 OTT 及網路平台發展現況與展望

前言

　　網路與電視匯流之數位經濟時代，電視購物商業模式轉變，除了與網路結合，於臉書、YouTube 等社群媒體平台合作直播銷售商品，或藉著串流影音平台進駐 OTT 平台銷售、創建應用程式（APP）等抓緊行動時代的新興通路商機，都是傳統電視購物頻道面對新世代消費模式轉變、媒介科技變遷的因應策略。臺灣購物頻道結合通路開發拓展與創新策略，具有強大的產銷量能，對整體經濟影響之連動與產業未來發展趨勢同樣值得深入探索。

第一節　媒體環境變遷下的電視購物頻道

一 研究源起及背景

電視購物頻道的興起，最初源於美國有線電視所播放的資訊式廣告（infomercials），通常將拍攝好的節目影帶於凌晨、午夜或其他冷門時段播放，方便民眾在家購物，興盛於 1940-1960 年代，1960 年後一度沉寂，直至 1982 年全球第一家電視購物公司「家庭購物網路」（Home Shopping Network, HSN）成立後，各國發展電視購物頻道如雨後春筍，產業活絡方興未艾，其後受到通路拓展與科技創新因素，各類不同的電視購物商業型態，如直播、網購的出現，進而衍生不同市場競爭樣態。然而隨之而來產生諸多法律問題，包括電信通路資訊安全保護、消費者《個人資料保護法》（以下簡稱個資法）問題；另外，以廣告為主的內容傳播，涉及《公平交易法》、《健康食品管理法》等管理問題，加上傳播產業市場變化，無線電視、有線電視收視人口下滑等，造成電視購物產業面臨新的挑戰。

依據我國《衛星廣播電視法》（以下簡稱衛廣法），對於電視購物頻道的定義，為「專以促銷商品或服務為內容之廣告頻道」，源自 1992 年「無限快買電視購物頻道」，屬於無店面銷售通路，其後在東森得易購於 1999 年年底開台，2005 年富邦 momo 台開播，同年中信集團投資的 ViVa TV 購物頻道開台，形成購物頻道產業整體營收規模從開始時的臺幣 1.2 億提升至 2011 年約 500 億，經過上述幾家頻道營運企業引進日、韓、美營運體系，全臺灣的電視購物節目覆蓋人數超過總人口的一半以上，潛在營收規模可達千億元左右（郭貞、黃振家，2013）。

在網路與電視匯流之後數位經濟時代，電視購物商業模式出現轉變，開始與網際網路作結合，除了設立官網發展電子商務之外，並於臉書、YouTube 等社群媒體平台直播銷售商品，或藉著串流影音平台進駐 OTT 平台銷售，通路布局發展形成多元競爭。

整體而言，儘管電視購物市場呈現委縮的趨勢，但仍具備發展之前景，2014 年 ViVa 購物台反向加碼投資擴張兩臺規模，東森集團森森購物推出手

機購物 APP「樂購森活」，利用手機語音辨識系統快速聯網下單，富邦集團投資的 momo 購物則積極經營網購營收，皆是運用網路普及加上智慧型手機的便利，趁著零售走向全通路時代，電視購物基於過去商品與供應商的資源豐富，物流與金流亦有其基礎，同時養成一批忠誠的消費者，轉型中仍具備其優勢。

由此可見面對新世代消費模式，臺灣購物頻道通路開發拓展與創新策略，仍具有強大的產銷量能，然傳統的電視購物面臨之新挑戰與因應，對整體經濟影響之連動與產業未來發展趨勢，仍待進一步研究探索。

二 研究目的及問題

隨著新的銷售通路模式興起，購物頻道事業從電視購物頻道、型錄行銷一路跨足至網路，最近隨著影音、直播平台的興起，再度將銷售觸角擴大到電視對電商（TV to Online, T2O）、電商對電視（Online to TV, O2T），進行多通路跨螢整合。面對整合網購零售業、行動影音新戰場，在跨螢幕的眼球競爭下，新型態之行銷導入網路直播、網路 VR 虛擬購物等新興技術，臺灣購物頻道的電商模式發展由商家對顧客（Business to Consumer, B2C）進入線上對線下（Online to Offline, O2O），許多集團欲進入市場，惟電視購物產業有其門檻及限制，且產業各業者已各占鰲頭、持有一定之市占率。

既有電視購物頻道主要市場參與者面對影視環境改變，無線、有線及衛星電視與網路電視市場此消彼漲，加上電視收視族群習慣改變，串流影視平台、多媒體平台之新進業者加入搶奪不同收視族群，競爭上無論強調維持垂直整合，或以水平管制措施來維繫電視產業之經營，市場結構對電視購物造成影響，通路的改變促使業者不得不面對市場挑戰、尋求轉型。

本研究之目的在釐清影視產業市場消長變化，通路生態改變，對透過不同內容形式販售商品的電視購物，如何應變此通路變化及不同收視族群觀看習慣，改變內容及服務模式，其面臨的問題不僅在收視來源多元化，如何為目標消費族群增加收視選擇及服務方式，並顧及多螢收視的產業環境下，能夠維護並保障消費者權益，釋出市場利基贏得市占率。電視購物如何在動態變遷之環境中轉型發展，保護消費者權益又拓展市場，實為媒體政策擘畫者所必須深切思考之議題。

　　綜合上述，本研究針對臺灣購物頻道產業在數位匯流時代面臨之挑戰，進行現況及趨勢探討，歸納以下主軸：

（一）電視購物產業發展歷程、市場競爭現況、經營策略及市場發展模式。

（二）電視購物產業所面臨之挑戰、因應對策、整體經濟連動之影響及未來趨勢與匯流整合新契機。

（三）新世代消費模式下，購物頻道之通路開發與新策略對總體經濟面、產銷量能之影響。

三 立論基礎

　　近 10 年來，為了清楚描繪傳播產業多樣化的面貌，傳播產業研究逐漸受學術界與實務界的重視。一方面是由於傳播產業研究內容能更貼近於現實的傳播環境；另一方面，由於其研究結果對於傳播產業的發展能夠有實質的幫助。國內尤其在媒體市場開放後，傳播產業市場活絡，競爭激烈，更引發許多學者投入傳播產業的實務研究。

　　「傳播產業研究」泛指包括影響媒體市場結構、競爭策略、產製流程、文化商品與法規等的相關研究論述。研究者們較常採用的研究理論，包括有政治經濟學、產業經濟學、策略管理、反托拉斯法等，來分析傳播產業的市場環境。其中，又以產業經濟學理論最受重視（蔡念中，2003）。

　　近年來由於科技媒體快速興起，購物頻道產業在數位經濟時代面臨之行銷模式多樣化及廣告手法日新月異，欲瞭解產業消長及變化，本研究採產業經濟學理論 SCP（structure-conduct-performance paradigm，結構—行為—績效）分析模式，以電視購物頻道產業為研究對象。此產業經濟學的研究面向，最早係由學者 Edward S. Manson 於 1939 年揖出之市場結構、行為與績效的連結架構。簡言之，即以研究不同的市場結構，進而分析媒體企業如何決定競爭策略與獲取經濟利益（Schere & Ross, 1990）。基本論述，是指產業的市場結構會影響到廠商的市場行為，而產業的市場結構與廠商的市場行為，則會共同影響到廠商的經營績效。此三者間的影響，即知名的產業經濟分析的 SCP 研究模式（陳炳宏，2001）。

　　SCP 模式進一步細部分析，可將其分成三部分來探討：

（一）市場結構（structure）

在市場結構方面，其型態可以分為獨占、寡占、獨占競爭與完全競爭等，其研究重點在於分析買賣雙方的市場集中度、產品化差異度，以及市場的進入障礙等（Bain, 1968）。

（二）市場行為（conduct）

市場行為則是指廠商為提升市場競爭力而採取的行為模式或市場策略（周添城譯，1990），其研究重點在於分析廠商的產品價格策略、產品銷售策略、市場競爭策略，以及因應競爭者市場策略所採取的反應機制等（Bain, 1968）。

（三）市場績效（performance）

至於市場績效，多位學者如 Bain、蕭峰雄與黃金樹、陳炳宏等，則是指廠商採取其市場策略後，所得到的經營成果。其研究重點，包括有資源使用效率（如獲利率、生產的效率規模）、經濟效率（如技術效率、配置效率）、經濟公平（如所得分配、廠商利潤）、經濟穩定（如物價穩定、就業穩定）以及進度的效率（如產製技術進步程度）等（蔡念中，2003），如圖5-1。

電視購物頻道產業歷經消費者收視行為改變、喜好改變，影響整體購物頻道產業生態及市場結構，為迎合此種變化，傳統電視購物服務及內容傳輸開始結合電子商務、系統智慧電視應用等數位經濟模式開展，新型態商務模式或事業結合帶給購物頻道市場何種績效與影響，產業經濟學主要研究產業間或產業內的市場結構、廠商行為與經營績效間的連動關係，其論述根基於產業結構會影響到產業的廠商行為，而產業結構變化及廠商行為（經營模式或策略）會連帶影響到廠商經營績效，三者間的相互影響關係即為 SCP 模式分析重點所在（周添城譯，1990）。

Wirth & Bloch（1995）研究亦指出，運用產業經濟理論 SCP 分析架構探討媒體產業的市場現況議題，蔚然成為趨勢，而此研究概分兩大類：其一研究各類媒體產業的市場結構議題，其二是探討產業結構與廠商行為或經營績效之關聯（陳炳宏、鄭麗琪，2003）。本研究除了以此學理基礎研析我國

市場結構

賣方市場集中度
買方市場集中度
產品差異化程度
市場新進入者的障礙

市場行為

產品價格策略
產品銷售策略
市場競爭策略
因應競爭者策略的反應機制

市場績效

獲利率
技術效率
廠商利潤
物價穩定
產製技術進步程度

資料來源：陳炳宏（2001）

圖 5-1 產業經濟分析基本架構圖

購物頻道產業現況，相關個案研搜資料亦將秉持結構、行為、績效 SCP 分析架構，彙整資訊以供國內決策者及購物頻道業者參考。

其中，市場結構主要盤點及分析市場進入業者之市占率、營業額以分析市場集中度，市場行為則透過業者對其頻道之經營特色、競爭優勢、面對新型態消費習慣轉變之挑戰及轉型策略予以分析，而市場表現則以文獻資料分析法先行盤點介紹。

四 研究設計

為確實執行前述研究議題與範圍，達成研究目的，將以文獻資料分析、深度訪談及制度比較法進行初步國內產業現況研究；掌握國內等各業者歷史發展、市場競爭、經營策略、未來展望等資訊。資料蒐集瞭解國內發展與面臨議題後，並透過國外相關案例分析比較、業者深度訪談及焦點團體座談會之討論，納入市場經濟學理論市場經營模式之討論，凝聚各界對於本研究有關之市場研究議題看法，提出我國電視購物產業因應數位經濟發展之方法與建議，最後將綜合彙整前述研究成果，提出結論。研究方法介紹如下：

（一）文獻資料分析

首先藉由文獻資料分析法，對於目標個案研析及臺灣電視購物之發展歷史、市場競爭現況、各家經營策略進行整體研究，掌握在網路與電視匯流之後，數位經濟時代下臺灣電視購物產業現況，以產業結構—廠商行為—經營績效 SCP 學理架構下，彙整初步全貌：

1. 電視購物產業發展歷程
2. 市場競爭現況
3. 業者競爭策略
4. 市場發展模式
5. 電視購物產業面臨之挑戰及因應對策
6. 匯流後整體經濟連動對電視購物產業之影響

綜合上述彙整資料方向，在分析購物頻道產業目前市場架構、廠商行為及經營績效，提出裨益未來產業發展分析看法。

（二）深度訪談法

如前述研究背景與議題整理之內容，後續將繼續配合深度訪談研究方法勾勒國內產業發展脈絡。深度訪談於內容規劃上，結合產業結構—廠商行為—經營績效 SCP 分析模式，深訪學者及業者產業現況，以取得其目前對於電視購物頻道經營的看法以及在頻道經營可能面臨的機會及挑戰議題。

受訪對象包括東森集團代表、富邦 momo 購物代表、美好家庭 ViVa TV 以及學者專家等約 10 人。

　　產業現況除了透過深度訪談法，並將與既有購物電視頻道主要市場參與者及產業利害關係者（如表 5-1 整理），以規劃後續的焦點團體研究方法，進行市場概況、產業挑戰以及未來發展趨勢之深入分析。

表 5-1　電視頻道業者與其利害關係者

電視購物頻道業者	電子商務平台業者	有線電視系統業者	廣告業者	OTT平台業者	品牌行銷／數據行銷業者
momo 購物、東森購物、美好家庭（ViVa）、美麗人生、靖天購物	momo 購物網、東森購物網、美好家庭（ViVa）購物網等	寬頻電信業者、大豐有線電視集團等	廣告代理商、數位媒體廣告商等	friDay、myVideo 等電信 OTT-V 業者	品牌行銷業者、數據行銷公司、網紅經紀公司等

資料來源：本研究彙整、國家通訊傳播委員會（2020）

（三）焦點團體座談

　　完成文獻分析及深度訪談之工作，並綜合歸納分析後，彙整相關議題，擬由焦點團體座談會舉辦，透過產業利害關係方代表彼此深度對話，共同針對我國數位經濟時代下購物頻道產業發展現況與展望，進行討論，藉以凝聚問題焦點。

　　探討議題包括：

1. 臺灣電視購物頻道產業面臨之多通路挑戰（電商平台、OTT 服務及社群商務等），如何因應及轉型？
2. 新世代消費模式對於電視購物頻道之通路開發拓展與創新策略為何？

第二節　購物頻道產業的崛起與發展

(一) 購物頻道定義及產業由來

關於電視購物頻道的銷售概念最早在 1980 年代美國蔚為風行，頻道的運作模式可被視為是一種專門提供觀眾購物的電視節目或專業頻道，其節目模式（program model）通常包括現場產品展示及演釋，由銷售專家及示範者以銷售時的特定腔調為產品提供銷售宣傳，引導收視的觀眾訂購其頻道展示產品，頻道上販售主流商品，往往有其專業類別，如高級時尚和珠寶等。

購物頻道作為電視頻道，內容主要係在推銷商品，「以電視為媒介，集宣傳、組織銷售為一體的社會商業性服務活動。」而對於消費者來說，電視購物是透過電視完成購物行為之通路。就頻道內容而言，Engel、Warshaw、Kinnear 與 Reece（2000）指出，購物頻道內容乃是以商業化性質節目播出，並非娛樂性質之節目，其目的為銷售商品，藉由銷售產品來獲取利潤。電視購物節目主要是在說明產品功能與特點，且長時間播放產品廣告，故購物頻道是屬於全廣告頻道之類型（葉華鏞，2001）。至於內容呈現方式，電視購物以多媒體的方式呈現動態、活潑且具吸引力的畫面，可提供更多資訊給消費者參考，以直接對消費者推銷商品的方式刺激消費者的購買意願（林聖瀧，2004）。

購物頻道產業最早出現於美國有線電視系統，因美國幅員廣大而興起民眾在家購物商機，購物頻道運作方式早期為特定產品事先拍攝好節目影帶，長度約 30 秒至 30 分鐘或 1 小時，內容主要以畫面呈現與敘述產品之優點，播出時間多半在凌晨、午夜後或其他冷門時段，當時被稱之為資訊式廣告（infomercial）頻道（李海容，1997）。經過二十多年的發展演變成今日消費者熟悉的產業樣貌，電視購物頻道作為零售通路，顧客透過收看電視節目，在電視上有行銷商品程序，通常再以電話或通過智慧聯網訂購該商品。電視家庭購物的主要優點是顧客可以在電視螢幕上或通過網路上的媒體影音看到商品。為了應對烹飪、裝飾、自己動手（DIY）和其他生活方式節目的增加，家庭購物零售商已將更多示範納入其節目中，以試圖教育他們的潛在客戶（Minh & Tram, 2016）。

電視購物頻道屬於虛擬通路的管道之一，是為無店鋪販售。電視購物頻道乃是通訊購物的一種，商品資訊經由有線電視系統傳送，使消費者可以在家中利用有線電視進行零售交易（蔡國棟，1995）。是故，透過電視畫面的拍攝，使消費者得以看清楚產品的外觀，並由電視購物主持人積極加以詳細介紹與示範產品，有時採取現場方式播放，觀眾可以隨時來電詢問產品的相關問題，並下訂單（Stephens, Hill, & Bergman, 1996）。因此電視購物是一種直效行銷，企業經由直接信函、電話或推銷人員，直接攻入最終消費市場的活動（Kotler, 2003）。

電視購物位於有線電視中的特定頻道，透過全天候播放產品銷售廣告，吸引消費者的注意，並藉由主持人生動的講解、強調產品效果與現場光影布置的效果，激發消費者購買的慾望。產品的訂購方式則可以藉由電話語音直接訂購或專人客服，皆提供送貨到府的服務以及產品退貨由專人到府收件，為忙碌的現代人創造更便利之購物方式（黃齡儀，2008）。

二 購物頻道產業發展

電視購物的起源乃是從美國開始，早期在美國地區約有十二個購物頻道，都是地方電視台實驗性質的互動節目，一直到 1980 年代末期，才成功的商業化（黃鳴棟，2003）。當時 Lowell、Bud、Paxson & Roy Speer 推出了一個名為家庭購物俱樂部（Home Shopping Club）的本地有線電視頻道，後來 1982 年在全國收視範圍內推出了家庭購物網路（Home Shopping Network, HSN），HSN 成為全世界第一家電視購物公司，隨即風靡全美，銷售額扶搖直上，被稱作「銷售業的第三次革命」，與網路購物並列為「現代家庭購物新方式」。受到電視購物充滿彈性的作業流程，例如：可選擇付款、運送、購買、搜尋以及退貨的方式，形成電視購物台的重要特色（Parasuraman, Zeithamal, & Berry, 1991）。其中，電視購物公司 QVC 成立於 1986 年，早期在 1987 年的營業收入僅有 1 億多美元，根據學者 Stephens、Hill & Bergman（1996）研究，QVC 購物頻道中主持人親切的介紹並搭配電話連線（call-in），讓觀眾與主持人產生互動，主持人及節目提供多重說服策略，很容易打動觀眾立即購買，是以 2002 年美國電視購物銷售額快速達到 73 億美元（約臺幣 2,183 億元），占當年全國零售總額的 1.8%

（郭貞、黃振家，2013），至 2006 年成長到 80 億美元（約臺幣 2,392 億元），QVC 最終在 2017 年收購 HSN（Isidore & Goldman, 2017）。QVC 是美國最大的電視購物公司，百貨零售業務覆蓋美國、德國、英國及日本市場。

臺灣的電視購物開始於 1992 年，俗稱的購物頻道是指電視頻道內容完全在推銷商品，有別於一般的電視節目，正確用語應為「廣告專用頻道」。一開始以有線電視廣告專用頻道的型態來經營，例如：首家電視購物頻道「無限快買」於 1993 年營業額已達臺幣 1 億 2,000 萬元。然由於業者良莠不齊，銷售之產品種類集中在美容豐胸等產品，銷售手法誇大不實又讓消費者使用後不滿意而引發許多交易糾紛（彭玉賢，1999）。2000 年政府通過《食品安全衛生管理法》，對原本充斥購物頻道的藥品與保健食品做規範，並且提高進入臺灣電視購物頻道產業的門檻。此時東森媒體集團成立專屬購物頻道，朝向專業化購物頻道經營，並且與韓國電視購物頻道業者技術合作，開發電視購物資訊系統。自此臺灣的電視購物頻道進入專業與企業化經營之階段（謝文中，2004）。

在亞洲地區，韓國是電視購物頻道產業發展最為成功的國家之一。韓國科學技術情報通信部（MSIT）自 1995 年核准 GS Home Shopping 及 CJ Home Shopping 之後，電視購物在韓國快速發展，為受民眾歡迎的一種購物方式，並且深刻影響著韓國的整個零售業市場。在韓國看電視購物節目如同看娛樂節目一樣，其中 LG 公司與 CJ 公司更是眾多電視購物公司中的佼佼者，這兩家購物公司的銷售總額從 1995-2002 年成長了 100 倍，如今已經發展為韓國最大的兩家電視購物公司。

資策會（2007）指出，「電視購物」係指企業經營者利用電視廣告，對視聽之消費者推銷商品，消費者則透過電視廣告所提供之聯絡電話向企業經營者訂購商品，企業經營者在確認消費者訂購商品後，以郵寄或宅配等方式將商品送達消費者之交易型態。在電視購物之交易類型，消費者可經由電視畫面所顯示之商品外觀查看商品，電視購物頻道商品介紹人員亦會說明與示範商品使用方式，消費者亦可透過電話詢問客服人員，以進一步瞭解商品之相關資訊，作為購物消費選擇之參考。

電視購物具體而言可謂「借助電視這樣一個平台，通過電視的藝術手法，生動詳細地宣傳、推銷商品，觀眾可以通過電視螢幕上顯示的聯繫方式

進行電視預購、銀行轉帳、電子支付等，賣方將商品通過物流配送達到消費者手中的便捷銷售方式。」綜合上述文獻分析電視購物頻道之定義，產業發展主要特色概約以下幾項：

（一）便利及消費安全性

　　電視購物在當時推出的時空背景下具有便利性優勢，消費者可以透過電視頻道的介紹而瞭解產品，並享有十天鑑賞期和專人送貨、貨到付款的服務，不出門也能輕鬆消費。Darian（1987）研究顯示，深具便利性是消費者選擇在家購物的原因之一。而 Auter & Moore（1993）亦指出，電視購物能提供全天候 24 小時購物服務，消費者不須出門，即可便利購物。吳雅媚（2004）研究也指出，方便性是消費者選擇電視購物購買商品的主因之一。

（二）價格優勢

　　消費者在選擇電視購物為其消費管道，其原因之一是因電視購物商品免除了中間商的剝削，透過廠商大量採購，或與業者合作，以廣告交換的方式，消費者可以用較低廉的價格購入商品，所以電視購物頻道中所販售的價格也較一般實體商店來的低價（吳雅媚，2004）。

（三）資訊完整性

　　電視購物的消費者無法在購物的過程中實際觸摸到商品，所以電視購物的內容多包含完整的產品資訊，藉由聲光和影像傳遞商品訊息，將產品完整呈現在消費者面前，其資訊完整性比其他無店鋪銷售方式要多。

（四）虛擬社交

　　電視購物頻道通常是主持人完整介紹產品，且示範產品的使用方式，在節目中呈現產品的效果。根據相關研究顯示，當主持人向觀眾介紹和推薦產品的過程中，如果觀眾對主持人留下良好的印象時，會與節目主持人產生類似社交（para social）的關係，認為彼此就像朋友一樣，進而認同主持人所說的，因此當主持人大力推薦商品時，就非常容易說服觀眾購買產品（Grant, Guthrie & Ball-Rokeach, 1991）。

第三節　數位經濟時代購物頻道的網路化策略

　　經過二十餘年的發展，電視購物在許多國家已經形成一個相對成熟的產業鏈，逐步走向了正規化、規模化和集團化的運行道路。臺灣電視購物頻道產業亦然，經歷了起步、成長、成熟與衰退這四個階段，產業的發展就像是社會發展的縮影，反映了社會的進步成長步伐，而傳統電視媒體的發展從根本上決定了電視購物的用戶規模和發展框架。

　　產業架構上，臺灣電視購物產業是國家法定的無店鋪零售業態的一種，存在零售業最基本的資訊流、物流和金流。而購物頻道與普通零售業的關鍵差異在於商品的展示，銷售通路是電視，其產業鏈構成主體有商品供應商、電視購物營運商、電視台、支付（金流）服務商、物流服務商和消費者（參見圖 5-2）。

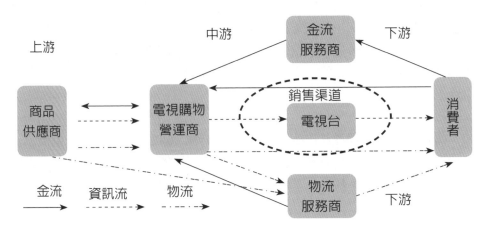

資料來源：國家通訊傳播委員會（2020）

圖 5-2　電視購物頻道產業鏈

　　電視購物產業鏈上游是資訊流。由商品供應商產生商品資訊傳遞給電視購物營運商，電視購物營運商於是將商品資訊包裝、製作成廣告等，放到電視台（零售通路）播出，由電視台將商品的訊息傳遞給觀眾（消費者），完成商品資訊的傳遞。消費者如果需要產品可透過廣告的資訊聯繫方式將需求

傳遞給電視購物營運商，下訂、購買商品，在商品使用過程中也可以將使用情況等訊息反饋給電視購物營運商和商品供應商。電視購物營運商與電視台之間，以合作方式形成電視零售通路。

觀眾（消費者）一旦確定購買商品，透過指定電話服務系統（或稱訂購專線），電視購物頻道產業鏈開始物流和金流運作。金流包括消費者向電視購物營運商（電視購物頻道）支付貨款、電視購物營運商與商品供應商、物流服務商、金流服務商之間按協議結算兩邊過程。目前因第三方支付及貨到付款已普及化，金流支付方式多樣，消費者可根據各自習慣採取不同的支付方式，卻也影響到各營運商之間的結算方式。物流環節主要包括三方面，即商品供應商和電視購物營運商的產品供應、產品儲存（入倉）、產品配送（出倉），依據各營運商的物流經營方式，亦分廠送、庫送等配送方式，影響到商品送出之服務效率及後續的售後服務，亦屬於業者的終端銷售形象。

臺灣電視購物頻道即上述所謂電視購物營運商依附在有線電視系統，頻道執照取得後須與電視系統業者協調上下架，內容頻道與通路系統電視台之產業鏈如圖 5-3 所示。有線電視產業主要的供應鏈為：由上游的內容製作業者，將所製作的節目、授權給中游的頻道商（自有或代理）編排成帶狀節目表，再由系統業者以所建置的線纜（光纖網路），對收視戶播送。若為寬頻產品，雖不必透過頻道商之編排，但需透過 ISP 等寬頻服務業者取得連外頻寬讓用戶連上網站收看節目。

如今影視串流盛行，有線電視式微並發生大量剪線潮。根據美國電影協會（Motion Picture Association of America, MPAA）公布的最新資料顯示，2018 年全球線上串流影音訂戶數 6.13 億人，超越有線電視訂戶數 5.56 億人；在臺灣光是 2019 年第一季，全臺有線電視訂戶相比去年同期，就減少 15 萬戶（吳元熙、唐子晴，2019 年 7 月 12 日）。日本、韓國等國家電視購物營運商在電視購物產業電視系統收視人口下滑時，大幅應用有線或數位電視系統業者與智慧電視機上盒合作開發新的商業模式，例如：數位雙向機上盒提供之數據與網上串聯的服務、互動，讓收視戶看到有線電視節目內容更多「附加價值」，提出之購物服務更先進便捷。

購物頻道是一種集電視業者、廠商、消費者三贏的行銷傳播模式，我國電視購物多年來一直存在著電視購物頻道和電視直銷廣告相互競爭發展的局面，這兩種型態也一直共生共存；隨著時代的脈動、科技的進步，在網路世

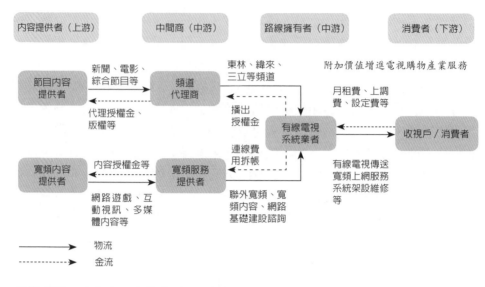

資料來源：陳惠玲、卓佳蓉（2014）

圖 5-3 有線電視產業上下游金流、物流產業鏈

界進行各種活動成為消費者的日常，消費模式改變，讓購物頻道轉型存在著許多挑戰。

一 新世代消費模式對購物頻道產業之影響

隨著各類傳播新科技的大量發展，包括網際網路、即時通訊、簡訊、MP3、智慧型手機和平板電腦等科技產物，對於民眾的媒體使用行為產生非常大的影響，進而形塑消費習慣的轉變。1996 年貝佐斯（Jeff Bezos）創辦了亞馬遜書店，改變傳統零售業與消費者購物習慣，更使全球電子商務蓬勃發展（吳仁麟，2019）。

至於智慧型手機的興起更徹底改變了消費者的使用模式，萬事達卡於 2016 年 11 月針對手機購物進行調查（MasterCard Mobile Shopping Survey），亞太區報告針對其中十四個市場、1,500 位年齡為 18-64 歲擁有銀行帳戶的消費者，進行手機購物消費習慣的整體分析，調查結果顯示臺灣使用行動購物習慣已經躍居亞洲前十名，比鄰近的日本、香港還要熱門。再

進一步分析手機網購的原因，除了方便性外，各式手機購物 APP 的推陳出新（48.4%）和手機機動性高（46.1%）等，使得消費者越來越喜歡善用零碎時間完成購物（洪聖壹，2017）。

此外，根據資誠聯合會計師事務所於 2019 年 3 月 19 日公布的《2019全球消費者洞察報告》，調查發現，24% 的消費者以手機為主要購物工具，10 年來首度超越個人電腦（23%），另有 16% 的消費者則是透過平板電腦進行線上購物；以線上購物頻率來說，36% 的消費者每個月一次上網購物；25% 的消費者每週一次，6% 的消費者每天上網購物，而從來不上網購物的消費者則降至 7%。

東森購物曾進行旗下通路概況盤點及使用者調查（唐子晴，2018），有線電視共計有四個購物頻道，而在中華電信 MOD 上則有五個頻道，收視用戶共計超過 650 萬人，但觀眾七成為女性，且年齡曾較高、落在 45 歲以上；而在購物網東森和森森上，雖然用戶相對年輕，多為 30-39 歲，但隨著數位化時代來臨，吸引更多習慣在網路上購物的人，已成為當務之急。因此，東森已積極進軍 OTT 市場來開發年輕消費族群，並曾透過網路與電話進行隨機調查發現，77% 受訪者使用過 OTT 影音服務平台，每人平均每天花 81.2 分鐘收看；而進一步鎖定在 OTT 購物意願，32.1% 的受訪者有意願使用 OTT 所提供的影音短視頻購物服務，以 31 歲以上男性、北部與中部地區民眾居多，顯示在 OTT 上的消費族群年齡層普遍偏低。

以上資料顯示出新世代消費模式已經產生變化，如圖 5-4 所示，消費者越來越依賴數位科技，面對數位消費趨勢來勢洶洶，購物頻道營運模式也要跟著改變，才能免於遭到時代洪流的吞噬，這對購物頻道產業是一個要深思及處理的問題。人手一機的時代改變消費者行為模式，消費者隨著生活場景的不同，手機、平板、電腦或電視等多螢輪番使用，訊息不斷暴增卻又破碎化，購物頻道業者如何與消費者溝通成了當前的挑戰。

購物模式的轉變

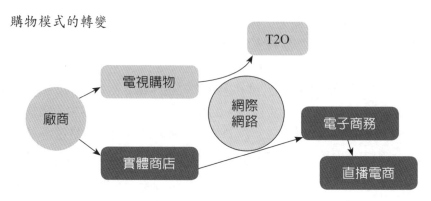

資料來源：田智弘（2017）

圖 5-4　電視購物消費模式的轉變

二 購物頻道之線上通路開發

從網際網路時代到行動網路時代，消費者購物模式隨著科技的進步也跟著改變，當上網購物或手機購物成為主流時，電視購物頻道業者的營運模式也需要跟著調整，如何開拓更多新通路將是最重要的營運目標之一。

將電視和電商做連結，從電視（TV）導購到線上（on-line）將是所有購物頻道轉型的第一步，因此衍生出 T2O（TV to Online）商業模式（如圖 5-5 所示）。廠商可利用行動 APP 實現邊看邊買的導購模式，讓消費者能一邊觀看節目，一邊又能透過手機進行購物，甚至衍生出多樣化互動模式，例如：掃 QR Code、搖一搖、投票或抽獎等。智慧型手機也可在手機螢幕上呈現商品廣告和節目花絮，突破了傳統電視購物的框架（田智弘，2017）。

直播電商的崛起也讓購物頻道業者嘗試加入直播電商的戰場，試圖另闢新通路。直播電商結合了電子商務和電視購物經營模式，以節目內容和網路社群為骨幹，利用黃金時段直播叫賣各種商品。

除此之外，本研究參考各國購物頻道發展過程，試圖瞭解各大型購物頻道通路開發拓展的策略，彙整如下（國家通訊傳播委員會，2020）：

T2O 輔導的商業模式

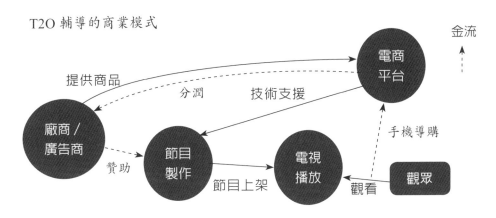

資料來源：田智弘（2017）

圖 5-5　由電視至網路導購的商業模式圖

（一）多通路經營

電視購物全通路行銷是趨勢，傳統單一的電視通路將向電視、網路 PC 端、行動終端、MOD、OTT TV、實體店、廣播、紙媒和電話行銷等多通路匯流轉變，電視購物與網路、行動終端、實體店將匯流發展，形成多通路經營。

預計影音串流將隨著 5G 時代的來臨而爆發，以購物頻道在影音方面的優勢，在 OTT 上提供購物服務是必要的策略，例如：東森集團已在 2018 年 3 月 31 日正式進駐遠傳 friDay 影音，開設三大購物直播專區，開啟虛擬購物通路跨足 OTT 平台，進行「網路影音」銷售的先例。繼上架遠傳 friDay 影音後，東森購物在 2019 年 8 月更與臺灣最大串流電視平台 OVO 合作，上架東森購物旗下東森購物台與東森購物 3 台等兩頻道，提供用戶更多元的收視選擇與聰明生活新知。東森購物台上架 OVO 平台試營運三週業績達 6 位數、瀏覽次數超過 2 萬，均優於預期。除了顯示年輕追劇觀眾也對電視購物有興趣之外，更接觸到不少家中未申裝第四台的客群（吳毅倫，2019）。

（二）資源整合

目前各國具規模的購物頻道均多元發展，為了達到整體營運目標，各通路不分你我、共享資源。例如：電視頻道提供跑馬燈協助宣傳，網站提供版

位曝光電視產品，於購物車結帳頁提供頻道業者相關訊息等，跨界共享彼此的行銷資源，減少許多通路間的隔閡。

美國 QVC 購物在 1996 年 9 月正式開展網路購物業務，其購物網站名稱為 iQVC，策略是將 iQVC 的業務與 QVC 的總體營運業務結合起來，開發和利用 iQVC 的網路資源和優化對顧客的服務。公司幾乎沒有為 iQVC 支出宣傳費用，反而將投資重點轉向不斷強化 iQVC 的服務，使顧客日益感受到在 QVC 購物的便捷。

臺灣東森購物頻道藉由媒體 ETtoday 協助配合商品置入性行銷，另在 APP 內開設了「美妝」、「美食」和「電視熱銷」三個專區，點入後將外連至網站，共計有一百五十樣商品，除了可觀看購物台預錄的商品電視節目內容，下方再設有連結，可導購至東森購物網，形成互相串聯的購買機制。

富邦 momo 購物背後有富邦金控集團的支持，導入台灣大哥大的實體店面和影音服務資源，將兩大業者的服務加以串聯，包括 myMusic、myVideo，共同合作推出多元服務。

（三）併購擴大市場規模

所有的併購案，最終的目的都是為公司及股東創造新價值，QVC 作為全球電視購物領軍企業，是傳統電視購物轉型全通路媒體零售的成功案例。QVC 公司在轉型過程中收購了戶外、保健、美妝、服飾、生鮮等多品類的垂直電商，不斷豐富產品線並獲取年輕用戶。臺灣東森購物在 2018 年 1 月以 10.6 億元取得香港販售美妝保養電商「草莓網」76% 股權，直接取得全球美妝銷售通路以及世界知名品牌的商品價差優勢，以提升國際採購能力、整體商品力，並拓展海外地區營收來源與營運布局，迅速步入跨境電商領域，並運用此跨境電商平台拓展包括中國等市場，銷售品牌美妝品及東森自營的保健食品等商品。合併至 2018 年，東森購物 5-6 月合計獲利 1.02 億元，整體獲利因草莓網加入，多通路策略奏效，表現較去（2017）年 5 月成長 36%、6 月成長 50%（財訊快報，2018）。

（四）布局海外市場

根據中國產業發展研究網在 2016 年發表的《中國電視購物行業市場現狀及發展趨勢預測》報告中提到，美、韓、日等電視購物發展相對成熟的國

家都將電視購物視為占領海外市場、整合境外資源的有效途徑。美國 QVC 很早就進入英國、日本、義大利、法國等地。韓國則相對提早布局於東南亞市場，在越南和泰國等地區，韓國甚至進入當地 5、6 家電視購物企業。

　　臺灣購物頻道產業也積極配合政府南向政策，將觸角延伸到東南亞及亞洲各國，2014 年 7 月 momo 購物新參股的泰國 TVD SHOPPING CO., LTD 公司開始營運，2015 年投資北京環球國廣媒體科技有限公司，用戶數達 1.3 億戶，為中國前五大電視購物業者，並於 2017 年 9 月併購位於阿拉伯聯合大公國杜拜之電視購物公司 Citruss TV，拓展中東、非洲、東南亞地區業務。

　　集團化的購物頻道憑藉成功經驗帶到世界各地，同時引領的供應商國際化，將整個供應鏈帶到世界舞台。

三 購物頻道的創新策略

　　面對電子商務的興盛，相對購物頻道的業績逐漸衰退，還有多少比例的人會購買電視購物的商品呢？波仕特線上市調網（Pollster）曾在 2016 年針對 1,852 位 13 歲以上國內民眾進行調查，結果顯示約二成（19.3%）受訪者「從來不看電視購物頻道」，而「以前買過」的受訪者共占 29.8%；「以前沒買過」的受訪者共占 50.9%。另一方面，「未來會買」電視購物商品的受訪者比例為 15.4%；而「未來考慮或可能會買」的受訪者比例為 39.5%，顯示電視購物市場的忠實及潛在客群仍有一定比例，共占 54.9%。這樣的數據給了會員逐漸流失的購物頻道業者一劑強心針。

　　在臺灣，有線電視收視占比超過六成，收視族群年齡層調查以 66 歲及以上最高（占比 68.7%），30 歲以下民眾收看 MOD 比例較高。而隨著電視生態改變，收視人口逐年減少影響電視購物市場規模，2010 年臺灣電視購物市場估計有 400 億臺幣規模，2013 年卻下滑到 300 億元，2016 年下滑到剩 200 億元臺幣規模（張嘉伶，2014；沈培華，2016）。

　　雖然目前這個市場正在萎縮中，但在美國還有許多國家，電視購物仍是最大的零售通路之一，業者如何利用電視頻道優勢綁住會員、鞏固業績是當前重要課題。以臺灣來說，500 萬收視戶每年創造 200 億元的交易，沒有任何一家購物頻道業者能忽視這個數字。

究竟購物頻道業者在數位經濟時代下應有什麼創新策略來因應並能扭轉局勢，整理市場上應用之六大創新策略如下（國家通訊傳播委員會，2020）：

（一）購物專家個人風格建立

美國學者 Stephens、Hill & Bergman 在 1996 年研究早期美國 QVC 購物頻道，發現購物頻道製作成與一般節目類似的節目，有購物專家親切的介紹並搭配電話 call-in，讓觀眾與購物專家互動，購物專家和節目本身提供多重說服策略，很容易打動觀眾立即購買。近年來有不少關於購物頻道之研究，學者們發現收看購物頻道的觀眾並非純粹為購物，有許多是為了尋求資訊和娛樂的目的而收看。觀眾和購物專家的互動越多，會增加其收看興趣和頻率，因而有可能增加其購買意願和購買行為（Grant, Guthrie, & Ball-Rokeach, 1991）。

所以建立購物專家的個人風格也是提升業績的一種策略，QVC 購物頻道著名購物專家 David Venable，他除了擁有高超的主持技巧，更重要的是他建立自己獨特的風格，善於在節目中通過故事化的表述以及個人體驗式的解釋來打動觀眾。公司也利用新媒體等熱門社群平台搭起購物專家與觀眾的多元溝通管道，建立粉絲的忠誠度，而這些紛絲都是潛在和現實的消費者，David Venable 個人就擁有百萬粉絲。

（二）大數據應用

電視購物節目乃是整合影音與數據科技（data technology）的歷史先驅（Baldwin, et al., 1996; Skumanich & Kintsfather, 1998）。各大品牌和企業每天所蒐集的數據都以「兆位元組」為單位，未來隨著 IoT 技術成熟，所有訂單、取消紀錄、評論、點擊瀏覽等數據都將被記錄下來，成為每個消費者專屬的檔案資料。經由分析之後，這些散落的數據，將變成有意義的資訊。作好購物頻道的會員分析不僅可以更好地瞭解當前的客戶群，可以通過研究瞭解消費者為什麼購買某些產品，他們購買的方法，他們購買這些產品的頻率以及他們在什麼條件下購買，獲得這些資訊後可將正確的目標族群導入網站，提高平台流量，再透過精準行銷傳遞訊息將有助於增加產業銷售額，發展出客戶忠誠度，並且吸引新客戶，擴大商機。

（三）組織團隊國際化

舉例來說，東森國際集團在 2019 年 3 月聘僱曾在全美前兩大 HSN（家庭購物網路）電視部擔任副總經理以及俄羅斯電視購物主管的美籍主管 George Bayer 擔任東森購物節目部副總經理，借重 Bayer 曾任職於海外大型電視購物以及國際媒體高層主管的經驗和視野，以期帶動東森購物業績快速成長。George Bayer 未來將把電視打造成跨媒體的影音購物平台，加入娛樂的元素，讓觀眾觀看電視時時會有驚喜，同時賦予商品生命及感動消費者，再運用大數據配對，找到最適合的購物專家來銷售對的商品。

（四）新科技運用

即使電商營利表現亮眼，但實際獲利卻越來越少，為了鞏固數位經濟效益，結合新科技和跨界為必要轉型方向。結合新科技包括運用擴增實境（Augmented Reality, AR）、虛擬實境（Virtual Reality, VR）增加購物體驗，利用社群和內容媒體的蓬勃發展，進行社群或內容的導購，例如：過去的網路口碑、現在的粉絲經濟、社群電商體現。對於產業來說，需運用新科技演算法做出更即時（real time）的反饋，例如：監控瀏覽商品或銷售大數據，即時上下架反映好或不好的商品，並進行銷售策略或行銷活動的調整。

2018 年 3 月韓國電信 KT 的 3D 立體試穿服務於現代電視購物（Hyundai Home Shopping）頻道上線，消費者可以通過點擊按鈕創造與個人體形相同的 3D 化身，隨意試穿女裝品牌 Joinus 的春季新款女襯衫，作為實際購買前的參考；2019 年進一步推出 AR 展示間（AR Showroom）服務，搭配電視與手機可模擬試穿或家具擺放。另外，KT 也和新世界（SHINSEGAE）數據電視商務購物頻道合作，針對其男裝品牌 Ungaro 推出 3D 立體試穿服務以銷售西裝（蔡玉青，2019）。

而國內 momo 購物看準行動商機將帶動營收及獲利再成長，宣布「以圖搜圖」服務正式上線，首波鎖定百萬件流行服飾，只需手機拍照就可以熱搜（林淑惠，2019）。此外，momo 購物 2016 年首度嘗試新科技，提供觀眾線上及線下同步收看節目方式，將網路購物線上直播和電視購物節目 Live 作跨螢幕串聯，並搭配 APP、Facebook、LINE 等網路社群直播技術，可隨時作多螢幕畫面切換，吸引更多不同年齡族群注意。

（五）名人／網紅加持

　　隨著購物型態轉變及新興銷售形式崛起，電視與電商購物業者積極轉型，有的擴大招募購物專家，有的號召 YouTuber、網紅直播主加入。富邦傳媒表示，電視購物市場年規模逾 200 億元，面對消費型態的快速變化，近年嘗試更多元化的節目呈現方式，如號召明星藝人、網紅與購物專家競賽做銷售，也帶動旗下電視購物業績呈雙位數成長（許家禎，2018）。

　　中國電視購物頻道從傳統電視購物經營模式開始，邁入結合多媒體新創商業經營形式（multimedia integration）後，從 2007-2015 年市場產值年複合成長率（CAGR）高達 24.6%。多媒體的經營結合電子商務社群內容平台，創造店家、名人／網紅及用戶合為一體的行銷模式，在數位匯流後消費者多樣化、差異化的需求中找到市場趨勢。由中國的個案分析可看出新型態的電視購物機制，已跨越傳統經營模式，例如：中國「小紅書」電商購物平台透過商品、內容話題及銷售分潤制創造新的商業模式。

（六）物流短鏈革命

　　所謂的短鏈革命，就是把原有拉的很長的供應鏈，加以縮短，形成一種在地化、區域化的生產模式。物流為服務消費者的最後一哩路，更是所有電商產業的基礎能力項目，沒有好的物流倉儲，基本上無法滿足消費者的需求。目前物流服務的發展越來越快，「快速到貨」服務從 24 小時進展到現在 5-6 個小時，未來將朝 3 小時送達目標前進。

　　以往 B2C（business to consumer）電商經營快速到貨的方式是建立大型倉儲，將商品先入倉管理，再由大倉統一出貨。物流業者也會在北、中、南重點區域建立轉運倉，將來自各電商平台集中分類之後，再由車隊地方配送。近期從電商業者的動態可以看出無論是 B2C 還是 C2C（consumer to consumer）市場，如 momo 富邦傳媒、PChome 等業者都將快速到貨視為是營運的重要方向，而衛星倉、短鏈物流的布局也將是未來的大趨勢。

　　在現今數位經濟時代下，以電視購物產業的發展趨勢來看，大部分人皆認為電視購物是夕陽產業，但是若能發揮電視購物頻道的媒介特性加上新傳播科技應用，就能在新零售時代成功轉型，創造更大的業績。國外有許多實際的成功案例，例如：美國的 QVC、韓國的現代，他們不斷使用新工具、新方法來服務消費者，業績不斷成長，QVC 控股母公司過去一年股票猛漲

45%，關鍵在於建立多通路與善用電視購物的服務溫度，與觀眾建立關係，打造社交體驗。可見產業雖然隨著時代進步不斷地在變化，重點是企業必須不斷改革，與時並進，才能在競爭激烈的環境中找到永續經營的契機。以下將彙整韓國、日本相關產業結構、頻道優勢及市場表現，比較分析後作為我國購物頻道產業發展趨勢之參考。

第四節　個案探討：日本購物頻道

一　購物頻道產業現況

（一）產業概況

　　電視購物在日本歸類於「通信販賣」（原日文：通信販売）產業，即不透過店面、透過媒體展示商品，並從消費者直接收取訂單銷售商品。根據日本《放送法施行規則》第 4 條之 4 定義，通信販賣節目係業者向閱聽眾展示商品或服務內容、推出銷售價格等細節，並透過郵務、電話等方式進行交易契約，以販售商品或服務為目的之放送節目。電視購物營運模式在日本又分為專營電視購物頻道之行銷、電視購物節目時段行銷，以及日本電視台自營廣告行銷等三大類型。第一類屬專營頻道業者，在日本主要有兩家：Jupiter Shop Channel 及 QVC Japan；第二類電視購物行銷，則是營運業者向電視台購買時段，編輯製播購物節目內容並處理訂購程序，此類業者包括 Oak Lawn Marketing、Japanet Takata、電視購物研究所（テレビショッピング研究所）等，出現於電視台 Teleshoppers 帶狀節目中；第三類則是由日本各大電視台自營之購物節目，如日本電視（日本テレビ）經營之購物節目（Mayonez, 2019）。

　　根據日本通信販賣協會（Japan Direct Marketing Association, JADMA）之調查，2020 年日本直接販售產值（包括電視購物、電話行銷、型錄等販售）規模約為 10 兆 6,300 億日圓，較上一年度大幅成長 20.1%（參考圖 5-6）。日本通信販賣市場數據之計算包含 B2B（business to business）平台及固定平台商城銷售，而電視購物通路僅為其一，由於 24 小時媒體頻道播放之助，成績在日本有所成長。

　　日本通信販賣產業中，通路比例由高到低依序為網路（22.1%）、型錄

圖 5-6 日本通信販賣市場規模發展趨勢

資料來源：日本通信販賣協會（Japan Direct Marketing Association）（2022）

（20.4%）、傳單 DM（14.5%），電視購物通路比例位居末次（11.8%）；2014 年數據統計，日本電視購物通路市場規模 7,257 億日圓（約臺幣 2,000 億元），銷售額前四名主要營運業者分別為 Jupiter Shop Channel（1,394 億日圓）、QVC Japan（963 億日圓）、Japanet Takata（415 億日圓）以及 Oak Lawn Marketing（265 億日圓）（Mayonez, 2019），以上均為電視通路營業額，非合併營業額。

另從電視台購物節目比例看產業現況，日本《平成 30 年情報通訊白皮書》調查 2017 年電視節目製作類型中，電視購物節目比例從 2016 年的 10.6% 下滑到 8.9%（參考圖 5-7），但由電視製播節目類型比例可見產業發展於日本相對穩定，升跌幅不大。

日本各大電視台經營之電視購物節目，以收視排行占前三名的朝日電視

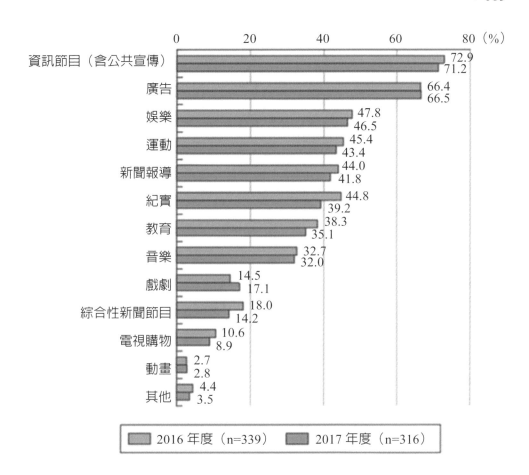

資料來源：總務省，平成 30 年情報通訊白皮書（2019）

圖 5-7 日本現行製作電視節目類型比例

台為例，屬於節目企劃與廠商品牌合作於特殊節目推出之節目，財政年報中電視台購物節目營利列入非主流營利，2018 年朝日電視台因拓展商品線，電視購物業績拉高至 7 億 9,000 日圓。日本電視購物通路版圖由此三類電視購物行銷模式而組成，但由於各家電視台經營之購物節目屬性與本次購物頻道研究無相比性，故不納入產業結構盤點研析。

（二）發展與組織結構

截至 2014 年底，日本第一、第二大電視購物市占始終由 Jupiter Shop Channel 及 QVC Japan 取得，Japanet Takata（原購買時段經營電視購物之業者，後成為衛星頻道營運業者）與 Oak Lawn 互相爭奪第三、第四位，2011 年幾乎不分軒輊，其他 2,000 億日圓之市場產值，則由各家電視台自製購物節目及電視台託播廣告節目所分食，競爭狀態由兩大專營電視購物頻道商占整體電視購物產業營收之 45% 為首，市場第三、四大電視購物營運商占整體營收之 13%，其餘 42% 營收則由各電視台、購物頻道營運商分占。

日本四大電視購物營運商整理如表 5-2。

表 5-2 日本主要電視購物頻道營運一覽

公司名稱	創立年代 所屬集團	銷售額	組織通路
Jupiter Shop Channel	1996 年 住友商事／木星電信／KDDI	1,394 億日圓	專營電視購物頻道境外轉播／型錄行銷／電話行銷／網路購物／手機購物／有線系統服務
QVC Japan	2000 年成立 QVC UK 三井物產	963 億日圓	專營電視購物頻道／網路購物／社交商務／手機購物
Japanet Takata	1986 年成立 Japan Net Holdings	415 億日圓	原購買節目時段，後期經營衛星購物頻道 型錄／傳單／電台／電話行銷／手機／網路購物
Oak Lawn Marketing	1993 年成立 Oak Lawn Marketing International (Int'l)／NTT docomo	265 億日圓	電視購物／型錄網路購物實體店面／境外公司手機購物

資料來源：本研究彙整、國家通訊傳播委員會（2020）

1. Jupiter Shop Channel（木星購物）

　　1996 年木星購物（ジュピターショップチャンネル株式会社）申設「パーフェク TV」購物頻道，每日 12 小時直播，每週 18 小時的播放量，1999 年投資者加入後增加節目播放時段，2000 年成立雜誌月刊，2002 年成立直營實體店（至 2009 年關閉），2003 年網路購物開始啟動網路服務並申請境外（泰國）轉播，2004 年啟動 24 小時電視直播節目，至今木星購物每年營業額超過 14 億美元，覆蓋率為日本 2,950 萬家戶數，為日本第一的電視購物頻道專營業者，員工數截至 2019 年 3 月共有 1,013 人。

　　Jupiter Shop Channel 事業營運組織由占股 50% 的木星電信（Jupiter Telecommunications Co., Ltd.）以及早期投資的住友商事集團（Sumitomo Corporation）占股 45%，另外日本第二大通訊公司 KDDI Corporation 持股 5%。頻道事業旗下有 SC 衛星廣播，第 55 臺為 24 小時購物頻道。媒體通路除了有線電視、衛星電視、IPTV 及數位無線電視等 24 小時播放頻道，並經營電商平台、行動購物及型錄購物等通路。

　　電視購物事業之所以能壯大，主要因其 1995 年投入電信事業成立木星電信（Jupiter Telecommunications Co., Ltd.），營收多元化，木星電信是由住友商事（Sumitomo Corporation）及國際電信事業（Tele-Communications International, Inc.）合資創立，此後觸角伸向電信通話服務、寬頻聯網服務以及系統多頻道營運（J:COM），朝向多系統電視通路、智慧互動電視、隨選視訊平台等大通路服務發展電視購物。

2. QVC Japan（QVC 日本公司）

　　2000 年由英國的 QVC 購物到日本創立購物企業的 QVC Japan，為日本第二大電視購物頻道業者。2001 年 4 月開始電視購物頻道開播，以現場直播 15 小時，重播 9 小時節目量規劃，2004 年起採 24 小時直播放送。QVC Japan 承襲海外 QVC 母公司電視購物一貫品牌模式，在美、英、中、德及義大利等國均已建立公司，產業中購物通路品牌辨識度高，全球收看 QVC 家戶覆蓋數達 3 億 4,000 萬戶，全球播出頻道達十五個，電商網站七個以及社群媒體平台九十五個，主要業務在電視購物頻道發展，目前日本 QVC 員工人數約 1,500 名，後併購 1996 年成立的 QVC 衛星公司（株式會社 QVC サテライト），拓展更高技術的畫質傳播。

　　QVC Japan 營運組織以英國 QVC（UK Holdings Ltd.）資本占 60%、日

本的三井物產公司占 40%，旗下尚有 QVC 衛星公司（株式会社 QVC サテライト），其於 2017 年取得日本內政部及通訊部長許可之 Ultra HD 衛星核心放送（日文原文：基幹放送）執照，2018 年起以 4K HDR 技術播放 24 小時的 QVC4K 節目以及 BS 4K 數位傳播。

3. Japanet Takata（高田株式會社）

日本通信販賣零售企業成立 Kata Co. Ltd. 高田相機集團時，以家電銷售為主要商品。1986 年 Japanet Takata 為推廣 Sony 相機，與高田相機集團分家，1990 年在 NBC 長崎廣播電台開始廣播廣告業務，銷售擴展到全國無線電視，1994 年購買電視台深夜 30 分鐘時段經營「Japanet Takata TV shopping」節目，開始營運電視購物業務。後來陸續擴大電視購物頻道通路、傳單行銷、型錄行銷、電話行銷，1999 年更改公司名號，進入網路多媒體發展多通路。2001 年為 CS 衛星電視台「SKY PerfecTV！」成立電視製作工作室「Japan Studio 24」專營電視購物頻道，開始直播。2007 年籌備上市上櫃成為 Japan Net Holdings Co., Ltd. 旗下子公司。

2012 年 Japanet Takata 各媒體通路收益仍以紙類型錄郵購、DM 行銷業績最佳，占總營收 44%；電視購物（無線及有線電視）通路收益僅占 31%，主要因為通路受手機、網路的影響，後者占整體收益 16%；廣播通路的購物收益占 9%。

4. Oak Lawn Marketing（橡木園行銷）

1993 年成立的橡木園行銷公司（Oak Lawn Marketing Inc.）在 1994 年以有限公司資本於境外影音開啟電視購物業務，商品多聚焦工業技術級產品，後於 1999 年成立標榜國際級的 Shop Japan 品牌，2005 年設立全球電視廣告服務公司（Global Infomercial Services），於 2013 年企業更名為 Oak Lawn Marketing International，標榜全通路（omni-channel）廣告經營代理及製作電視購物節目服務，2006 年更成立自創 EXABODY 健身品牌行銷，2009 年與日本電信事業 NTT docomo 資金結盟後，版圖大開，電視購物、型錄購物、電商購物、手機購物、實體店面等多通路行銷，商品匯聚全球以生活、休閒、清潔、美妝、食品及保健類為主，目前企業規模員工人數 500-1,000 人。

貿易行銷公司 Oak Lawn Marketing Co., Ltd. 從境外影音開始電視購物產業，後續成立標榜國際形象的 Shop Japan 品牌及電視廣告服務事業，2013

年更新商品及營運方向，推出智慧家庭健身及家電系列，2016 年為運用物聯網商業行銷模式開啟直營店面。Oak Lawn 為開發高科技商品線，在中國深圳成立歐洲科裕科技有限公司，不僅做電視購物通路，更領導開發科技商品。

　　經營架構上，Oak Lawn 雖非專營電視購物頻道營運業者，產業組織近年已開始採全方位大通路的服務模式開展事業，其中包括建立實體店面、經營電視／電商／手機 APP 購物以及型錄、電話行銷，並擁有物流中心及品管中心。

（三）營運績效

　　根據 2017 財政年度（2017 年 6 月至 2018 年 5 月）調查顯示，日本前 30 家電視購物公司總銷售額為 5,792 億日圓（約臺幣 1,564 億元），比先前調查增加 6.2%。儘管整體市場持平或略有成長，但推動市場的兩大購物頻道主要營運業者 Jupiter 及 QVC 正穩步擴大行銷範疇（Apparel Web, 2018）。

　　Jupiter Shop Channel 官網 2017 年新聞財報公布其營業額達 1,631 億日圓（約臺幣 440 億元），2018 年營業額達 1,593 億日圓（約臺幣 430 億元）。分析家認為 Jupiter 除了選擇具有更高價格吸引力的特色產品，還運用全國性報紙宣傳其產品，通過在車站播放電視購物節目，進一步加強擴大銷售空間；此外，新加入之股東 KDDI 和 Jupiter Telecom 協力合作，透過手機及電子 DM 傳送給會員，擴大購物頻道消費族群。Jupiter Telecom 的串流付費影視對於旗下「Shop Channel Plus」延遲 1 小時播放及重播直播，提供非線性購物節目收看策略，在銷售方面似乎取得一定的成效，收割不少新族群客戶（Apparel Web, 2018）。

　　QVC Japan 於 2017 年度（2017 年 6 月至 2018 年 5 月）電視通路營業額為 1,047 億日圓（約臺幣 283 億元）。此次調查排名第二之 QVC 日本，積極推出自 2017 年以來全面展開的海外集團公司銷售，在日本也出現一定銷售水平的熱銷產品，推動了營業額成長。

　　Japanet Takata 的電視購物營運績效在 2017 財政年度（2017 年 6 月至 2018 年 5 月）排名第四，電視購物通路營業額為 518 億 6,700 萬日圓（約臺幣 140 億元）。對於主要購買電視台 Teleshopper 頻道時段經營電視購物的

業者 Japanet Takata 而言，企業整體營收雖然成長 7.9%，達 1,921 億日圓（約臺幣 518 億元），但電視通路營業額占企業整體少於 30%，不到 520 億日圓（約臺幣 140 億元）；業者另外透過型錄和傳單行銷等增加其商品行銷量並加強行銷企劃，例如：家電銷售節能省電之行銷策略、透過物流大型產品運送和安裝服務增加客戶、包含產品維修在內的售後服務等，以促進其銷售成長。Oak Lawn 於 2017 年度財報（2017 年 6 月至 2018 年 5 月）電視購物營業額為 196 億日圓（約臺幣 53 億元），排名第六；儘管該公司主要品牌寢具銷售持續強勁，但受到新產品未達預期效果，銷售情況低靡影響，電視購物的總營業額預計約占其總體營收之 40%（Apparel Web, 2018）。

二、購物頻道經營特色

（一）頻道概述

1. Jupiter Shop Channel（木星購物）

　　Jupiter Shop Channel 除了在衛星廣播電視系統透過機上盒設定觀看 24 小時頻道（CS 第 55 臺）直播放送，其他衛星或有線頻道節目則以時段安排內容重播，包括 BS 的 4K 頻道及朝日電視頻道購買時段播出。其市場區隔瞄準成年熟女，選擇各商品類型特色名人主持節目，組成團隊，排播時間選擇夜間時段，為夜貓子客製化服務減價商品。頻道經營以電視的商城為概念，配合目標族群的消費喜好及作息時間設計規劃各節目內容，其中因應時代改變，民眾對電視收看習慣不同，開始跨足其他影視內容載具購物頻道規劃。

2. QVC Japan（QVC 日本分公司）

　　QVC Japan 電視購物頻道以國際商標為名，針對消費者電視通路商品喜好，主打國際品牌高品質商品，頻道商品選擇多樣且具國際化為其特色，並以舉辦商品活動邀請消費者至直播現場體驗，增加說服力；行銷上，其電視通路分銷經營完善，除旗下系統平台業者 J:COM 擴展電視市場版圖，更有日本通訊電信 KDDI 可支援行動通訊購物業務。目前日本電視通路分銷網，從北到南各有聯網播放，節目頻道在各系統平台皆上架，從北海道到沖繩，QVC Japan 電視購物頻道在全日本以多頻道（multi-channel）媒體通路行銷，日本衛星電視（放送衛星 BS、通訊衛星 CS）、有線電視（CATV），甚至

跨足 IPTV，技術上也經營 4K 衛星多個頻道。

3. Japanet Takata（高田株式會社）

Japanet Takata 頻道經營是從販賣單一商品（相機）起家，規劃廣播、電視等多通路，累積行銷經驗後啟動電視工作室、規劃其他商品販售，本身是相機製造業起家，熟稔影視科技領域，Japanet Takata 從製播到行銷，尤其工作室的硬體包括攝影機、照明和音效等節目從業人員皆為自家員工，不使用外部人員，以此精進具有質感的節目內容；客服中心不找外部電話行銷中心，以掌握消費喜好及消費習慣等數據，具備頻道規劃優勢。90 年代末期網路盛行，Japanet Takata 從電視單一通路規劃廣播、型錄、傳單和網路的行銷組合，以配合消費者購物習慣開發商品及族群通路。頻道商品主要以電視收視族群女性之珠寶、服裝和化妝品居首，延伸到家庭之健康食品、數位家電亦陸續增加。其董事提出，以家用電子產品為中心經營郵購販售，媒體組合應用跨多項媒體，如電視、廣播、型錄及網路，並提供各類型新媒體網路通路，以順應消費者生活形式（企業家俱樂部，2012 年 6 月 1 日）。頻道經營策略從原本購買電視購物時段起家，後期則加入申請衛星電視頻道直播，專營電視購物頻道擴大媒體通路。

4. Oak Lawn Marketing（橡木園行銷）

Oak Lawn 結合日本 NTT docomo 電信數據優勢，購物頻道經營特色在一年 365 天、24 小時皆有專人接受訂單或退貨服務，其電商網路平台固定宣傳電視購物各類商品之播放時間、頻道，並錄製客戶滿意內容影片於平台上播放取信消費者，後期並與電信公司合作，結合物聯網開發商品行銷利基，主打中年、銀髮族對居家、養身講究、較具購買力的消費族群，商品線包括寢具、廚房用品、健康器材、飲食保健食品和清潔美容、家用工具及DVD 等。Oak Lawn 健身器材市場連續 6 年（2013 年至 2018 年）排名第一，注重睡眠品質的床墊連續 2 年（2018 年至 2019 年）銷售第一。

（二）競爭優勢

1. Jupiter Shop Channel（木星購物）

經營品牌內容多，節目翻新快，每週提供全球 500 件商品，包括服裝、美妝、家居用品及保健品，透過有線電視、衛星電視系統等電視購物、手機及網路、電話行銷及型錄等通路行銷。Jupiter Shop Channel 在 2018 年 3 月

寫下 21 年銷售連續成長的紀錄（當期銷售額為 1,630 億 9,800 萬日圓，約臺幣 440 億元）。社長田中惠次在媒體受訪時談及，業務成長主要來自新顧客和總顧客數增加，並採取各種客戶關係管理（CRM）策略，如電子郵件或 DM 等。在頻道管理上的策略作為，包括緩步增加在有線電視社區頻道的放送時間；提供超高清的節目畫質；在節目加入直播形式；提升網站和電視購物節目的連結性；推出連結手機 APP 下單功能等。

2. QVC Japan（QVC 日本分公司）

QVC Japan 標榜國際品牌，透過電視購物通路做出商品行銷，競爭優勢在於：其一，QVC 為全球電視購物品牌，在世界 6 個國家均有電視播出，QVC Japan 藉著全球規模，將來自世界各地的熱門品牌引入日本，品牌形象強；其二，日本電視技術領先全球，QVC 引進 4K 畫面傳輸電視購物節目，舉辦客戶體驗活動至攝影棚觀看實體及電視螢幕表現的商品，或發布新聞稿提醒消費族群注意頻道聯網新技術，突破消費者收看電視商品虛與實的界線。QVC 善於在各電視平台鋪通路分銷，包括數位有線、衛星、寬頻網路電視等。

3. Japanet Takata（高田株式會社）

Japanet Takata 競爭優勢在於其歷史悠久的行銷能力，結合在地的物產特色，從最早的購物基礎變成結合跨域的產業規模，從傳播媒體販售商品、媒體通路創造到服務創新並結合物流服務，及至開創運動地方創生事業（地方足球隊）建立企業形象等，提供通路品牌特色。

此外，Japanet Takata 電視購物營運理念是系統化管理，主體雖是電視購物銷售，相關之客服中心、媒體事業、物流等皆設立在主體周圍，成為銷售的專業組，系統化提供客戶各項專業服務。例如：在售後服務上，儘管電器類維修外包給外部製造商，卻在企業內部執行。2014 年成立之維修部約 250 名員工，Japanet Takata 以附屬維修部門可以積累技術，並成為下一個產品開發的觀念引導，直接獲取商品銷售利弊資訊（企業家俱樂部，2015 年 11 月 26 日）。Japanet Takata 購物營運事業內設物流中心、配送中心、電視內容工作室、電話服務中心、網路直播購物、寬頻技術中心、行銷總部以及智慧手機專用購物網站，策略以多通路媒體的行銷優勢，配合年齡族群提供不同通路服務，另外從產品採購到銷售、序號設定、媒體製作、訂單驗收、配送物流及售後跟進服務等，都採內部一套流程完成。其頻道經營優勢在與

時並進，追隨時代潮流，根據客戶需求量身設計提供產品，在面對電視收視下滑，消費者急劇下降之際，仍能投資 IT 技術創造新廣告生態，尋求線上影視商務（v-commerce）發展。

4. Oak Lawn（橡木園行銷）

Oak Lawn 以全通路的方式經營電視購物品牌事業，於電視購物頻道通路、網路商城、型錄、電話行銷及手機網路大通路服務模式之外，並結合應用科技數據分析精準確認消費族群需求，設立實體店面提供消費者體驗，再者創立產品開發公司、物流、品管中心，實際掌控商品品牌的創新設計，迎合新世代消費者所需之服務。

（三）面臨之挑戰及轉型方式

1. Jupiter Shop Channel（木星購物）

Jupiter Shop Channel 在 2013 年發現內需人口減少，便開始布局在海外市場發展，首先在泰國播出電視購物節目，訂定以東南亞為中心的海外拓展策略，為確保資金，更於 2015 年於東京證券交易所掛牌上市，籌備資金與擴大企業規模。此外，節目都是自家攝影棚製作，24 小時現場直播，內容遍布有線電視、衛星電視、數位電視等，各系統平台觸及可收視戶約 27,00 萬家，在無法期待更多收視戶之下，採加強網路通訊節目。2011 年起電腦網路現場直播節目成為視聽服務一部分，另在東京、大阪梅田、名古屋榮共 3 家直營門市，供消費者購買商品並結合頻道推試吃、特賣、公開直播節目等活動（東京台貿中心，2013）。

2. QVC Japan（QVC 日本分公司）

QVC Japan 雖然開始以電視購物頻道產業為主，後續在網路、手機商務亦開始規劃，2011 年 1 月起智慧手機開發 QVC APP，2011 年 10 月起，QVC 電商平台開始提供高畫質（HD）節目，目前事業內容策略在開發電視、電腦、手機可三屏服務的購物販售。另外 QVC Japan 子公司有線系統平台龍頭 J:COM 近期進軍物聯網業務，自 2019 年 6 月提供以家用住宅為主的物聯網服務「J:COM HOME」。該服務結合 Google 智慧音箱「Google Home Mini」，用戶可透過智慧手機遠端操作家中電器、玄關大門及語音下單購物或服務等，近年日本電視市場面臨收視挑戰，轉而加強電腦、手機之網路購物，J:COM 藉由拓展新型態服務業務，增加電視以外的收入。

3. Japanet Takata（高田株式會社）

　　Japanet 2012 年起投入物聯網行銷轉型，提出網路應用，對消費者來說增添便利也提供產業更直接的行銷數據，策略是從原本 60 萬電子雜誌訂閱成員，擴充更大量後，積極在網路雜誌頁面提供在線插播廣告業務，連結電視工作室製作不同型態之線上廣告，開發從網路上看直播節目。此外，Japanet 與 NTT Pulala 合作製作購物節目，上架以光纖線路播放的「光電視」，讓收視者可藉遙控器購買節目商品，並透過隨選視訊（VOD）服務隨時收看回播，擴大其銷售量（東京台貿中心，2013）。Japanet 企業轉型計畫中，如 2019 年官網新聞稿提出將以「BS Japanet Next」營運計畫為目標，再申請衛星電視 BS 核心電視頻道。配合的地方目標在 2023 年完工，主要為長崎地方創生，透過體育場城市計畫創立新公司，串聯購物、地方創生、社會貢獻、資訊流通等項目，在地方創生業務上投入更多人力、物力。預計成立的 BS 購物頻道，將連結社區活動，創造可以真實體驗「購買和享受」的環境，並藉頻道播放解決社會問題，諸如高齡化、人口過稀、資訊落差等問題。

4. Oak Lawn 及其他電視購物頻道營運商

　　Oak Lawn（橡木行銷）因應消費世代之改變，從購物頻道通路營運商結合電信事業發展，2009 年與 NTT docomo 業務、資本合作，加強手機、網購銷售。2011 年 4 月開始經營「Docomo Premium Club」三個手機網購平台，提供消費者每筆消費金額均送出電信點數，藉點數抵扣手機維修費用或交換商品，吸引新生代消費族群光顧購物網站（東京台貿中心，2013）。

　　除此，Oak Lawn 旗下設數據分析公司 DataWise, Inc. 及跨國商品品牌營銷公司 Shop Japan，以 DataWise 新創科技藉著定位數據分析運算，處理新世代消費習慣及模式，提供進一步行銷情報，對電視購物通路具體掌握消費足跡。

　　近年日本電視購物已邁向多頻道、多通路經營策略，主要購物頻道市場因電視收視人口下滑，購物情境不如網路購物何時何地都可收看訂購而市場縮水，故原本電視購物經營的組織為了因應困境已從電視通路結合網路通路轉型至虛擬商務（v-commerce）通路開發。根據《平成 30 年情報通訊白皮書》，日本眾多產業已朝資通訊（ICT）開發市場新領域，在電信業（趨勢

占比 43.5%）、衛星電視等民間放送產業（趨勢占比 24.9%）、有線電視系統（趨勢占比 45.2%）等皆然，積極提供聯網服務以進攻市場大餅。

在日本電信業和有線電視傳播領域，企業希望再度開發光纖固網服務，畢竟日本透過聯網服務產值在 2017 年度高達日幣 2 兆 5,613 億（約臺幣 6,916 億元）（比 2016 年成長 1.2%），從網路內容交易類別來看，購物網站、拍賣網站、雲端計算等管理服務已成為目前發展最大趨勢，從 2010-2017 年，成立之公司數量不斷攀升，除了 2012 年營業額一度下滑，日本網路服務在公司數量及產值皆有向上成長趨勢（圖 5-8）。

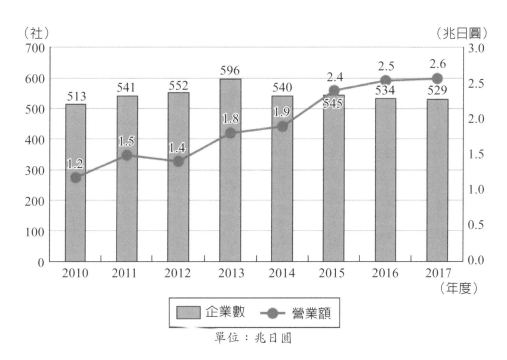

資料來源：經濟產業省（2018）

圖 5-8　日本網路服務產業發展趨勢圖

日本電子商務市場逐年成長，2017 年整體市場規模達到 16.5 兆日圓（約臺幣 4.5 兆元），電子商務化率 5.79%（圖 5-9）。近年日本 C2C（consumer to consumer）電子商務市場急速成長，2017 年網路拍賣市場規模為 1 兆 1,200

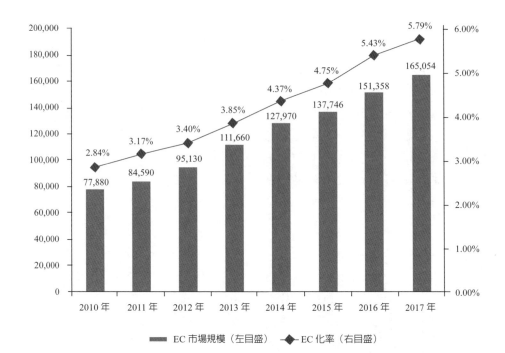

EC 市場規模（左目盛）　◆ EC 化率（右目盛）

單位：億日圓

資料來源：經濟產業省（2018）

圖 5-9 日本電子商務市場規模趨勢

億日圓（約臺幣3,024億元），其中C2C的市場規模推估為3,569億日圓（約臺幣964億元）。

　　日本 C2C 電商零售市場包括樂天（Rakuten）積極開發金融科技（FinTech）成立「樂天經濟圈」，運用數據加強客戶服務；二手交易平台Mercari 藉著大數據研究貿易分析、產品趨勢及客戶行為等，並進行手機應用程式開發擴大市場通路服務。

　　針對國際上直播購物節目之潮流，日本近年大量成立直播平台網站仿效中國直播販售（live commerce）的模式，其中電信零售商佼佼者 Mercari 即標榜線上擁有獨賣家用及服飾品牌而成功打響市場，獲得消費者支持。

(三) 消費者個資保護及規範

日本《個人資料保護法》保護從 1998 年行政機關及各地方政府特定商業交易規管單位整併法案，部分條文修訂之 2003 年法案，至 2005 年修正第 57 條法規成立《個人資訊保護法》（Act on Protection of Personal Information，以下簡稱《APPI 法案》），另政府各部針對特定產業亦提出相關個資保護指南為規範。日本通信販賣協會對此亦制定《個人情報保護指南》、《個人情報保護相關基本方針》等。

日本資通訊產業發達後，技術創新的數位服務多樣又複雜，政府發現在電信營運商、分銷商及消費者之間，容易產生資訊不對稱的差異，對消費者保護規範十分看重，從 2015 年《電信業務法（電気通信事業法）》修正案，再者基於電商平台會引用大量客戶資訊提供服務，為確保業者安全處理，2017 年日本再次修正《APPI 法案》，成立個資保護委員會（Personal Information Protection Committee）監督執法，並提出「敏感個資」定義以及國內個資傳輸至國外法務嚴管條件。2018 年 10 月起日本政府召開會議研究個資保護政策，政策回應基於對用戶資訊的適當處理作為主要方向探討（總務省，2019）：

1. 《電信商業法》的「通訊祕密保護」條款是否適用於境外平台，審查相關商業法律的發展；
2. 因應環境變化如何設定電信業務保護個資指南及其適用對象等重點審查範圍；
3. 對於平台服務的法律安全執行問題，探討各國採取之措施俾使聯合監管方式發揮功效；
4. 探討歐盟如何針對數位隱私制定法規及協調。

日本各大購物頻道官網上，皆可見其因應通信販賣產業自律規範所羅列之保護隱私或個資保護標準，如 Jupiter Shop Channel 官網提出根據 JIS 標準（JIS Q 15001 有個人資訊保護管理系統），制定實踐計畫，實施個人資訊保護管理系統。

QVC Japan 官網上相關的消費者個資保護政策，處理個資時有其 SOP 機制，表示個資按照 1. 使用目的；2. 向第三方提供；3. 外包服務使用；4. 共享使用。另消費者若需要揭露、更正及暫停使用其個資時，可依官網指示提

供資料要求執行。在個資使用目的方面，僅限下述目的，其他未提及目的則會另行取得同意使用：

1. 交付產品和提供相關的售後服務；
2. 付款處理；
3. 寄發公司產品／服務及公司認為適當的公司資訊通知；
4. 問卷調查，活動規劃與實施；
5. 分析產品開發和服務改進，提升通話品質；
6. 有關產品和服務的諮詢回覆；
7. 在其他購物業務活動所需的範圍內使用。

　　QVC Japan 個資處理機制提出若無事先同意，公司向第三方提供個資僅限下列情況，否則不予提供：

1. 法律要求時；
2. 當需要保護人生命、身體或財產安全時，很難獲得該人同意；
3. 當特別需要改善公共衛生或促進兒童的健康發展時，很難獲得該人的同意；
4. 在國家機構或地方公共實體或其委託人需要合作執行法律法規規定的事務，並經主管同意在執行事務遇到麻煩的情況下。

　　關於外包服務的個資提供，會選擇符合公司個資安全標準的外包承包商，並對其進行監督，以使其符合下列情況使用個資時盡到安全管理措施：

1. 交付產品，如運送產品給客戶時；
2. 送貨地址標籤的印刷業務；
3. 進行問卷調查，分析客戶滿意度調查等工作。

　　個資共享措施上，QVC Japan 官網上表示個人數據會從新進會員在註冊及活動處取得，包括姓名、地址、電話號碼、電郵、性別、出生日期、付款資訊、觀看媒體以及商品使用者的名稱、地址、電話號碼、購買資料和過往服務回饋、語音諮詢等內容。而共同使用個資範圍及目的，則分別提供給 QVC 附屬公司及子公司。

第五節　個案探討：南韓購物頻道

一 購物頻道產業現況

（一）產業概況

　　韓國電視頻道從 1995 年首家電視購物台開播以來，從一開始因消費者不習慣而未順利開展，至 2000 年後電視購物產業複合成長率快速成長，成為國際爭相仿效的強勢產業，其特色與韓國電視產業數位化發展歷程相同，由國家主導資通訊（ICT）發展政策布局，藉著資通訊科技結合電視商務（T-commerce）及其他數位新媒體通路，是以近年即使受到電視收視率下滑，電視收視人口減少，卻不影響其電視購物市場產值，2012-2017 年電視購物產業市值成長率為 53.1%（Euromonitor, 2018）。韓國數據電視商務（T-commerce）最早受到法規限制及設備不足而沉寂一時，自 2009 年 IPTV 上市，電視商務業績穩定成長，2014 年韓國網路電視訂閱數破千萬收視戶，電視購物透過數據電視商務也開始成長快速，根據韓國數據電視商務協會（Korea TV Commerce Association）數據顯示，2014 年數據電視商務業績有 790 億韓元（約臺幣 21 億元），2015 年成長達 2,500 億韓元（約臺幣 66 億元）（The Korea Herald, 2015）。

　　傳統電視收視人口下滑，造成韓國電視購物市場競爭愈形激烈，兩大購物頻道事業現代家庭購物（Hyundai Home Shopping Network Corp.）及 GS 購物（GS Home Shopping Inc.）在內容求新求變及通路多方面擴展後，連結手機 APP、線上商城以及離線店面操作模式，市占率仍維持 19.6% 及 19.8% 的高比例（Korea Exposé, 2018）。2018 年韓國官方公布的市場統計概況，2017 年電視購物頻道銷售金額達到 5 兆 1,566 億韓元（約臺幣 1,399.41 億元），比前一年 2016 年提升 5%（MSIT, 2018）。主要電視購物頻道業者包括 GS 家庭購物、現代（Hyundai）家庭購物、CJ O 購物、樂天（Lotte）購物、Home & Shopping 購物、NS 購物等 6 家以及較晚成立之公有電視購物（im Shopping）（國家通訊傳播委員會，2020）。

　　韓國藉著 ICT 發展的電視結合網路之電視商務（T-commerce），近幾年提供之創新服務為電視收視族群邊看電視、邊以遙控器下單購物的模式，

創造 2018 年底達 27 億美元（約臺幣 807 億元）市場產值，比起 2013 年的 2.56 億美元（約臺幣 77 億元）產值，近乎 10 倍多的速度在拓展韓國電視購物頻道商機（Pulse, 2018）。正因為如此，電視購物產業通路越做越大，為韓國中小企業品牌貿易打出新通路，韓國 63% 的購物頻道商品皆是由中小企業生產提供（Arirang, 2015），特殊的產業結構促使韓國政府願意成立公有電視購物頻道，為本地廣大產品打開外銷通路大門。

　　2017 年韓國電視購物企業在國際市場調查（Statista, 2019）報告顯示，最具市場競爭力前四大業者分別為 CJ O 購物、樂天購物、GS 購物以及現代家庭購物，屬於財閥型企業結構，同時這 4 家電視購物業者亦最具國際規模，積極拓展海外版圖。故以下針對此四大之購物頻道業者，就其歷史發展、組織現況、營運績效以及頻道經營特色、優勢等研析韓國市場現況及表現。除上述財閥型企業經營電視購物頻道外，韓國數位經濟下發展之互動型商務電視頻道因採登記制，進入障礙低，至 2018 年登記有 10 家業者。

（二）發展與組織結構

1. CJ O 購物（CJ O Shopping）

　　韓國電視購物台龍頭 CJ O Shopping 總部位在首爾，隸屬於韓國跨餐飲、食品、藥品、生技、媒體娛樂、家庭購物及物流產業的 CJ 集團。1990 年代從三星（Samsung）集團分家，致力打造全媒體通路事業，1995 年於有線電視系統創立首家電視購物頻道 CJ O Shopping，目前除了有線電視系統（HD）、衛星電視系統（HD、SD）及 IPTV 皆可收看外，並積極擴展海外業務，2004 年在中國上海開設電視購物公司東邦 CJ，2006 年總部於香港成立全球投資控股公司 CJ Global Holdings Ltd.。2010 年再度成立 CJ O M 媒體控股公司，另於 2011 年與 5 家 CJ 網路公司（CJ Internet、CJ Media、CJ Entertainment、Mnet Media 和 OnMedia）合併。同年年底 CJ 集團收購了韓國快遞有限公司，整合成一商業、媒體、網路、物流事業王國。2018 年成立韓流媒體 CJ E&M，將家庭購物事業體併購成為 CJ ENM 以法人集團經營。

　　CJ O Shopping 目前組織架構以電視購物、電視商務（T-commerce）、網路購物、手機購物以及型錄購物為主要通路，形成大型購物網路。

2. 樂天家庭購物（Lotte Home Shopping）

　　樂天集團為韓國五大企業集團之一，經營食品、飯店、流通業及觀光購

物中心等，1979 年創立樂天購物。旗下家庭購物公司乃收購 Woongtae 家庭購物公司而成，是以開播於 2001 年的 Woori Home Shopping 購物頻道併購後改名為 Lotte Home Shopping，家庭購物營運組織架構中，樂天購物集團占 53.03% 股份，為最大股東，另外以紡織起家，後來跨足傳播、金融及旅遊業的泰光集團（TK Group）則為第二大股東，擁有經營權。

除電視購物通路外，尚有網路商務、行動商務、數據電視商務（T-commerce）以及型錄購物，樂天購物並設有廣播中心、人工智慧（AI）電話行銷中心、物流中心。其電視購物頻道跨多系統頻道（有線／衛星／IPTV／無線廣播電視），並具有 DT（數位轉移）開發部門，藉著網路、手機、電子型錄、實體店面及新媒體社群媒體平台提供購物服務。

近年樂天購物受到內部股東爭權及海外擴展失利影響，造成與其他四大 GS 購物、現代購物等電視購物爭奪市場市占率下滑。

3. GS 購物（GS Shop）

1994 年成立的 GS 電視購物台最早稱為 LG Home Shopping，透過多媒體數位廣播（Digital Multimedia Broadcasting, DMB）傳播，2006 年開啟數據電視商務（T-commerce），透過機上盒推出業界首個互動應用程式，以「GS T-Shop」名義創 TV-in-the-mart 以提供電視收視族群遙控器下單購物服務。GS 集團旗下除了電視購物外，並經營電商、手機購物及電視商務型錄銷售，掌控產品供貨、入倉、物流等一貫流程。商品從製造方供貨入倉到出倉、物流，到客戶電話服務等皆為旗下業務。

GS 購物頻道採全通路商業模式，包括衛星電視、IPTV、數據家庭購物（電視商務）、電商通路及手機通路等，消費者享受隨時隨地全通路購物下單服務。

4. 現代家庭購物（Hyundai Home Shopping）

現代家庭購物有限公司（Hyundai Home Shopping Network Corporation）隸屬現代百貨集團，集團除了零售部門、媒體部門、一般食品部門之外，還有新成長引擎部門（包括租賃服務、LED 產品等）以及 B2B 商務部門。2001 年於首爾開創家庭購物頻道，品牌廣泛涵蓋家居、美妝、服飾、運動等各類商品，透過有線電視、衛星電視、IPTV 及網路、型錄行銷。2003 年曾到中國廣州創立電視購物公司，儘管擁有一半持股仍在 3 年後結束退出中國市場，2015 年進入越南及泰國以合資方式開拓購物頻道事業，最後境

外營運事業遷移到臺灣，選擇與東森合作。2019 年現代購物於澳洲與 Seven Network 結盟合作，開播 24 小時全天候的購物頻道 Open Shop，此次開播計畫是繼 2018 年投資 3,165 萬美元（約臺幣 9 兆 4,600 萬元）於澳洲 ASN 購物頻道後，確認市場消費者習性及收入達到預期標準而開拓的海外市場計畫（The Korea Herald, 2019）。

（三）營運績效

韓國官方提供的電視購物產業營運報告，依據科學技術情報通信部（以下簡稱 MSIT）調查 2017 年產業數據（參考表 5-3），淨利潤最高的 CJ O 購物換算達 33 億臺幣，其次樂天購物扣除成本等亦有 26 億臺幣，淨利潤第三高的企業 GS 購物獲利達 25 億臺幣，現代家庭購物追隨其後，2017 年獲利約 23 億臺幣。

表 5-3 韓國四大電視購物頻道 2017 年營運績效表　　　　　　單位：1,000 韓元

公司名稱	銷售額	廣播業務銷售	營業費用	總收入	總成本	淨利潤
CJ O 購物	1,136,458,706	645,834,363	978,954,284	1,171,381,899	1,043,212,822	128,169,077
樂天購物	914,464,765	625,921,174	799,075,972	930,738,834	831,350,872	99,387,962
GS 購物	1,051,657,668	631,168,198	907,168,056	1,068,194,691	971,189,297	97,005,394
現代購物	1,021,841,020	708,715,991	871,897,223	1,046,151,681	958,315,247	87,836,434

資料來源：MSIT 科學技術情報通信部（2018）

上表可看出，韓國電視購物頻道業者收入多元，節目上架到各系統電視平台收取之商品處理費（commission revenue）比例不一，營收受其電視生態改變，IPTV 在韓國收視人口漸增，市占較大，故以電視購物頻道結合數據電視商務通路推向 IPTV 發展之際，也不斷提高主要收視渠道商品處理費；另外電視廣播跨入匯流電信通路的傳輸費，亦占據部分營運費用，在營運績效表現上受業者行為策略的影響而不同。以下分別分析四大電視購物頻道營業額分布。

1. CJ O 購物（CJ O Shopping）

根據官網資料，CJ O 電視購物 2018 年銷售營業額達 400 億臺幣，2019

年年成長 30% 達 500 億臺幣。

2. 樂天家庭購物（Lotte Home Shopping）

樂天家庭購物 2018 年電視結合網路及電視商務的銷售額達 9 兆 240 億韓元，如圖 5-10 所示。

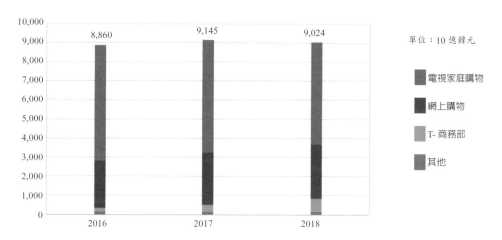

參考資料：彙整自樂天購物官網（2019）

圖 5-10　樂天購物 2016-2018 年營業額

3. GS 購物（GS Shop）

2018 年 GS 電視購物之銷售營業額達 1.7 兆韓元（約臺幣 452 億），淨收入成長比率較前一年高出 3.1%。2018 年 GS 購物各通路表現電視購物比電商網路業績好，占整體 39.3%，但不如其行動購物業績（46.1%），如表 5-4 所示，顯示目前 GS 購物市場主力已轉向行動購物，手機隨時下單比傳統電視購物市場潛力更大。

表 5-4　GS 電視購物 2018 年營運表現　　　　　　　　　　單位：億韓元

2018	2017	2016	2015	2014	2013	2012	2011	2010
總銷售		電視購物		網路購物		型錄購物		行動購物		其他
43,514		17,108		3,365		585		20,080		2,376
（100.0%）		（39.3%）		（7.7%）		（1.3%）		（46.1%）		（5.5%）

資料來源：彙整自 GS Shop 官網（2019）

4. 現代家庭購物（Hyundai Home Shopping）

現代家庭購物 2016-2019 年第二季財務報表顯示（如表 5-5），2018 年家庭購物營業額達 1 兆 1,017 億韓元（約臺幣 291 億元），淨利潤成長 4.4%。營收方面現代家庭購物主要仍以電視通路為主，占整體 55%，行動購物亦成長快速，占全通路 43%，有逐漸取代之勢。

表 5-5 現代家庭購物近年營運表現　　　　　　　　　　　　單位：10 億韓元

年分	2016 年	2017 年	2018 年	2019 年 （第二季度）
總銷售 （gross sales）	3,506.1	3,648.2	3,765.0	2,530.3
家庭購物銷售	3,498.0	3,627.0	3,720.8	1,950.4
營業額	969.4	1,043.1	1,101.7	1,090.4
營業利潤	111.3（3.2%）	125.3（3.4%）	112.3（3.0%）	79.1（3.1%）
經常性利潤	174.1（5.0%）	161.8（4.4%）	185.6（4.9%）	105.2（4.2%）
淨利潤	129.5（3.7%）	122.5（3.4%）	166.6（4.4%）	81.8（3.2%）

資料來源：彙整自現代購物官網（2019）

二 購物頻道經營特色

（一）頻道概述

1. CJ O 購物（CJ O Shopping）

電視頻道節目特色在於「商業差異化計畫」之實施，根據其官網新聞資訊，近年啟動的差異化計畫包括行銷不同商品線的節目必須以特殊方式進行改造，如運用流行話題、找造型師或明星助陣、以韓國年輕人喜歡的網路漫畫方式呈現商品或直播互動等，如表 5-6 所示。

表 5-6 韓國 CJ O Shopping 頻道節目特色

節目名稱	商品類型	風格特色
Style M	男性流行商品與雜貨	仿造流行雜誌內容搬上舞台，為顧客解決造型問題
明星第三季	流行生活與美妝、食品等	由知名配音員為節目配音，呈現不同面向的流行資料節目報導
Olive Market	生活及食品	進入直播的購物商城頁面，讓消費者與時尚商品、品牌資訊互動，同時介紹生活資訊及販售
Fun Shop TV	生活美妝及 3C 科技品	以網路漫畫形式，進行個人開箱文介紹商品的節目
Style TMI	女性商品	掌握女性對流行話題的介紹，並找人進棚進行商品試驗及穿搭技巧示範
The Stage	流行及雜貨	邀請造型師透過模特兒走秀方式，介紹各季最新的流行造型

資料來源：彙整自 CJ O Shopping 官網（2019）

　　此外，CJ O 於國內及國外開發業務。電視除了直播節目頻道，並於電視商務服務上設置非線性節目頻道（CJ O Shopping Plus），以 VOD 隨選視訊服務提供不同收視族群，節目有回播服務吸引更廣泛消費族群青睞，同時也彌補電視購物頻道在傳統電視節目收視習慣改變、收視人口下滑的市場缺口。

2. 樂天家庭購物（Lotte Home Shopping）

　　樂天家庭購物推出的行動直播節目（Molive），區隔化目標族群並選擇以行動式手機或平板隨看隨買地播放方式，彌補頻道在傳統電視抓不到的收視族群。節目設計具有特色，以大數據遴選特定族群喜好的商品，選擇週三中午午休時間（半小時）直播熱食商品、週四晚上 1 小時直播生活必需品的特價驚喜活動，並邀請年輕族群喜歡在社群媒體收看的網紅直播主，邀請開關互動的購物節目。

3. GS 購物（GS Shop）

GS 電視購物節目覆蓋率廣，達 2,700 萬家戶數，節目內容標榜 24 小時播放，主打有品牌商品介紹、產品以實物呈現介紹以及限時消費者體驗為其特色。行銷通路並搭配手機行動、網路下單以及電視商務、電子型錄等方便收視族群。

4. 現代家庭購物（Hyundai Home Shopping）

以全國逾百台之購物頻道播放現代家庭購物節目，包括有線電視頻道、衛星電視頻道及 IPTV 等電視頻道，電視通路滲透率高。除此之外，擁有許多新商品首次發表機會，爭取新品發表引起消費者關注，並研發虛擬通路商品創新視角的表現方式。通路策略上，結合現代購物網路商城預告電視購物頻道節目時間及做線上特價播放等活動，以促銷商品並吸引不同收視族群客層。錯過電視直播時間的消費者，可於其電商平台網站上搜尋商品訊息，並線上觀看重播節目，再於網路下單訂貨。

（二）競爭優勢

韓國電視購物產業受到其電視商務蓬勃發展影響，近年幾家大型零售商集團紛紛投資加入，例如：韓國第一大零售「新世界百貨」集團（Shinsegae Group）便於 2015 年結合 T-commerce 創立數據家庭電視購物事業（데이터 홈쇼핑）成立新世界（Shinsegae）TV shopping，截至 2018 年 11 月已經有 600 萬的訂閱者，成長率（比 2017 年）高達 40%，電視購物台收視率比前年亦上升 60%。

電視數據商務因可蒐集收視族群消費行為、消費習慣及購物、商品喜好等大數據資料，更有利購物行銷，此外結合 AI 語音助理智慧家庭系統，增加客服便捷服務，比起傳統電視購物頻道單向行銷，電視商務得以發展雙向行銷能力（Pulse, 2018）。

至 2018 年韓國政府發出的電視商務執照共計 10 家，此 10 家經營數據行銷「T-commerce」業務中，5 家兼營電視購物（Home Shopping），另 5 家則屬專業之電視數據商務「T-commerce」公司，整理如表 5-7；電視商務其傳輸方式在韓國目前技術可及衛星傳播、IPTV 及有線電視 QAM 等傳送，無線電視則仍有所限制。

表 5-7　韓國電視商務業者一覽

商務電視頻道名稱	經營類別	所屬公司	重要股東	創立時間
CJ O Shopping	同時經營電視購物頻道事業	CJ O Shopping	CJ（40%）	2015.5
GS MY SHOP		GS Home Shopping	GS（30%）	2015.7
現代 Home Shopping Plus Shop		現代 Home Shopping	現代百貨公司（15.8%）	2015.4
NS Shop Plus		NS Home Shopping	Harim Holdings（40.71%）	2015.2
Lotte One TV		Woori Home Shopping	樂天購物（53.03%）	2015.7
K Shop	專營電視數據商務	KT HighTech	KT 電信（63.7%）	2012.8
Shopping NT		Shopping NT	泰光產業（71.8%）	2013.10
新世界 TV shopping		新世界 TV shopping	E-Mart（47.83%）	2015.1
B Shopping		SK 寬頻	SK 電信（100%）	2015.1
W Shopping		W Shopping	Mediaworld Holdings	2015.8

資料來源：彙整自駐韓國代表處經濟組（2018）、國家通訊傳播委員會（2020）

　　電視購物在韓國發展成數據電視商務（T-commerce）之差別，在於傳統電視購物屬於單向傳播，跨到 ICT 通路的電視商務則屬於雙向互動，主要可彙集收視族群消費習慣、觀看時間及購買商品類型等數據做創新應用，為購物產業貢獻新發展。

　　透過電視購物、數據電視商務、電商平台、行動商務通訊科技的優勢，

並配合中小企業聯合行銷策略，與國家公有電視購物頻道（Public Home Shopping）結合擴大韓國商品市場，此為韓國電視頻道產業策略競爭優勢。由電視商務引領的人工智慧、擴充實境等高科技支援購物環境，更吸引電視購物消費者。如 KT 電信 2018 年推出 AR 擴充實境手機購物技術，結合 K Shop 商務電視能讓消費者在看見商品時，用手機選取商品後可投射在自家環境或消費者身上比照顏色或尺寸大小等，虛擬實境中做商品體驗，更加有商品說服力（NetManias, 2018）。

　　除了上述聯合行銷策略、運用電視商務數據擴大市場，各家也應用 ICT 科技輔助行銷、整合多通路架構迎合消費者隨時隨地下單、節目內容結合綜藝或戲劇吸引年輕消費族群眼球，皆是其重要競爭優勢。

1. CJ O 購物（CJ O Shopping）

　　CJ O 電視購物節目於電視商務應用上，申請 CJ O Shopping Plus 頻道，節目可直接與消費者互動，依照數據引導提供更多服務選項，此為電視購物頻道隨選視訊（VOD）服務，滿足新世代消費者主動購物的習慣。

　　其於國外版圖擴充上，於 2004 年在中國成立東方 CJ、印度成立 Star CJ，其後陸續於土耳其、東南亞、南美洲等區域成立海外公司。除了商場擴充，商品種類亦集結中小企業策略聯盟，如 2016 年 CJ O Shopping 結合公有電視購物頻道（Public Home Shopping）進行業內策略聯盟，簽署合作備忘錄，擴大中小企業產品和農產品市場。根據此協議，公有電視購物頻道向 CJ O Shopping 推舉中小企業產品和部分漁業產品，由 CJ O Shopping 選擇並上架在其電視商務（T-commerce），即 CJ O Shopping Plus 舉辦產品展，並在電視商城 CJ Mall 上銷售，同時中小企業出口貿易會舉辦線上對應線下實體活動（Oline to Offline, O2O），CJ O 並將製作和分銷電子目錄，通知韓國中小企業現有的海外合資企業和海外買家，擴大韓國中小企業的海外銷售，支援進入 CJ O 部署的 9 個海外國家、11 個地區海外合資市場（EBN, 2016）。

2. 樂天家庭購物（Lotte Home Shopping）

　　樂天與其他電視購物營運事業相同，通路上採全通路形式，跨足電視購物、網路購物、行動商務購物、T- 商務部、型錄行銷以及各地區實體店面（以工作室為名，展示銷售服飾）為結構，2014 年甚至成立「全通路推廣委員會」（Omni-Channel Promotion Committee）提出三大策略競爭：大數

據應用、IT 為主的行銷以及客戶體驗再升級，以增加競爭力。於國外業務上，增加 IP 註冊的數位商城服務，以「開放商場」的電商經營模式允許各行銷商在樂天網站註冊加入網路電商或成為電視商務商品型錄的廠商代表。除了全通路的購物型態助其市場發展外，樂天購物頻道互動科技以虛擬實境（VR）、擴增實境（AR）輔助線上購物，消費者可以套用虛擬實境看家居擺設商品是否適合小坪數的家中，或衣服顏色搭配是否合適等，以科技協助消費者選擇商品快速下單，售後服務並搭配 AI 人工智慧語音助理系統設定，快速方便解決物流、金流退換貨的消費問題。

3. GS 購物（GS Shop）

　　經營團隊主打多通路行銷，使客戶於多媒體接觸體驗其販售商品，以此拓展各年齡層消費族群。節目內容上，強調專業電視製作團隊打造頻道內容，並上架於各電視系統平台，提升其節目可見度；於客戶服務上，商品品牌採取策略合作方式，搜尋商家合作，並提供客製化供貨服務，包括商品選擇、下單購買及配送服務等方面，皆透過大數據及人工智慧的技術設計以提高 GS 購物頻道的競爭力。針對聯合中小企業行銷商品策略上，GS Shop 每月提供三十個商品免費電視宣傳機會，並供應基金提出諮詢方案指導中小企業商品進入泰國購物頻道市場，創造雙贏局面（GS Shop 官網，2019）。

4. 現代家庭購物（Hyundai Home Shopping）

　　現代家庭購物的節目設計與樂天購物相同，除了借用科技引導消費者視覺上以 3D 沉浸方式體驗畫面中商品，另在攝影棚內邀請一般民眾到現場直接測試商品，取代電視購物頻道傳統上找知名代言人發表產品心得模式，以素人直播測試心得，取得螢幕前消費者對商品介紹的真實感。節目設計創新化貼近消費者需求外，電視購物頻道經營上整合實體百貨商城、虛擬網路商城等商品，規劃客製化適合各通路消費者之商品介紹及商品優惠方案，取得市場競爭力。

（三）面臨之挑戰及轉型方式

　　韓國電視購物通路儘管面臨電視收視人口下滑、消費習慣改變等影響，但在政府推動 ICT 發展策略下，對電視購物頻道產業幫助很大，促使傳統廣播電視媒體於數位轉型後，連結數位科技快速迎合新時代消費需求及新型態通路商業模式，獨特的電視媒體結合數據發展的電視商務購物，再與電商

平台、行動商務、新創服務平台以及網路目錄行銷等結合，於線性及非線性節目之間內容做彈性規劃，提供產業市場發展藍圖，服務進而更多元。

　　根據國際電子聯盟（ITU）每年公布之全球 ICT 發展指標，韓國在「ICT 接取」、「ICT 使用」、「ICT 技能」三方面表現卓越，長年居冠，良好的環境成為支撐其電視商務、電子商務、行動商務的頻道購物產業發展最佳利器，主要聯網的工具為智慧型手機（使用比例 86.4%）、桌上型電腦（66.9%）以及筆記型電腦（29.9%）。零售通路於購物頻道產業之市場占比也顯現差異（圖 5-11），電子商務與電視購物整體零售業績占比雖有所差距，攀升最快仍以服務便捷的手機行動購物為主，2016 年統計其 2011-2015 年之年成長率達 152.7%。電視購物因不同產業生態市場前景仍看好，2011-2015 年之年成長率達 9.5%（Statistics Korea KOSTAT, 2016）。

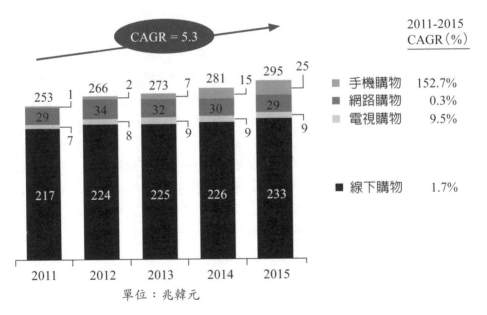

資料來源：Statistics Korea KOSTAT（2016）

圖 5-11　韓國 ICT 政策發展下零售通路市場占比

　　數位匯流時代，韓國倚賴網路連結購物的零售通路市場從 2011-2015 年市場成長率如圖 5-12，近年來靠社群媒體販售商品業績年成長率最快，達

66.0%，其次為一般商城，垂直整合的購物商城行銷亦不差，保持有 13.6%
之年成長率（Statistics Korea KOSTAT, 2016）。

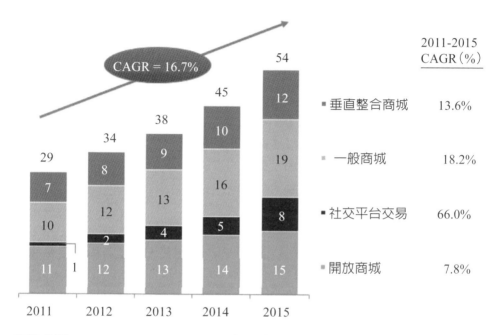

資料來源：Statistics Korea KOSTAT（2016）

圖 5-12　韓國線上購物商城年成長圖

　　南韓電視購物市場競爭激烈，儘管大集團如樂天、GS、現代等市場前
四大競爭對手具備雄厚資金、上下游產業連結之優勢，近年零售市場受消費
習慣改變及數據電商開放新進業者進入，結合電信服務共享市場大餅，購物
頻道市場變化大，產值高，引起更多業者有興趣加入門檻較低的數據電視商
務，進行電視購物通路新型態商業模式。

　　綜合上述，四家電視購物頻道事業積極尋求市場轉型的案例彙整如下：

1. CJ O 購物（CJ O Shopping）

　　CJ O Shopping 的行動業務在 2010 年推出手機版「CJ 商城應用程式」，
創立客製化線上智慧商城（CJ Mall），有別於其官網的一般商城操作，其
家庭購物會員可在手機及平板電腦下載應用程式（APP）服務，包括可追蹤
編輯客戶商品的「寶貝日記」，並結合 CJ 集團娛樂或觀光產業線上訂房及

機票下單的 O'Tour 網頁，多元化經營購物商城。

2. 樂天家庭購物（Lotte Home Shopping）

樂天家庭購物面對傳統電視購物的挑戰，除了在社群媒體 YouTube 平台有其直播頻道，另外開創行動直播頻道 Molive（Mobile Live）提供差異化節目內容吸引目標族群。例如：每週二晚上 8 點手機開播的「行動購物Go」節目，簡稱 MSG，於 2017 年開播（電視及行動設備皆有），以目標族群 30-40 歲上班族，依據機上盒大數據找尋其收看節目之喜好時段、喜好商品、欣賞的主持人，設定以 1 小時時間介紹時尚、美容、食品等主題的購物節目；另針對 20-30 歲族群直播節目（只限定在行動設備頻道播放）結合網紅、社群媒體打造的內容，由受歡迎的直播主提出推薦商品，即時介紹並接受網友線上提問及評鑑等言論，活潑的內容吸引年輕目標族群。

3. GS 購物（GS Shop）

GS 購物平台開創轉型方式，除了以基金間接支援品牌廠商，在 ICT 開發部分則採取與新創公司合作，發展新的商業模式，例如：與開發會員軟體、社群媒體平台、雲端搜尋平台、中小企業專屬手機網路開發、C2C 新創企業、手機購物搜尋網站平台等合作，積極鞏固購物市場服務並擴大消費族群的商業模式。

4. 現代家庭購物（Hyundai Home Shopping）

現代家庭購物面對數位經濟時代消費習慣改變，調整企業組織架構為主要策略，除了電視購物頻道及電視商務服務隸屬之媒體部門外，另設有B2B 部門、零售部以及成長引擎部，以跨通路觸角藉著 B2B 及成長引擎商品測試可行之行銷發展方案。

購物頻道需要更多品牌及合作廠商，自有一套招商流程，同樣以 IP 註冊方式進入電視商務網路，提供線上商務、行動商務的廠商活動推廣禮物，包括獎品及門票、網路遊戲、卡通收視內容等，電視購物頻道也會協助提供推廣商品所需的文化表演及推廣活動、社群媒體購買廣告等，給予廠商各種銷售通路之培訓、網路廣告及手機廣告等新創平台服務指南，並提供新業務策略等提案，以協助合作廠商產品之知名度。

三 消費者個資保護及規範

韓國購物頻道消費主要受《消費者保護法》管理，此法規針對電子商務

及郵購事業訂定保障消費者權益，並以提高市場商品信譽或服務的公平交易訂定細節，促進國民經濟健全發展為目的。《消費者保護法》中包含個資保存及公平交易等規則細項。在交易紀錄的保存上，法規明定營運商特定時間內需保存商品商標、廣告以及交易紀錄；消費者可允許營運商保存容易查看之交易資訊（僅限具識別性的網域名稱、位址和電子郵件地址、主旨及交易內容）。

　　《消費者保護法》部分條款適用電子商務交易，不適用通信經銷商之郵購銷售。法規載明電子商務營運商或電信經銷商不得從事下述事項，否則視為終止合約之依據：

1. 傳播虛假或誇大事實，或以欺騙手法吸引消費者加入或干擾消費合約。
2. 以更改或取消地址、電話號碼、電腦網域名稱等方式，任意中斷撤銷訂閱。
3. 長期忽略消費糾紛或投訴處理所需配置的人力資源，以及因設備短缺損害消費者的行為。
4. 單方面提供貨物卻未被要求訂購，或在未提供貨物下索取貨款或進行索賠。
5. 以強迫方式透過電話、傳真、網路通訊或電子郵件要求對方購買商品或提供服務，即使對方最終表示願意購買商品或服務。
6. 未經許可擅自取得消費者資訊使用，但不包括下述：a. 按照總統令規定履行與消費者之必要合約使用，例如：以提交貨物為前提的資訊等；b. 在結算貨物交易帳戶，必要核實身分時。
7. 未經消費者同意或未提供消費者解釋或通知，即置入電腦個資演算程序等。

　　另外，韓國《公平交易法》審查準則第 6 條（保存書面文件）、第 11 條（禁止轉讓促銷費用）、第 15 條（禁止提供經濟利益）、第 17 條（禁止購買禮品券）等，載明電視購物交易違法行為的審查標準，目的在於列舉此類違規事項，提高電視購物執法的一致性和可預測性。

　　韓國為儘早奠定數位廣電設備及環境，科學技術情報通信部（MSIT）於 2004 年制定輔導數位廣播電視轉換融資計畫，以執行全面資訊化階段，主要輔助對象是正在籌備數位廣播電視設備的無線電視業者、有線電視業者、衛星電視業者及網路線路業者，數位化的廣電環境於硬體及政策皆有鋪路，韓國通訊傳播委員並與網路安全部門於 2011 年提出「電信服務業者個資隱私指南」，為電視購物頻道產業開啟其數據電商服務之大門。

第六節　臺灣購物頻道的數位轉型

(一) 發展歷程

臺灣電視購物服務最早出現在 1990 年代初期，主要源自有線電視於 1993 年正式合法化之後，於原有三家無線台之外，另增加二十至五十個頻道，而有線系統業者為了填滿頻道數量，會在自製或影片頻道中穿插播出電視購物的影帶廣告，而成為臺灣電視購物廣告發展的雛形（陳聖暉，2000）。零售通路業者以每月 10-20 萬元租金向第四台業者租用專用頻道來播送電視購物節目，如此作法可說是臺灣電視購物頻道產業的源起。最初電視購物頻道是以播放預錄節目帶的方式來推銷商品，一般而言，每家第四台業者都有二至三個購物頻道，多則可達六至七個頻道（黃鳴棟，2003）。

1992 年首家電視購物頻道「無線快買電視購物頻道」正式推出，以有線電視廣告專用頻道的型態經營，1993 年「無線快買」的年營業額達 1 億 2,000 萬元，至 1998 年更創下 50 億元的營業額，其高營收額引領各業者競相投入市場，使得電視購物產業發展初期，全臺就已有超過 300 家業者（陳炳宏、許敬柔，2006）。

1999 年年底東森得易購正式開台，以企業化的經營方式讓電視購物頻道成為具規模的產業（郭貞、黃振家，2013）。東森購物共擁有五個電視購物頻道，依據分眾經營的理念，旗下電視頻道根據收視特性、商品類別劃分為：旅遊生活台、時尚流行台、美健新知台、數位科技台、精選台，目標讓消費者感受如同進入百貨公司賣場不同的樓層，可以自由選擇其所需商品。各頻道的收視位置方面，在有線電視部分，可收視東森購物 1 台（47 頻道）、東森購物 2 台（34 頻道）、東森購物 3 台（46 頻道）與東森購物 5 台（60 頻道），中華電信 MOD 則可收視東森購物 1 台（55 頻道）、東森購物 2 台（365 頻道）、東森購物 3 台（349 頻道）、東森購物 4 台（399 頻道）與東森購物 5 台（546 頻道）；2018 年 9 月，東森購物 1 台、東森購物 2 台、東森購物 3 台及東森購物 5 台於 YouTube 上架播出。2018 年起，東森購物積極進軍 OTT 影音平台，分別在 LiTV、遠傳 friDay 影音以及串流電視平台 OVO 上架東森購物台與東森購物 3 台等頻道，布局新媒體平台，目標持續擴大觀眾基礎，以帶動業績成長。

　　富邦集團與韓國電視購物業者 Woori（現為樂天購物）於 2004 年合資成立 momo，2005 年 1 月富邦 momo 購物台正式開播，同年 5 月 momoshop 網站上線、momo 型錄創刊，2008 年 1 月 momo 跨足實體通路，開設 momo 藥妝連鎖店，同年 7 月 momo 2、3 台開播，並於 2010 年起經營百貨公司（台灣大哥大，2011），然 momo 3 台已於 2014 年停播。目前旗下各頻道在有線電視的位置為 momo 1 台（48 頻道）、momo 2 台（35 頻道），中華電信 MOD 為 momo 1 台（398 頻道）、momo 2 台（348 頻道），相關頻道均已於 YouTube 同步直播。

　　中信集團則是於 2004 年 12 月底收購電視購物頻道「富躍購物」，隨後 2005 年 8 月富躍購物改為「ViVa TV」正式開播，由中購媒體經營，定頻於有線電視第 59 頻道、MOD 397、545 頻道，總收視戶逾 650 萬戶，臺灣電視購物進入激烈競爭的時代。2009 年 3 月 27 日日商三井物產宣布正式入主 ViVa TV，持股比例為 85%，原本主要股東中信集團持股降至 15%；2014 年 5 月由京城銀行董事長戴誠志接手經營。

　　其後 2010 年由當初創建東森得易購的東森國際以自有資金成立森森百貨，於 2009 年 11 月成立 U-Life 電視購物頻道，並於 2010 年 1 月試播，營

表 5-8　臺灣三大電視購物頻道早期重要發展階段

時間	事件
1992 年	無線快買開台
1999 年	東森得易購開台
2005 年	富邦 momo 購物台開播
2005 年 5 月	momoshop 網站上線
2005 年 8 月	富躍購物改為「ViVa TV」正式開播
2008 年 1 月	momo 跨足實體通路，開設藥妝連鎖店
2010 年	momo 經營百貨公司
2018 年 9 月	東森購物 1 台、2 台、3 台及 5 台於 YouTube 上架
2018 年	東森購物進軍 OTT 影音平台，分別在 LiTV、遠傳 friDay 影音以及串流電視平台 OVO 上架東森購物台與東森購物 3 台等頻道

資料來源：本研究整理

運策略以電視為主，輔以網際網路和購物指南的購物平台，也與中國電視購物業者進行合作布局。然而 2017 年 4 月森森百貨再與東森得易購合併，以東森得易購為存續公司。

二 市場概況

（一）東森購物

　　過去在臺灣 500 萬有線電視收視戶的基礎之下，電視購物市場在 2010 年時曾達到 500 億元，東森購物於 2011 年會員人數大幅成長至 520 萬人，平均每年創造達新臺幣 300 億元以上營收（EHS 東森購物，2011）。然受到有線電視訂戶數下滑影響，電視通路的營收下滑，而購物頻道成本始終居高不下，加上近年寬頻技術普及，網際網路及購物電商興起，民眾可選擇之購物通路增加，衝擊傳統電視購物頻道市場。從圖 5-13 可見東森購物電視通路營收近 10 年明顯下滑。

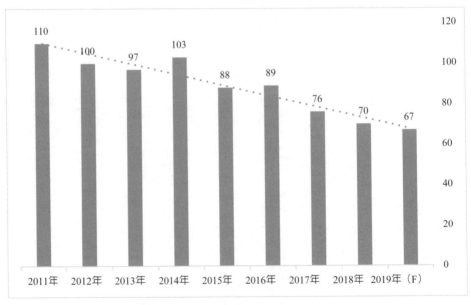

單元：新臺幣億元

資料來源：EHS 東森購物（2019）

圖 5-13 東森購物電視通路 2011-2019 年營收趨勢圖

　　東森購物電視通路營收自 2014 年的 103 億元營收，至 2018 年的 70 億元營收、2019 年上半年營收 67 億元，呈現下滑趨勢，整體通路營收占電視（含 MOD）44%、網路 31%、電話行銷 22% 及型錄行銷 3%。2017 年東森購物整體營收為 142.05 億元（TeSA, 2018），現階段會員人數約 880 萬人，已有電視、型錄、網路、MOD、電話行銷五大通路，預計會再增加直銷、手機 APP、跨境、B2B2C、WeChat 等通路，以跨平台通路提供銷售服務，強化會員的黏著度（卓怡君，2018 年 1 月 24 日）。

　　有鑑於傳統媒體通路的沒落，東森購物近年將重心轉移至網路通路。東森購物全通路 2021 年全年營收為新臺幣 283.2 億，年增率 14.7%，累計合併稅前淨利達 21.6 億，年增 27.6%，超越 2020 年創下新高。2021 年東森購物全年每股稅後盈餘（EPS）達到 17.7 元，獲利能力屬國內第二大電商（如圖 5-14），加上 2021 年全球受新冠肺炎疫情影響，帶動網路業績的成長，從 2020 年 72 億營收到 2021 年 106 億營收，年成長率達 47%，2022 年網路通路將挑戰 240 億，加上電視、電話行銷及草莓網，東森購物 2022 年預估將達 456 億營收目標（張佩芬，2022）。東森購物除了既有網路、電視、電話行銷通路，另外透過併購草莓網強大美妝供應鏈、併購熊媽媽買菜網補強生鮮商品線上通路，完整新零售布局，讓營收穩定成長。東森購物網

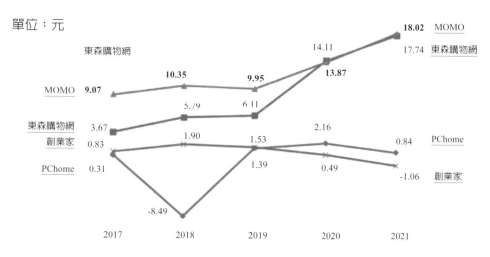

圖 5-14　2017-2021 年臺灣電商每股稅後盈餘（EPS）概況
資料來源：張佩芬（2022 年 3 月 21 日）

自 2017 年發展自營商品以來,業績占總營收的 35%。

(二)富邦 momo 購物

富邦媒體於 2005 年起同時投入網路購物、型錄購物等業務,旗下通路共包含 momo 購物網、摩天商城、電視購物及型錄。2017 年合併營收達 332.4 億元,年增率 18.4%,網路通路年增高達 44%,行動購物年增亦達 73%(卓怡君,2018 年 2 月 23 日)。2018 年全年累計營收達 420.2 億元新臺幣,年增 26.4%。momo 對外公布 2019 年 7 月分合併營收約新臺幣 40.6 億元,年增 26.4%;累積 1-7 月合併營收約新臺幣 276.1 億元,年增近 20%,行動購物維持成長,業績年增 44.8%,業績占比 65.7%(林淑惠,2019 年 8 月 12 日)。經營結構上,momo 網路購物營收占比為全通路最重,約占整體七至八成,電視通路則占總體約一成。市場競爭上,國內兩大電視購物業者經營策略大不同,momo 主要營運動能來自 B2C 業務(網路購物)持續高成長。旗下業務三大類分別為營收占比最大 88% 之 B2C 業務(網路購物);第二高為電視購物 10%;比重最小的為型錄購物,僅 1.7%。根據 2021 年電商營收排行,momo 以年營收 883.97 億,年增 31.5%,穩居電商營收之冠(張佩芬,2022),見圖 5-15。

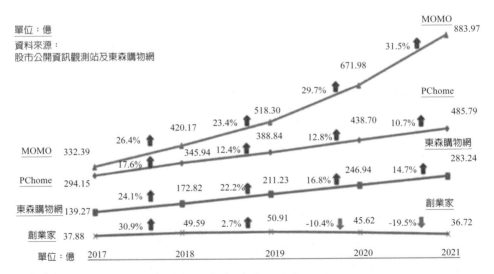

圖 5-15　2017-2021 年臺灣電商營收及營收成長率概況

資料來源:張佩芬(2022 年 3 月 21 日)

（三）美好家庭購物 ViVa TV

　　美好家庭購物 ViVa TV 除經營電視頻道之外，同時也經營 ViVa TV 購物網站與平面雜誌 ViVa TV 美好生活誌，主要營運商品以食品和日常生活用品為主。2005 年中開播以強調專為女性打造的優質電視購物頻道為主要訴求，企圖從節目、商品等多元內容，帶領女性發現美好生活。2008 年會員人數為 130 萬人，2009 年 3 月營收新臺幣 60 億元（EHS 東森購物，2011）。至 2019 年 11 月為止，ViVa TV 累積之會員數已達到約 300 萬名，電視購物營業額雖然比不上國內兩大電視購物事業體東森購物、momo 購物，然排行國內第三大的 ViVa 電視購物，業內估計年營收約 23 億元是來自其電視通路之營業額。電視購物通路是 ViVa TV 購物台營銷主力，不同於其他兩大電視購物事業體，主因在於其企業規模未及前兩大寡占市場之東森購物、momo 購物。

　　綜上所述，國內電視購物市場發展由初期 300 家業者，到千禧年數位匯流電商平台進入，分食零售通路大餅，電視通路進入門檻提高，形成市場集中寡占，能繼續留存的皆屬於集團型、結合其他資源通路的大型企業。新加入的競爭者如美麗人生、靖天購物，從市場結構分析，經營規模如無法提升，只能從市場行為上朝商品區隔找出其他市場競爭策略，以增加市占、營造市場績效。美好家庭購物近年則已朝通路區隔、服務區隔、產品區隔的經營理念發展，試圖提升市場績效。

三 經營策略

（一）東森購物

　　東森購物是臺灣第一家專業電視購物業者，透過電視頻道持續播放各類商品資訊節目，並提供電話客服讓消費者下單訂購產品，具體為將網際網路、購物指南、商品廣告、電話購物、物流配送等加以結合，形成完整的購物流程。

　　由於電視購物的消費者行為以衝動型消費為主，為了吸引不經意轉臺到電視購物頻道的觀眾，使其目光停留、產生購買意願，並進一步引發購買行為，東森購物相當重視節目畫面及操作展演。透過節目充分的時間，詳盡地介紹商品的特點、性能及用法，尤其適合新產品的推薦。是故，為了提升行

銷刺激、抓住消費者的注意力，東森購物在節目製作方面主要重視以下要素（EHS 東森購物，2011）：

1. 電視購物商品開發及採購人員（MD）

具備瞭解消費者需求和市場情況的能力，並與所負責品類行業的供應商、生產廠商一起針對消費者的心理提出創意發想，使產品能成為熱賣的商品。

2. 電視購物製作人（PD）

負責實施整個直播過程及對導播、主持人、現場導演等的管理及節目製播會議的召開。

3. 購物專家（SH）

節目主持人對於銷售商品有足夠的基本研究及認識，找出產品賣點，具親和力、機智反應，提出良好的行銷話術促進產品銷售。

4. 廠商代表及見證人等角色的演出

能夠在節目內容中，提供充分的產品資訊及可信度，塑造並呈現與產品有關的消費心理需求與情境。

在商品開發上，推動東森嚴選，以嚴格的商審流程致力於商品開發，至海外日、韓等引進獨家商品，隨著東森購物多年來業務成長，培養臺灣優質廠商共同成長，包括華陀、鍋寶等品牌。發展高標準的客戶服務流程，做有溫度的客戶服務，累積社會大眾及消費者會員對東森購物服務的肯定。在節目製作上，運用東森專業製播技術及團隊，為商品行銷說故事，製作優質影片，許多廠商將影片作為內部商品教育訓練素材使用（王令麟，2019 年 10 月 18 日訪談）。

東森購物 2019 年網路業績較去年同期成長 73%、電話行銷業績成長 73%、MOD 業績成長 19%、自營美妝保健品成長 47%，達 22.8 億元。東森購物 2019 年 1-8 月整體營收年增 21%，達 112 億元；1-8 月東森購物合併草莓網營收 131 億元，較 2018 年同期成長 29%。另中國、東南亞及韓國 2019 年第四季都有新合作夥伴和通路的拓展（張佩芬、林淑惠，2019）。

2019 年東森召開股東會提及旗下「東森新媒體控股公司」為 2019 年營運焦點之一，其改組自東森新聞雲公司，控股公司下設新聞雲、寵物雲、星光雲、電競雲四間子公司，未來東森新媒體除新聞、影音與廣告外，將深耕寵物、娛樂、電競等產業，朝向 O2O（on-line to off-line）線下多元方向經營。另一焦點是新零售事業的發展，東森國際轉投資之東森購物併購香港草

莓網，屬跨族群國際電商，並與另一轉投資之自然美公司結盟展開線上與線下 O2O 合作，東森購物持續開創多通路與商品的差異化，通路涵蓋影音購物、數據科技、電話行銷、國際化的線下通路及直銷通路，同時以東森嚴選開發自營獨家商品。2018 年合併營收 168 億元，2019 年合併營收 174 億元（國家通訊傳播委員會，2020）。

（二）富邦 momo 購物

富邦媒體於 2005 年起投入網路購物、型錄購物等業務，旗下通路共包含 momo 購物網、摩天商城、電視購物及型錄，在最初的網路購物業務主要是依附在電視購物之下，然自 2008 年起開始積極擴充網購品類數（SKU），逐漸取代電視購物成為主要營收來源（戴國良、劉恒成，2015）。之後在 2008 年 1 月開設 momo 藥妝連鎖店，2010 年 10 月開始經營 momo 百貨公司，積極透過多元化通路觸及消費者。

富邦媒體背後有富邦金控集團的支持，導入台灣大哥大的實體店面和影音服務資源，將兩大業者的服務加以串聯，包括 myMusic、myVideo，共同合作推出多元服務。例如：momo 持續不斷提升服務力，整合集團通路資源，提供「台灣大哥大 myfone 到店取貨」服務，增加消費者取貨通路選擇。2018 年度富邦 momo 公開經營策略包括如下：

1. 新零售時代通路之品牌策略

因應零售 4.0 時代通路界線模糊，加速虛擬通路布局，深化與品牌合作，以提升商品齊全度、貨量、取得獨家商品等優勢；透過 CRM 技術與大數據串接，同步線上線下消費權益，由數據瞭解消費者的行為及喜好，提供更符合會員需求的服務。

2. 產業多元化開展

購物產業在數百萬件零售商品基礎下，開始經營網路書店 moBook 上線，更跨足車市、路邊停車代收付、各式數位加值服務及保險業務送件申請；也新增第二類電信、第三方支付與物流倉儲為公司營業項目，以滿足消費者全方位生活需求及便利體驗為目標，延伸觸角，爭取平台上的服務覆蓋範圍更完整，以拓展虛擬通路的發展版圖。

3. 短鏈布局之新物流開展

所謂的短鏈革命，就是把原有拉的很長的供應鏈，加以縮短，形成一

種在地化、區域化的生產模式。新零售世代的來臨，伴隨著新物流的崛起，momo 正式營運北區自動化物流中心，以優化倉儲管理與提升物流整體效能，讓快速到貨服務擴及全臺，除了啟用內湖、三重、臺中、臺南等地衛星倉，及為補足運能著手發展的自營車隊，加上南部倉儲的建置規劃，momo 意圖將全臺倉庫串聯，搭配大數據演算運用，持續提升整體服務運作效率及附加價值。

4. 金流上開發支付工具

零售 4.0 時代的支付應用於臺灣電子支付生態圈日益蓬勃，虛擬支付體驗選擇愈趨多元。momo 為搶先服務利基，自 2017 年第二季起陸續與「Apple Pay」、「LINE Pay」、「Google Pay」等支付服務合作；2018 年更新增「街口支付」、「HAPPY GO」合作夥伴。同時透過與支付工具彼此資源的串聯整合，以提供消費者多元與優質的支付選擇，共創市場新商機。

5. 拓展國際市場

面對全球化的競爭，momo 隨著市場脈動施展海外市場的策略布局。2018 年海外市場耕耘包括「泰國 TVD momo」、「北京環球國廣媒體科技有限公司」以及該公司投資的阿聯酋杜拜電視購物公司 Citruss TV 皆穩定經營與發展，足跡橫跨中國、東南亞、中東等地區。而隨著東南亞政局趨穩，momo 也持續探詢評估合作的機會。momo 將憑藉著企業核心優勢，加上全球資源整合，持續擴展國際市場的版圖。

2018 年度富邦 momo 合併營業收入達新臺幣 420.2 億元，年增 26.4%，其中網購營收占比達 84.2%，年成長率 33.2%。秉持多通路開發原則，富邦 momo 購物 2019 年行動購物業績成長強勁，前十月營收已年增 21%，依照每年成長 20% 以上幅度來看，2020 年可達到既定目標營收 1,000 億元。未來布局投資會找電商相關產業，包括人工智慧與物流產業，新創產業若有與電商相關的大數據、影像相關的公司都有興趣接觸，希望採取併購方式進行（何秀玲，2019）。2019 年財報顯示富邦 momo 合併營業額收入達 518.3 億元。

（三）美好家庭購物（ViVa TV）

美好家庭購物 ViVa TV 旗下共包含電視、網站、型錄、電話行銷等通路為主要營收來源，主要銷售的產品有女性保養化妝品、天然健康食品、運

動健身器材、3C 家電用品、精品皮件、珠寶、名錶、流行飾品與服裝、生活家庭用品、寢飾家具等多元的品項。2014 年 ViVa TV 推出手機版網頁，消費者使用手機軟體掃描電視、型錄上的 QR Code 即可連結至手機版網頁商品介紹頁面，利用快速結帳功能，可有效縮短下單購物的繁瑣過程，節省購物時間，透過通路整合，強化會員資料庫（張嘉伶，2014）。

　　目前 ViVa TV 的經營模式乃是針對現有之客戶族群，製作滿足客戶需求的節目作為電視購物經營策略。由於收視電視的群眾數目減少，ViVa TV 的客戶族群中，50、40 歲以下的觀眾不會使用電視購物，因此主要以應用更精緻的節目呈現方式，例如：下鄉拍攝、具吸引力的題材，以更活潑的展演方式吸引客戶注意。經營上受其早期中信集團、日商三井物產的管理組織訓練，策略偏重在服務及商品制度化嚴謹的規劃控管。

第七節　購物頻道產業的挑戰與因應

一 面臨挑戰

（一）整體環境

　　隨著寬頻服務的成長，電視頻道將直播內容直接發送至網站，如今觀眾可以透過電視以外的設備收視電視購物。行動載具設備提供了在家中，甚至在行動中觀看節目的機會。近年雙螢（dual screening）或多螢（multi screening）的概念允許顧客使用行動載具搜尋他們所欲購買的產品資訊，同時也能收視電視機。且客戶能夠觀看之前已播映過的節目內容，以及一些不同的產品展示形式。因此，科技為電視購物者提供了更多觀看他們喜歡的節目的機會，能夠讓他們隨時都能回放（catch-up）節目，更簡便的交易流程，且能夠比較和對照之後再進行消費。

　　然而，對於營運大量影音內容的線上商店而言，就需要對庫存、技術和人力資源進行大量投資，同時透過新的數位行銷策略與設計嘗試從電子商務的趨勢中獲益，並且增加對 APP 和行動體驗進行投資（Hancox, August 21, 2014）。

根據 Google《2021 智慧消費關鍵報告》[1] 指出，COVID-19 肺炎疫情爆發，整體經濟經歷低潮之後的復甦，零售市場需求成長，網購成全民運動，商業模式更為多元。2021 年 Q1 臺灣零售市場較去年同期增長 9%，需求逐漸回升；其中，零售業雖仍以實體通路為主體，但網路購物成長動能強勁，營業額比重亦持續提升，線上線下全通路的布局模式已成零售業發展趨勢。可見圖 5-16。

2021 年 Q1 與 2020 年 Q1 相比

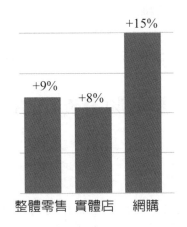

資料來源：Google《2021 智慧消費關鍵報告》、經濟部統計處

圖 5-16 臺灣整體零售市場及通路營業額成長率

此外，該份報告指出，基於肺炎疫情延燒，人們減少出門購物頻率，轉往加入線上購物的行列，相較於 2019 年底疫情爆發前，截至 2020 年 8 月，臺灣網路購物人口普及率已增長 16 個百分點，成長幅度可觀。此外，有高達 77% 臺灣消費者表示曾下載品牌或電商所推出的 APP，其中以 25-34 歲族群下載比例最高（83%）、35-44 歲居次（79%）；而 2021 年上半年，臺灣電商 APP 月活躍用戶總數平均也較 2020 年同期增長 18%，見圖 5-17。進一步觀察，網購 APP 之使用狀態中，將近四分之一會使用第三方電商

---

[1] 《Google 發現：5 成以上消費者購物前搜尋更頻繁！品牌可以怎麼應對？》，https://www.businessweekly.com.tw/management/blog/3007618

APP，其次為實體通路直營 APP、品牌官方 APP（見圖 5-18）。

　　國內電視購物頻道面臨的挑戰，除了傳統電視收視人口下滑，移轉至透過行動載具、網路電視收看節目人口增加，電視購物頻道面臨新世代的消費

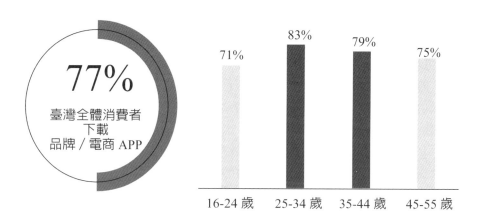

資料來源：Google《2021 智慧消費關鍵報告》（2021）。取自 https://services.
　　　　　google.com/fh/files/events/google_2021_commerce_report_tw.pdf

圖 5-17　臺灣消費者電商 APP 使用情況

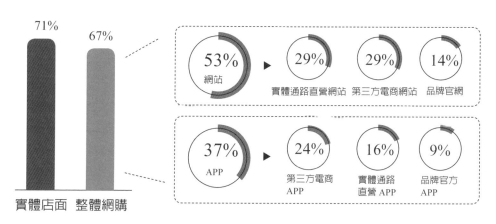

資料來源：Google《2021 智慧消費關鍵報告》（2021）。取自 https://services.
　　　　　google.com/fh/files/events/google_2021_commerce_report_tw.pdf

圖 5-18　2021 Q1 臺灣消費者購買快速消費品之管道

習慣，需求更便捷的金流、物流等嶄新通路服務，亦需增加通路成本開發不同目標族群，皆為目前市場面臨的挑戰。

（二）東森購物

東森購物認為網路影音平台的興起，任何人都可以在網際網路上公開播出即時影像，之後並出現在網路直播銷售產品的節目。電視購物優勢雖在於提供生動專業的商品介紹，但受限於電視播出時間限制，無法同時販售大量商品，傳統電視對消費者的觸及力已受到行動裝置影響而下滑，傳統在有線電視頻道上運作的電視購物頻道，消費者族群年齡層高，儘管客單價可以提高，然經由電視觀看商品節目之後，仍需播打電話進線才能購買，而電視購物台也必須配置 24 小時客服人員接聽，形成浪費人力及時間成本。

隨著網路電視服務與 OTT 內容的興起，網路電視平台成為競爭對手。行動電商業者創業家兄弟在 OTT TV 網路電視平台 OVO 開立「生活市集EASY 購」頻道，推出新型態的電視購物「按讚購買」，無需客服人員的協助，消費者在購物頻道影片中看到喜歡的商品，直接使用遙控「按讚」後即會跳出商品介紹頁，以手機掃描 QR Code 就可以進入行動購物頁面完成購物流程（莊丙農，2017）。

（三）富邦 momo 購物

富邦 momo 購物受制於法規限制，無法拓展電視購物頻道數量，以電視momo 購物台為品牌，電商購物為主要行銷渠道，面臨的最大挑戰除了電視購物頻道上收視人口老齡化、人數衰退難以觸及更廣大族群，電商網路在國際電商平台攻入國內市場搶食百貨零售大餅，需更快速結合 O2O 線上線下模式或找出其他新型態商業模式提高線上競爭力外，更需思考拓展其商業服務領域，吸引更多年齡層族群對於其通路品牌的信任及購物節目的喜好。

近年 momo 購物台定位為綜合型電視購物平台，國內主要競爭對手為東森購物與 ViVa TV，並無同性質的替代者，但近年來受新型態虛擬購物平台（電子商務與行動商務）的崛起，瓜分了電視購物的市場，且消費者對於電視依賴度逐漸降低，在通路競爭與環境不利的因素下，momo 電視考慮推出電視購物 APP，以因應行動購物興起之趨勢，因此雖然傳統電視通路營收呈現下降，但momo 電視 APP 成長快速，整體而言仍具有相當競爭優勢。

（四）美好家庭購物（ViVa TV）

美好家庭購物不以電視百貨通路為其經營目標，作為與國內兩大電視購物頻道之區隔，期望另以商品選擇及服務品牌的形象建立，打出自己的通路市場；礙於高單價的商品力拓展不易，收視族群老齡化，需要更多人力、通路成本投資，以更精緻節目內容及服務選單吸引現有的客戶族群及增加新的潛在族群，然目前美好家庭購物經營規模比拚不上東森、富邦 momo 購物，爭食的高端零售市場大餅或精緻通路服務仍有其限制，已開始尋求結合網路電子商務服務拓展市場。

二 因應策略

（一）整體購物頻道產業

整體電視購物頻道產業因觀眾收視行為轉變、收視人口下滑轉向新媒體網路，國內外購物頻道產業皆朝多通路、多系統頻道布局，擴增市場。其中不乏與電信事業服務合作、藉科技數據創新節目型態等應用，國內電視購物產業主要市場參與者如東森、momo 及美好家庭購物，依據分析，近年雖受其電視收視人口下滑、市場縮小，並於網路電商通路之競爭持續緊縮經濟量能，其產業發展已朝向擴充海外市場、結合電商通路及電信服務為方向。

國內主要收看電視購物頻道節目之收視族群多數透過有線電視系統平台，少部分透過 MOD 系統平台，市場現況分析如表 5-9。

表 5-9 電視購物頻道市場現況

	東森得易購	momo 購物	ViVa TV
經營集團	東森國際	富邦傳媒	美好家庭
有線電視頻道數	4	2	1
MOD 頻道數	5	2	2
可覆蓋收視戶	500 萬戶	500 萬戶	500 萬戶
其他通路	網路／型錄／行動／電話行銷／線下	網路／型錄／行動	網路／行動
2018 合併營收	168 億元	420 億元	N/A
2019 合併營收	174 億元	518 億元	N/A

資料來源：本研究彙整、國家通訊傳播委員會（2020）

　　目前市場需求依據收視渠道定位有線電視、MOD 族群以中老年銀髮族為主，故應秉持電視購物頻道產業的便利性、互動性、社區關懷等服務利基規劃產業發展。臺灣未來銀髮族人口將超過 20%，電視購物業者應考慮規劃產品以銀髮族為主，配合觀看載具電視機，目前製造趨勢以 8K 高畫質大螢幕為走向，順應銀髮族世代喜好之收視習慣與電視影視享受作連結，若未來主管機關放寬業者頻道申請數量，以頻道區隔化商城經營模式帶動銀髮族商品及服務，並考慮其他年輕族群習慣之商品及消費服務，並從線性媒體變成互動性媒體，觸及更大量族群，便能形塑因應市場變化的電視頻道營運。

　　寬頻行動時代來臨以及新媒體「行動化」、「影音化」、「社群化」等趨勢，新媒體事業分別從「流量轉電商」、「影音內容」、「粉絲轉會員」、「線上線下整合」等方向全面轉型，以因應外在環境的轉變和挑戰。未來拓展市場年輕化，則需以相關的政策配套結合如電信事業服務規範等提供業者相對較開放之市場環境。例如：富邦 momo 購物頻道依附其電商平台作為主要營收通路，擴大服務範疇。

　　除了受眾族群特殊考量，電視購物頻道產業應順應現代消費習慣隨時隨地可購物之便利需求，並倚賴電視購物消費安全之特性，提升節目內容品質。此處節目依照《衛星廣播電視法》係指依排定次序及時間，由一系列影像、聲音及其相關文字所組成之獨立單元內容。如韓國 CJ O 針對受眾族群定調主題節目搭配知名主持人行銷商品，或如日本 Jupiter Shop 以特定時段針對收看族群設計特惠產品節目，並搭配手機提供短影音行銷，以此擴大通路品牌服務年輕化受眾族群。

　　為減少成本，匯流時代的電視購物節目內容產製上應採取一次生產、多次使用、多頻傳輸的編輯應用，同樣的節目內容根據不同通路再編輯組裝成 3-5 分鐘的影視內容，根據不同收視族群縱切、斜切產品內容，編輯內容再生可減少成本支出（蔡念中，2003）。主管機關於電視購物節目內容予以管制外，應輔導不同媒體通路之節目內容產製規劃。現今市場出現人工智慧（AI）技術，以百貨公司週年慶為例，過去採印製同樣的傳單提供每人一份之方式作為宣傳，效果不佳且成本高，現在業者透過整理會員資料，分析消費者喜好進行分眾設計，如美妝、食品等，製作不同 DM 再根據族群分發，可以達到精準行銷。電商乃是數位行銷的原生世代，可從客戶瀏覽紀錄、消費紀錄等分析後做精準推薦，因此電視購物也應朝此方向設計，應用數據資

料庫為基底資源增加業績。

　　綜上所述，現今國內電視購物頻道受各種電商平台侵蝕市場，為解決電視收視人口下滑、收視族群收看習慣改變，各家業者應積極善用新傳播科技，如巨量資料、VR、物聯網、AI 人工智慧等技術，主動結合其他通路發展電視購物頻道新型態商業模式，創造經濟量能，同時由於我國電視購物整體產業鏈發展完整，因此可積極拓展國外市場，或與跨國電視購物集團發展合作關係、集結臺灣購物頻道業者成立大型的（電視）購物平台等，都是臺灣電視購物頻道永續發展的機會。

（二）東森購物

　　東森購物頻道目前面臨之挑戰在於電視收視戶下滑、國際雲端平台之競爭、缺乏年輕客戶，造成電視通路業績下滑。數位時代電子商務與網購崛起，使零售業面臨消費型態丕變，東森購物開始整合集團內東森新聞雲流量和 800 多萬名會員的資料，建構零售大數據平台，透過巨量資料分析強化布局（王莞甯，2017）。東森購物面臨消費環境、競爭不利發展等因素，積極尋求轉變，近年策略調整，透過 AI 大數據發展會員經營，多元通路發展，美妝保健自營品牌發展，線上線下整合，創造其他通路及營收的成長。

　　此外，東森購物以深耕會員為重要策略，增加客戶體驗、線下互動和顧客黏著度，與保養品牌日本株式會社アシュラン ASSURAN 合作成立「亞朱蘭東麟」子公司，進軍美容保養品市場，由於日本亞朱蘭主要採取會員經營銷售制度和體驗行銷，因此正符合東森購物的需求（王莞甯，2018），以線上線下整合會員數據，增加電視購物精準行銷率，正是東森購物應變策略之一。

　　另外，透過節目創新，增加年輕客戶族群，以調整節目內容創新，促使消費客層年輕化，東森購物透過跨業合作，與模特兒公司伊林娛樂合作「超模購物戰」計畫，2018 年由伊林提供購物專家形象造型，啟用伊林模特兒作展演，且持續培養購物專家，與伊林共同進入校園選出潛力新星培訓（王莞甯，2018）。

　　節目內容創新，並創造頻道定位差異化，為國際電視購物產業的特色。東森購物進行跨國交流合作，搶搭韓流風潮，在臺灣推出韓國電視頻道，引進韓劇與綜藝節目，並開發引進海外特色商品以便與其他頻道做出差異化，

例如：2017 年透過韓國現代購物引進「東森限定」的韓國熱銷商品，2018年則是與韓國流行團體合作銷售周邊產品，拓展年輕族群市場，追求品牌年輕化；此外，東森購物節目製作團隊與購物專家也前往韓國當地錄影，希望提供給觀眾不同風格的節目內容（洪菱鞠，2018）。

（三）富邦 momo 購物

富邦 momo 因應電商平台的搶攻市場，以電視購物節目知識屬性特色，強化優勢突破困境。過去電視購物的拍攝方式，多半是請代言人示範使用產品前後差異，說明使用心得等，主持人再以具價格競爭力的產品組合，吸引客人消費，知識性介紹占節目比重不到一成。如今電視購物積極轉型成知識共享平台，富邦 momo 把電視購物當作知識頻道來要求，改變產品賣點，將商品介紹轉向知識性與故事性，建立消費者認同，讓觀眾在收看購物頻道的同時，還滿足了自我的求知慾（商周編輯部，2018）。

此外，科技引導的互動型電視購物節目在國際間屢屢創造佳績，momo於 2016 年首度嘗試舉辦「雙 11 全面啟動──LUCKY NIGHT 晚會」，將網路購物線上直播和電視購物節目 LIVE 作跨螢幕串聯，現場運用二個數位 HD 攝影棚，納入十台攝影機同時進行作業，並搭配 APP、Facebook、LINE等網路社群直播技術，隨時作多螢幕畫面切換，吸引線上及線下觀眾同步收看節目（王莞甯，2016）。

momo 購物於 2017 年 11 月網路書店 moBook 上線後，2018 年跨足車市、路邊停車代收付、各式數位加值服務及保險業務送件申請；也新增第二類電信、第三方支付與物流倉儲為公司營業項目，以滿足消費者全方位生活需求及便利體驗為目標，積極廣泛延伸觸角，讓平台上的服務覆蓋範圍更完整，以拓展虛擬通路的發展版圖。

新零售世代的來臨，伴隨著新物流的崛起，電視購物頻道全球趨勢朝向短鏈布局，momo 購物積極布建新物流網絡，近年成立「北區自動化物流中心」展開物流發展新的里程碑，為優化倉儲管理與提升物流整體效能，發展與電商平台匹敵之快速到貨服務並擴及全臺；2018 年積極投入短鏈布局，陸續啟用內湖、三重、臺中、臺南等地衛星倉，及為補足運能著手發展自營車隊，加上南部倉儲建置規劃。momo 將全臺倉庫鏈串起來，搭配大數據運用，持續提升整體服務運作效率及附加價值。

　　日本、南韓在電視購物產業面臨困境，收視人口及內需市場萎縮之際均尋求拓展海外市場，而臺灣的電視購物在全球化競爭下，更不能僅侷限於內需市場，必須要朝向海外布局。2014 年富邦 momo 在泰國與當地 TVD Shopping Co., Ltd. 合資成立「TVD momo」，為泰國第二大電視購物業者，主要經營 24 小時全時段電視購物頻道，目前在泰國擁有 90% 的覆蓋率及 1,400 萬收視戶，TVD momo 亦發展電子商務及行動購物；2015 年投資北京環球國廣媒體，用戶數為 1.3 億戶，為中國主要之電視購物業者；另一家為阿拉伯聯合大公國杜拜 Citrus TV，則涵蓋中東地區及北非 3.8 億收視戶。

（四）美好家庭購物（ViVa TV）

　　事業規模較小的美好家庭購物 ViVa TV，在國內兩大購物頻道東森及 momo 購物環伺下，選擇以通路區隔、商品區隔、服務區隔作為經營電視購物的目標，以強化會員忠誠度。

　　儘管新時代族群不會留在電視通路，但 ViVa TV 並非屬於百貨類型通路，希冀能吸引新的消費族群聚焦於對商品的喜愛，以便能有所區隔。是以除設定頻道定位做市場區隔，因應行動新世代來臨，更為了拓展新消費族群，ViVa TV 自 2013 年 11 月入會 QR Code 上線，透過通路整合，強化 ViVa 購物網會員資料庫，如今經由 QR Code 入會人數成長 3 倍，網站瀏覽人數成長 2 倍以上，未來在網站經營上除了加強原有類型商品數量和增加新的商品類別外，還將持續引進獨家商品，並開闢達人、商品專區以深化網站產品類型。面對時代的需求及變化，也推出了手機版網頁，方便顧客使用。

　　在增加節目內容創新方面，ViVa TV 跨領域與家電業者大同公司合作，打破傳統電視購物單純販售商品的節目型態，共同推出「大同美好新紀元」單元，在節目中不僅提供相關商品銷售，同時介紹大同品牌及商品形象宣傳，透過節目深度探訪這家公司的歷史，讓消費者可以產生共鳴。ViVa TV 可利用擅長的品牌經營、專業節目製作能力及通路平台，協助大同製作一系列品牌推廣、包裝及產品銷售，大同公司則透過全省近 250 家門市實體通路，為節目做宣傳曝光（沈美幸，2014）。

　　ViVa TV 為發展品牌、增加消費者的信任，有感《個人資料保護法》對電視購物的重要性，為提供消費者安心的購物環境，在個資保護上選擇建置貼近臺灣產業需求、以臺灣《個人資料保護法》為基礎所設計的 TPIPAS（臺

灣個人資料保護與管理制度）。TPIPAS 不僅提供個資保護管理制度，更藉由外部獨立、公正、客觀之驗證，協助企業強化個資保護與管理、支援內部人才培訓，達到事業永續維運標章的目標。企業導入 TPIPAS 可協助企業建置個人資料管理流程、降低個資外洩風險，增進民眾、消費者對交易安全之信賴，促進產業發展。

三 未來趨勢

臺灣電視購物頻道過去曾經歷一段黃金時期，由於民眾大多依賴收視有線電視，且隨著東森率先採取企業化的經營方式，讓電視購物頻道成為具規模的產業。然而近期面臨電子商務衝擊以及網路新媒體、社群網站的出現、有線電視的剪線潮，業者的營收大幅滑落，各家業者均面臨了極大的轉型壓力。

隨著寬頻服務的成長，電視頻道將內容直接發送至網路上，觀眾可以透過各種行動載具收視電視購物節目內容。且因網路影音平台的興起，任何人都可以在網路上公開即時播出影像，並經由社群媒體直播銷售產品。此外，消費者使用網路電視服務與各種 OTT 內容，方便地自行直接購買有興趣之商品，成為不可輕忽的新通路。

市場結構分析上，依據 2018 年資料推估國內電視購物頻道業者之 HHI 值（Herfindahl-Hirschman Index，測量產業集中度的綜合指數）為 3,602，屬高度集中市場結構（國家通訊傳播委員會，2020）。目前購物頻道市場發展特色摘要彙整如下：

1. 全通路（omni-channel）產業發展架構

包括電視、網路、型錄、行動購物等的組織經營，我國前兩大電視購物事業體東森、富邦 momo 已具此全通路規模。

2. 跨國市場拓展

國內東森、富邦 momo 購物均開發海外合作。

3. 與電信公司合作

如點數合作行銷或行動支付，開始應用數據分析進行客製化的服務提供。

電視購物頻道異於一般電視頻道，因其具備通路及媒體之雙重屬性，未來發展趨勢及經營模式有以下建議：

（一）持續全通路布局，奠基於大數據進行精準行銷

　　未來的零售樣貌是以大數據為基礎，並以顧客邏輯導向做全盤思考，為顧客打造個人化消費體驗，並強化與其互動交流關係，已成為各家零售業者的主要課題。特別在全通路的時代裡，消費者將頻繁在數位及實體管道間穿梭，零售業者已無法僅透過單一通路掌握消費族群全貌，唯有將全部通路的資訊予以整合，360 度全面檢視消費者行為，進而分析與歸納，才能帶給消費者更大的價值（鄭興、譚凱名，2019）。

　　國內兩大電視購物頻道東森購物及富邦 momo 購物已站穩市場朝此方向努力，獲取好成績，數據應用除了期待法規開放給予電視頻道業者方便取用相關收視習慣、愛好等資訊，以規劃節目內容提供商品選擇，亦可應用在有線電視系統地方頻道的加值服務、寬頻居家智慧照護等終端商品、服務，替電視購物頻道增加其他營收來源。

（二）跨國市場經營與行銷

　　國內業者除了與國際購物網站或電視頻道合作，以常態性戰略夥伴關係開拓國際市場，市場規模未來擴大可參考英國家庭購物 TDI（Thane Direct, Inc.）境外擴展設立子公司案例，解決物流問題。另外，市場擴大策略除了業者單打獨鬥的國際行銷，亦可參考韓國政府扶持創立公有家庭購物頻道，與國內電視購物業者簽署協議，成立國有平台聚集中小企業商品，以 CJ O Shopping、樂天購物等專業商品行銷技術及節目製作，對頻道業者增加貨源拓展海外市場或對韓國本土商品品牌營造皆是雙贏局面。

（三）結合電信業者合作

　　隨著 5G 釋照競標進程展開，電信業者積極拓展開發新型態通路服務之際，國內電視購物頻道業者如 momo 購物、東森購物與電信業者合作，除了藉實體店面擴展物流之便利性，針對不同通路族群提供不同節目內容規劃，例如：隨選視訊 VOD 之購物頻道服務，可突破傳統電視購物通路單向傳播侷限之受眾族群。內容供應業者與 5G 電信合作之後，電視媒體內容服務表現方式將大幅增加，例如：電視及手機上 360 度 VR 影像導入服務、新直播技術導入（時間切割、多視角影像提供）以及更細膩的 4K、8K 產品影像等（野村綜合研究所，2019），為喜好在電視上收看購物頻道的消費族群，增

添實際體驗及觀看樂趣。

　　電視購物頻道曾經是眾多消費者的家庭休閒娛樂選項，坐在沙發上就能輕鬆看到有趣的購物推銷內容、直接電話下單。隨著媒體科技進化、傳播模式改變，閱聽眾也已不再黏著在固定位置上觀看行銷訊息，轉而轉往網路世界進行各種 24 小時隨時隨地的產品搜尋、比價、決策並線上下單。臺灣地狹人稠，傳統大型電視購物頻道在已明顯流失電視觀眾的困境之下，一方面除了積極擴展市場至海外以拉大消費群，另一方面各種延伸出的線上多元服務如購物網站、應用程式等，除了擴大更多各族群的潛在消費者接觸點，數位經濟時代的各種網路服務與平台，包括數位化後的電視產業，消費者的各種從搜尋到下單、評價等使用行為化為複雜的大量數位足跡，刻印在各虛擬空間之中，而此些數據資料可輕鬆被蒐集並進行分析，讓精準行銷的理想更趨於真實。

參考文獻

中文部分

EHS 東森購物（2011）。《電視購物產業運營：台灣地區經典案例分析》。北京市：中國傳媒大學。取自 http://www.lhratings.com/reports/B003671-DQZQ05281-GZ2016.pdf

TeSA（2018）。〈2017 年臺灣主要電商營業額營收概況（綜合、流行、服飾、食品、生活、3C 消費）〉，《TeSA》。取自 https://tesa.today/article/1820

王莞甯（2016 年 11 月 11 日）。〈雙 11〉momo 購物平均每秒成交 160 筆！3 大品項熱銷。《Anue 鉅亨》。取自 https://news.cnyes.com/news/id/3613660

王莞甯（2017 年 2 月 2 日）。〈東森購物找來「虎將」　王令麟：拚 2020 年前掛牌上市〉，《 Anue 鉅亨》。取自 https://news.cnyes.com/news/id/3701531

王莞甯（2018 年 1 月 23 日）。〈東森購物攜手日本亞朱蘭　進軍保養品會員制銷售市場〉。《Anue 鉅亨》。取自 https://news.cnyes.com/news/id/4023591

王莞甯（2018 年 1 月 26 日）。〈東森購物台促客層年輕化　結盟伊林推三大成長計畫〉。《Anue 鉅亨》。取自 https://news.cnyes.com/news/id/4027217

何秀玲（2019 年 12 月 10 日）。〈富邦媒拚千億營收三年後達陣〉，《經濟日報》。取自 https://udn.com/news/story/7241/4216230

台灣大哥大（2011）。〈取得富邦媒體科技交易案〉，《台灣大哥大》。取自 https://corp.taiwanmobile.com/files/investor-relations/2011-4- 8_Cv1.pdf

田智弘（2017 年 6 月 18 日）。〈T2O、直播電商　新模式興起〉。《工商時報》。取自 https://www.chinatimes.com/newspapers/20170618000134-260204?chdtv

吳元熙、唐子晴（2019 年 7 月 12 日）。〈富邦 F4 合體救電視收視率！蔡明忠靠電信、購物、頻道資源推「MOMOTV」〉，《數位時代》。取

自 https://www.bnext.com.tw/article/54001/momotv-debut

吳仁麟（2019 年 1 月 28 日)。〈直播電商將改變零售生態〉。《經濟日報》。取自 https://udn.com/news/story/7241/3618035

吳雅媚（2004）。《台灣地區電視購物消費者購買決策之研究》。銘傳大學管理科學研究所碩士論文。

吳毅倫（2019 年 8 月 8 日）。〈東森購物台上架 OVO 平台觸及第四台外客群〉，《經濟日報》。取自 https://money.udn.com/money/story/10860/3976559

李海容（1997）。〈大陸電視購物頻道的特點與前景〉。《廣告學研究》，**9**：87-97。

沈美幸（2014 年 10 月 7 日）。〈大同與 ViVa TV 購物台攜手合推節目〉，《中時電子報》。取自 https://www.chinatimes.com/realtimenews/20141007005090- 260410?chdtv

沈培華（2016 年 10 月 21 日）。〈電視購物業者聯手宣傳，壯大市場〉，《工商時報》。取自 https://m.ctee.com.tw/livenews/aj/20161021001762-260410

卓怡君（2018 年 1 月 24 日）。〈電視購物拚轉型強化會員黏著度〉，《自由時報》。取自 https://ec.ltn.com.tw/article/paper/1171390

卓怡君（2018 年 2 月 23 日）。〈富邦媒電商市占率法人看好成長 20%〉，《自由時報》。取自 https://ec.ltn.com.tw/article/paper/1178485

東京台貿中心（2013 年 4 月 3 日）。〈日本電視購物結合網路銷售增 2 倍〉。《經貿透視雙周刊》，第 364 期。取自 https://www.trademag.org.tw/page/itemsd/?id=605203&no=47

林淑惠（2019 年 4 月 6 日）。〈兩大電視購物台扛重任，躍身集團金雞母〉，《工商時報》。取自 https://reurl.cc/VD8e05

林淑惠（2019 年 8 月 12 日）。〈momo 富邦媒 7 月營收續創歷年同期新高〉，《中時電子報》。取自 https://www.chinatimes.com/realtimenews/20190812003214- 260410?chdtv

林聖瀧（2004）。《電視購物消費者行為之研究──以大台北地區大學生為例》。臺灣師範大學圖文傳播學系學位論文。

周添城譯（1990）。《美國產業之結構・行為・績效》。臺北市：正中

書局。（原書 Richard Caves. *American Industry: Structure, Conduct, Performance*）

洪聖壹（2017 年 3 月 27 日）。〈台灣人用手機購物占比高於香港、日本，成長亞太區第一〉。《東森新聞雲》。取自 https://www.ettoday.net/news/20170327/892747.htm

洪菱鞠（2018 年 8 月 20 日）。〈東森購物獨賣 Wanna One 專屬 T 恤　鐵粉們準備手刀搶啦！〉，《ETtoday 新聞雲》。取自 https://www.ettoday.net/news/20180820/1239306.htm

唐子晴（2018 年 4 月 1 日）。〈把購物台搬進 OTT 平台，東森購物進軍 friDay 影音開發年輕客群〉，《數位時代》。取自 https://www.bnext.com.tw/article/48694/videofriday-etmall-ott

財訊快報（2018 年 7 月 9 日）。〈四大策略奏效　東森轉投資東森購物上半年獲利年增 61%〉。取自 https://news.cnyes.com/news/id/4162454

資策會（2007）。〈96 年度電子商務法制及基礎環境建構計畫無店面零售業營運模式研究報告〉，經濟部委託研究，2007 年 9 月，頁 16。

商周編輯部（2018 年 4 月 2 日）。〈在走下坡的產業看到新商機！電視購物轉型知識平台業績大突破〉，《商周》。取自 https://www.businessweekly.com.tw/article.aspx?id=22348&type=Blog

國家通訊傳播委員會（2020）。〈數位經濟時代下的臺灣購物頻道產業之發展現況與展望委託研究〉。

張佩芬（2022 年 1 月 17 日）。〈東森購物網去年營收 283.2 億、EPS17.7 元創新高　今年營收挑戰 456 億〉，《ETtoday 財經雲》。取自 https://finance.ettoday.net/news/2171039

張佩芬（2022 年 3 月 21 日）。2021 電商洗牌！momo 規模取勝　東森購物網每股盈餘成長率居冠，《ETtoday 財經雲》。取自 https://finance.ettoday.net/news/2212247

張佩芬、林淑惠（2019 年 9 月 26 日）。〈東購 20 周年　衝刺自有品牌〉，《工商時報》。取自 https://www.chinatimes.com/newspapers/20190926000310-260210?chdtv

張嘉伶（2014 年 10 月 6 日）。〈收視率下滑，電視購物業者搶進電商，拚轉型〉，《數位時代》。取自 http://www.dgnet.com.tw/articleview.

php?product_id=1600&issue_id=4978&article_id=25104

張嘉伶（2014 年 10 月 8 日）。〈電視購物切入行動電商，momo 與 ViVa
　　搶攻〉，《數位時代》。取自 https://www.bnext.com.tw/article/31930/
　　BN-ARTICLE-31930

莊丙農（2017 年 11 月 21 日）。〈《資訊服務》創業家攜手 OVO，推新
　　型態電視購物〉，《中時電子報》。取自 https://www.chinatimes.com/
　　realtimenews/20171121002941- 260410?chdtv

許家禎（2018 年 4 月 3 日）。〈電視購物與電商積極轉型　找部落客、
　　網紅直播主加持〉。《NOWnews》。取自 https://www.nownews.com/
　　news/20180403/2729720/

郭貞、黃振家（2013）。〈電視購物節目內容與銷售策略研究：兩岸都會區
　　之比較〉。《廣播與電視》，**36**：1-36。

陳炳宏（2001）。《台灣電視產業市場結構與經營績效之關聯性研究》。師
　　範大學傳播研究所。

陳炳宏、鄭麗琪（2003）。〈台灣電視產業市場結構與經營績效關係之研
　　究〉。《新聞學研究》，**75**，37-71。

陳炳宏、許敬柔（2006）。《台灣電視購物頻道產業之市場進入障礙與競爭
　　策略分析》。師範大學傳播研究所。

陳聖暉（2000）。《淡水有線電視購物頻道之塑身廣告文本公示研究》。輔
　　仁大學大眾傳播研究所碩士論文。

野村綜合研究所（2019 年 8 月）。〈日本電信業者的 5G 發展現況〉。ICT
　　Media Service 產業顧問部。

葉華鏞（2001）。《有線電視收視戶對於「購物頻道」收視動機、收視行為
　　與購買行為之關聯性研究──以大臺北地區為例》。中山大學傳播管理
　　研究所碩士論文。

彭玉賢（1999）。《從區位理論探討網路購物與電視購物對臺灣零售產業的
　　影響──由消費者／閱聽人資源角度分析之》。交通大學傳播研究所碩
　　士論文。

黃鳴棟（2003）。《虛擬通路產業的經營模式與競爭策略分析：以「電視購
　　物」為例》。國立臺灣科技大學管理研究所碩士論文。

黃齡儀（2008）。《電視購物服務品質、顧客滿意度與顧客忠誠度之研

究》。台南應用科技大學商學與管理研究所碩士論文。

蔡念中（2003）。《數位寬頻傳播產業研究》。臺北市：揚智。

蔡玉青（2019）。〈韓國 KT 服務現況與發展布局剖析〉。資策會。

蔡國棟（1995）。《有線電視購物頻道的媒介環境之研究——媒介系統依賴論的觀點》。國立交通大學傳播科技研究所碩士論文。

鄭興、譚凱名（2019）。〈數據化經營：幫助零售業打造會員經營的新價值〉。《勤業眾信 Deloitte 2019 零售力量與趨勢展望》。

駐韓國代表處經濟組（2018 年 5 月 21 日）。〈韓國電子商務市場簡介〉。取自 https://www.trade.gov.tw/App_Ashx/File.ashx?FileID=903FE7EA32AAB4A2

戴國良、劉恒成（2015 年 7 月 29 日）。〈富邦媒體科技（momo）——電視購物帶動網購的整合零售通路〉，《ETtoday 財經雲》。取自 https://discovery.ettoday.net/news/542075

謝文中（2004）。《電視購物媒介環境中廣告展露方式影響衝動性消費行為之研究》。南華大學管理科學研究所碩士論文。

日文部分

Apparel Web（2018 年 8 月 30 日）。〈本紙調査・2017 年の TV 通販市場は？6% 増の 5792 億円まで拡大て〉。取自 https://apparel-web.com/news/tsuhanshinbun/68972

Mayonez（2019, Mar. 28）。〈通販業界の現状・動向・課題について〉。取自 https://mayonez.jp/topic/1074722

日本通信販売協會（2022）。売上高調査（統計）。取自公益社団法人日本通信販売協会【JADMA（ジャドマ）】

經濟產業省（2018）。〈電子商取引に関する市場調査の結果を取りまとめました〜国内 BtoC-EC 市場規模が 16.5 兆円に成長。国内 CtoC-EC 市場も拡大〜〉。取自 https://www.meti.go.jp/press/2018/04/20180425001/20180425001.html

企業家俱樂部（2012 年 6 月 1 日）。〈メディアミックス×自前主義×人間力＝ジャパネットブランド／ジャパネットたかたの強さの祕密〉。取自 http://kigyoka.com/news/magazine/magazine_20130430_21.html

企業家俱樂部（2015 年 11 月 26 日）。〈【竹中平蔵の骨太対談】vol.38 進

化し続ける通販業界のパイオニア／vs ジャパネットたかた代表取締
役社長〉。取自 http://kigyoka.com/news/magazine/magazine_20151126.
html

總務省（2019）。平成 30 年情報通訊白皮書。取自 https://www.soumu.
go.jp/johotsusintokei/whitepaper/ja/h30/pdf/index.html

韓文部分

EBN（2016 年 7 月 21 日）。〈CJ 오 쇼핑, 퍼블릭 홈쇼핑, 중소기업으
로확대〉。取自 http://www.ebn.co.kr/news/view/841797

CJ O Shopping 官網。取自 http://www.cjenm.com/

GS Shop 官網。取自 http://www.gs.co.kr/en/branch/gs-shop http://company.
gsshop.com/ir/performance

樂天購物官網。取自 http://www.lottehomeshopping.com/user/main/index.lotte

現代購物官網。取自 https://company.hyundaihmall.com/

MSIT 科學技術情報通信部（2018 年 11 月）。〈2018 년 방송 산업 보고
서〉。取自 http://m.kisdi.re.kr/mobile/repo/res_view.m?controlNoSer=5&
key1=33410&key2=16099&key3=_&category=3&publishYear=&selectPag
e=1&cat egory1=1&category2=2&category3=3&category4=4

英文部分

Arirang News (2015, Feb. 9). *Industry insight: Korea's home-shopping industry
seeking to become global No.1*. Retrieved from https://www.youtube.com/
watch?v=gJcV-4DHkyg

Auter, P. J., & Moore, R. L. (1993). Buying from a friend: A content analysis of
two teleshopping programs. *Journal of Journalism Quarterly, 70*, 425-436.

Bain, J. S. (1968). *Industrial organization*. John Wiley & Sons.

Baldwin, T. F., McVoy, D. S., & Steinfield, C. W. (1996). *Convergence:
Integrating media, information and communication*. Thousand Oaks, CA:
Sage.

Darian, J. C. (1987). In-home shopping: Are there consumer segments? *Journal
of Retailing, 63*(2), 163-186.

Engel, J. F., Warshaw, M. R., Kinnear, T. C., & Reece, B. B. (2000). *Promotional strategy: An integrated marketing communication approach*. Cincinnati, OH: Pinnaflex Educational Resource.

Euromonitor (2018). *Homeshopping in South Korean Country Report.* Retrieved from https://www.euromonitor.com/homeshopping-in-south- korea/report

Grant, A. E., Guthrie, K. K., & Ball-Rokeach, S. J. (1991). Television shopping: A media system dependency perspective. *Communication Research, 18*(6), 773-798.

Hancox, M. (2014, August 21). *The development of TV shopping in an Omnichannel world*. Retrieved from https://www.essentialretail.com/ news/53f60ffea3be9-the-development- of-tv-shopping-in-an-omnichannel- world/

Isidore, C. & Goldman, D. (2017, Jul. 6). *QVC buying rival Home Shopping Network*. CNN Money. Retrieved from https://money.cnn.com/2017/07/06/ news/companies/qvc-home- shopping-network/index.html

Korea Exposé (2018, March 16). *TV viewership is down in South Korea, but home shopping channels continue to thrive.* Retrieved from https://www. koreaexpose.com/many-home-shopping-channels-south- korea/

Kotler, P. (2003). *Marketing management*. Prentice-Hall.

Minh, D. T., & Tram, L. A. H. (2016). Development of non-store retail in the globalization era. *In International Seminar of Retail Market in The Globalization Integration*, 1-22.

NetManias (2018). *Korea communication market data. Pay TV: Home-shopping channel commission revenue in Korea.* Retrieved from https://www. netmanias.com/en/korea-ict-market-data/pay-tv/1370/

Parasuraman, A. P., Zeithamal, V. A., & Berry, L. L. (1991). Refinement and reassessment of the SERVQUAL Scale. *Journal of Retailing, 67*(4), 420-450.

Pulse (2018, Nov. 4). *S. Korea's T-commerce industry on growth spurt.* Retrieved from https://pulsenews.co.kr/view.php?year=2018&no=689669

Scherer, F. M., & Ross, D. (1990). *Industrial market structure and economic performance*. Houghton Mifflin Company.

Skumanich, S. A. and Kintsfather, D. P. (1998). Individual media dependency relations within television shopping programming: A causal model reviewed and revised. *Communication Research, 25*(2), 200-219.

Statistics Korea KOSTAT (2016). Internet Analysis. Retrieved from https://www.statista.com/topics/2230/internet-usage-in-south-korea/

Statista (2019, May 2). *Home shopping TV channel brand competitiveness index in South Korea 2017*. Retrieved from https://www.statista.com/statistics/666902/south-korea-home-shopping-tv-channel-brand-competitiveness-index/

Stephens, D. L., Hill, R. P., & Bergman, K. (1996). Enhancing the consumer-product relationship: Lessons from the QVC home shopping channel. *Journal of Business Research, 37*(3), 193-200.

The Korea Herald (2015, Feb. 22). S. Korea's television-based shopping market to jump this year. Retrieved from https://en.yna.co.kr/view/AEN20150222001800320

The Korea Herald (2019, July 4). Hyundai Home Shopping to launch 24/7 274 channel in Australia. Retrieved from http://www.koreaherald.com/view.php?ud=20190704000314

Wirth, M. O., & Bloch, H. (1995). Industrial organization theory and media industry analysis. *Journal of Media Economics, 8*(2), 15-26.

國家圖書館出版品預行編目資料

數位與數據經濟時代影音產業研究／邱慧仙，
蔡念中著. ——初版.——臺北市：五南圖
書出版股份有限公司, 2022.07
　　面；　公分
　ISBN 978-626-317-837-3（平裝）

1.CST: 傳播產業　2.CST: 數位媒體
3.CST: 產業發展

541.83　　　　　　　　　　111006754

4Z14

數位與數據經濟時代影音產業研究

作　　者 ― 邱慧仙、蔡念中

發 行 人 ― 楊榮川

總 經 理 ― 楊士清

總 編 輯 ― 楊秀麗

副總編輯 ― 陳念祖

責任編輯 ― 陳俐君、李敏華

封面設計 ― 王麗娟

出 版 者 ― 五南圖書出版股份有限公司

地　　址：106臺北市大安區和平東路二段339號4樓

電　　話：(02)2705-5066　　傳　　真：(02)2706-6100

網　　址：https://www.wunan.com.tw

電子郵件：wunan@wunan.com.tw

劃撥帳號：01068953

戶　　名：五南圖書出版股份有限公司

法律顧問　林勝安律師事務所　林勝安律師

出版日期　2022年7月初版一刷

定　　價　新臺幣360元